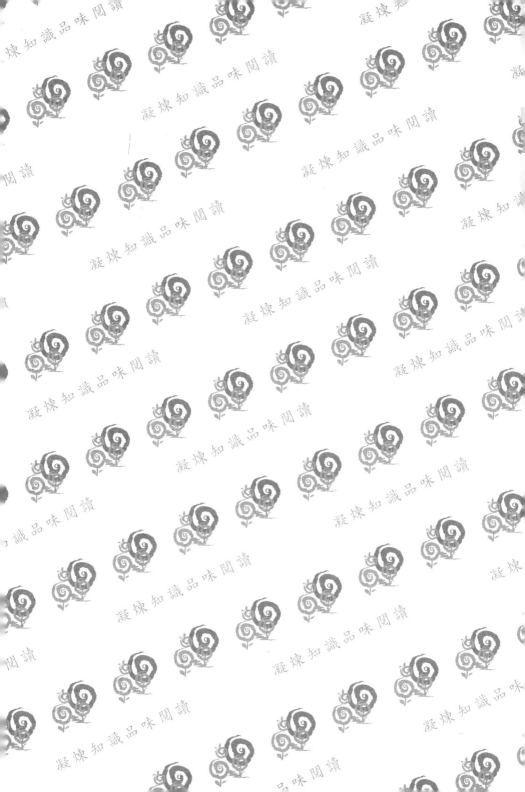

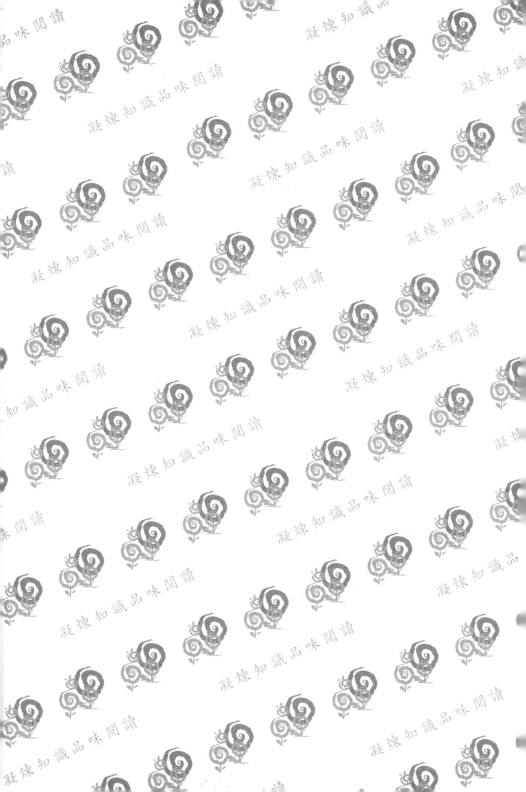

# 法律的第一堂課

協合國際法律事務所
黃蓮瑛律師 著

書泉出版社 印行

謹以本書獻給對我關懷備至的……


爸爸　　黃運維
媽媽　　劉玉梅

# 七版序 法律，回首來時的路

當本書中萬能美髮機的「甄妮佛」變成了「禰豆子」，我赫然發現二十年已是如飛而去。

有一句名言這樣說：「The best time to plant a tree was 20 years ago. The second best time is now.」很慶幸寫七版序的現在，我可以引用第一句話。回首二十年前種下「法律的第一堂課」的小樹苗，盼望能為社會的法學教育植根。二十年後的今天，雖然我也還不肯定這棵小樹現在已經長到哪兒，也許來路方長，但我確實知道，「成功只是片刻；失敗也不致命。繼續前行的勇氣，才最可貴。」（Success is not final; failure is not fatal. It is the courage to continue that counts. ——英國二戰首相 Churchill）

本書能順利七版再版，在此特別感謝葉子齊律師、張祐寧律師、王祖瑩律師、張博洋律師、林禹萱律師及林芊律師為本書七版所獻上無數的時間和腦力（以及你們的父母多年來慷慨應允金錢和同意讓你們看漫畫）。由衷感謝書泉出版社極有耐心及聰慧的編輯群，二十年來法普路上一路相伴，並認同出版本書的必要。最後謝謝我的女兒紫涵和兒子若淮，謝謝你們讓我的生命充滿喜樂和前行的勇氣，你們是神賜給我最好的禮物之一。

 黃蓮瑛 謹誌
於協合國際法律事務所

# 自序　法律，貼近生活中的每一刻

　　撰寫本書的目的，真正是為法學教育的植根。非法律人對於法律專書接觸的機會原本就不多，或有機會翻讀一本介紹法律的書籍，可能十分鐘後就因內容太過艱澀拗口而放棄，進而產生法律冰冷、不容易親近的印象。有感於此，本書嘗試深入淺出，以大專非法律科系學生為對象，就與每個人生活息息有關的各種法律加以介紹，希望讀者能從中感受到公平正義的價值，進而發覺法律的親切、正面，不再一味認定法律是保護犯罪者、有錢人，或者只是少數人的法律。又日後自身如果遭遇法律上的困難時，也可以知道如何從中著手解決，不會茫然不知所措。

　　當初未及細想，即接下此一為法律播種的工作，希望本書能在讀者的生活中確實發揮一點影響力，則或許一個民主法治、相互尊重的社會，能夠指日以待。本書能順利付梓、再版，由衷感謝李世堅先生、劉孟哲先生、李志妤小姐、朱福添先生、黃國銘律師、劉麗萍律師、楊智全律師、賴衍輔律師、邱虹元律師、張祐嘉律師、張明智律師及呂書賢律師等先後從旁協助整理龐大的資料。法學教育是提升社會生活整體素質的當務之急，惟有時仍不免力不從心，本書的議題與立論若有疏漏之處，尚祈各界先進不吝指教。

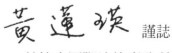 謹誌
於協合國際法律事務所

# 目錄

# 第一章

## 緒　論

## Case

　　小壽自從成為大學新鮮人之後，正巧碰上國內電視節目全面進入春秋戰國時代，不僅韓流、哈日風日益盛行，許多電視節目的尺度也著實開放。心理徹底放鬆的他，就這麼不知不覺地變成了標準的電視一族。每次只要一回到家裡，他就會一股腦地把自己埋在各式各樣的電視節目中。久而久之，耳濡目染之下，「只要我喜歡，有什麼不可以」的觀念逐漸地影響到他的思想與行為，加上小壽心想：大學生活本來就是「任你玩四年」，因此，意志不堅定的他，不但開始演起「上學蹺課、考試作弊」的戲碼；更糟糕的是，因為不小心迷上了賭博電玩，在「十賭九輸」的情況下，小壽竟開始向同學伸手借錢。有一次，由於被同學討債逼瘋了，小壽在情急之下，竟然幹起「三隻手」的勾當，但不幸失風被捕，下場「粉慘」。小壽這時就遇到了「法律」問題，但法律是什麼呢？

## 1　法律的理念——有法走遍天下

　　除非是生活在一個純粹優勝劣敗、弱肉強食的原始社會形態之中，任何與個人財產、身分有關的社會及經濟行為，甚至國家行為，都完全依「拳頭」來決定，而不用去考慮「個人利益與公共利益的最大公約數」，即社會規範的問題，否則，我們實在很難忽視法律存在的必要性。

　　事實上，人類既然是社會的動物，不管在思想上如何開放，行為上如何自由，我們都必須承認，任何一個社會成員都必須與其他個人或團體建立和諧、友善的相互關係，才能圓滿地經營社會生活，為個人創造最大的利益與幸福。

　　此外，也由於人是社會動物，在社會生活的事實中，人與人（包括團體）之間因為互動的結果，一定會形成各種社會、經濟等方面的關係。為了圓滿地經營社會生活與維持這些關係的基本秩序，特別是當這些關係發生糾紛或爭議時，也就是指當基本秩序被破壞的時候，必須要有具強制力的規範作為判斷是非善惡的標準，以免社會充滿以暴制暴或以大欺小的不公平現象，所以很自然地產生了對於法律規範的需求。我們之所以稱法律為「正義的最後一道防線」，正是這個道理。

　　舉一個簡單的例子，張三向朋友李四借錢。在日常生活中，「有借有還」是天經地義的事，這裡所說的「有借有還」同時也代表著在借貸關係中，必須被維持的社會基本秩序；張三若是破壞了這個基本秩序（「我有錢也不還給你，看你怎麼樣？」），依照我國現行的法律制度，李四就可以主張民法有關借貸關係的規定，對張三提出還錢的請求，如果張三仍堅持不還，李四還可以透過具有強制力的民事訴訟程序與強制執行程序，取得法院的確定判決，並查封張三的財產，為自己的權利討個公道，同時，也可以藉著這種合法的方式來回復遭到破壞的社會基本秩序。

　　其實，作為一種社會規範，法律不只對於維持個人或團體的和平與安定有它的必要性，在維繫國家與國家（國際社會）之間等各個方面，例如軍事、經濟、外交等互動關係，法律也扮演著不可或缺的角色。舉例來說，大家都知道，全球貿易自由化是現代國際經濟社會的主要理想與共識。然而，這個理想的實現絕對不

是建構在一個不切實際的空泛基礎上，而是必須透過各項法律架構，例如「世界貿易組織」（World Trade Organization, WTO）協定中，關於各個會員體權利義務規範（其中包含爭端解決的處理機制）的制定與執行，才能夠實現。因此，任何國際社會的成員，若是想要加入以全球貿易自由化為目標所成立的「經濟的聯合國」—— WTO，就必須在入會前與入會後遵守 WTO 協定中所制定的國際社會法律規範。若是在入會前與入會後都不打算遵守 WTO 協定中所制定的各項國際社會法律規範，想要加入此國際性經濟組織，可以說是「連門兒都沒有」的。

透過以上的說明，我們可以了解，法律就好像一張由人類群體所制定出來，而且交織綿密的網絡，隨時隨地在規範著個人、團體、社會、國家，甚至國際間所發生的各種權利義務關係。法律讓個人、社會、國家以及國際間的各種行為有了依循；法律也使人類社會在發生紛爭，「公說公有理，婆說婆有理」時，具有解決爭執的機制；而且，為了維護並保障個人的行動自由與權利，沒有法律是絕對不行的。不管你喜不喜歡它，無論你是否意識到它的存在，法律對於個人、團體及社會而言，確實是一直在默默地履行它的社會功能，我們不該忽視它的重要性。

---

## 2　法律的意義——想認識我嗎？你可以再靠近一點

事實上，在現代社會中，許多人都知道，了解法律是很重要的一件事，但是一想到冷冰冰的法條，卻又讓人產生一種「既期待，

又怕受傷害」的心情，無形之中降低了想要了解它、探究它的慾望。

　　不過，我們不得不承認，許多時候，法律給人的感覺的確是冷冰冰的，就像本章 case 中的小壽一樣，在第一次接觸到法律的時候，就面臨可能必須短暫失去自由（詳見本章重點說明）的命運。然而，就像我們所了解的，法律在規範社會行為、維持社會秩序、維護善良風俗、解決人際衝突與保障行動自由等方面，都一直在默默地實現它的社會功能。如果我們對法律能有基本的認識，消極來說可以幫助我們避免誤觸法網，也就是透過對各種法律規定的了解，知道有哪些事是可以做的，哪些事是不可以做的。如果我們做了法律上不允許做的事，心理上就必須有接受法律制裁的準備；積極來說則是更可以教導我們如何保護自己在法律上應該享有的權利，也就是讓我們了解，我們可以行使哪些法律上的權利，又如果權利受到不正當的侵害時，應該如何回復它。因此，「與其詛咒黑暗，不如點亮蠟燭」，讓我們靠近一點來觀察它，或許你會有全新的感受喔！

　　簡單地說，法律就是在人類包羅萬象的社會生活形態中，大家所共同遵守、接受，並且有國家力量作為後盾的社會規範總稱。它的意義，可從實際與形式兩方面來加以說明。從實際面而言，法律的意義較為廣泛，除了以下將說明的形式意義的法律之外，還包括了道德、宗教、習俗、倫理等未經制定的社會生活規範，它們又被稱為廣義的法律；從形式面來說，法律則是依據一定的程序，由特定的機關所制定的社會生活規範，也就是經立法院三讀通過，由總統公布施行，名稱為「法、律、條例或通則」的社會生活規範（憲法§170，中央法規標準法§1、2、4），我們也可以稱它們為狹義的法律。本章及本書內容中所指的法律，除非別有說明，否則都是

指形式意義的法律。

> ### 3　法律與其他社會規範——法網恢恢，疏而不漏

　　根據以上的說明，我們可以了解，法律是因為人在社會中的互動關係有需要而被設計出來的一種社會規範。所以，與「家法」或「校規」等不具有社會性的規範相比較，法律可以說是一種十分「另類」的社會規範。一般而言，成文的法律大多具有下列各點能夠彰顯它社會性的特徵，而家法或校規等並不具備這些特徵，這是因為家法或校規等的對象是家庭成員或學生。說明如下：

### 普遍性

　　談到法律的普遍性，首先要說明的是，法律的制定，是為因應社會普遍的需要，就某種共通的問題、共同的事項，用社會大眾接受的文字，透過國家組織，經由嚴格的程序（請參閱本章第 7 節），有系統、有組織地做一全面性的規定，而不是藉由少數人的請願、關說而制定出只針對特定人的規範。

　　其次，法律經公布施行後，它的效力也具有適用上的普遍性，只要是法律效力所及領域的國民，除非有特別規定（例如軍事審判法是以現役軍人為適用對象），否則都有遵守的義務。換句話說，除了少數的例外情況，例如總統的刑事豁免權、立法委員的不受逮捕特權（憲法 §52、74）等外，法律的規定可以拘束每一個屬於它「管轄範圍」內社會成員的行為，例如民法、刑法、票據法等都是

以我國全國人民爲適用對象的法律。

## 確實性

　　法律所規定的事項或內容，在性質上只是抽象的原則而已，必須在適用時，將具體的行爲事實，透過法的發現過程，才能決定它的法律效果（包括它所應受到的處罰）。只要在適用上沒有偏差，任何人所爲的具體行爲事實在適用法律時，都應該會產生一樣的效果，這就是法律的確實性。例如，刑法第 266 條第 1 項明文規定在公共場所賭博財物者（法律上稱爲「構成要件」），應處以 5 萬元以下罰金（法律上稱爲「法律效果」），所以不具有現役軍人身分的阿德於中正紀念堂（公共場所）以紙牌的偶然勝負而爲得失財物（賭博財物）的行爲，經發現而被起訴、審判，就應該要適用刑法第 266 條第 1 項規定，而處以 5 萬元以下罰金，而這項規定並不會對任何人產生意料之外的法律效果（例如因此被判十年有期徒刑）。由此可知，法律的確實性可以說是法律最終價值（即公平與正義）的保證。

## 強制性

　　在前面談到的各個社會規範中，法律是其中唯一有國家力量作爲後盾的社會規範。換句話說，其他的社會規範缺少法律所具有的強制力，因此，「強制力」就成爲法律作爲一種社會規範非常重要的特徵。舉例來說，我國憲法第 20 條規定，人民有依法律服兵役的義務。因此，依照我國現行的法制體系，任何一位中華民國男子，除非有兵役法所規定各種免役或禁役等情形，否則一律有服兵

役的義務，沒有任何例外，而且當男子有妨害兵役的情形時，國家就能夠依妨害兵役治罪條例的相關規定，對他處以刑罰。這就是法律具有強制力特徵的具體表現。

　　我們相信，只有知法守法的人，才能過著無憂無慮、平安快樂的生活，他的生命、財產、自由、平等基本人權，才可能獲得確切的保障；而知法犯法之徒，就算能夠一時倖免，但是最終也很難擺脫法律的制裁，無法永遠逍遙法外，不但不能過著無憂無慮、平安快樂的生活，他的各種基本人權也可能會受到國家的制裁或剝奪。因此，千萬不要像本章 case 中的小壽一樣，以為「只要我喜歡，有什麼不可以」，而是應該在做任何行為之前，先想想看這個行為是不是法律所不允許的事情。

## ４ 法律的分類──換個角度觀察它

　　法律可以從不同的角度觀察，而分為以下幾種主要類別：

### 公法與私法

　　法律，從拘束者與受拘束的對象之間會產生哪一種關係，可以區分為公法和私法。公法所規範的對象是統治者與被統治者（通常是指人民）之間的關係，也就是指國家在行使公權力的時候（例如裁定繳稅金額、徵召適齡男子服兵役等），與人民之間所形成的各種法律關係。這裡所稱的統治者，通常是指國家，但是由於國家是一個抽象的概念，看不見，也摸不著，所以，當國家與人民發生

公法上的關係時，就必須由代表國家的各種機關或人員來實現其中所發生的權利義務關係。因此，公法的範圍包括各種行政法規的行政法（例如道路交通管理處罰條例）、國家發動刑罰權的刑法，以及為解決公法關係紛爭而提供救濟途徑的程序法（例如行政訴訟法）；相對地，私法的規範對象是私人之間所產生的法律關係，原則上並不涉及國家公權力的行使，它的範圍比較廣，可以說只要是不屬於公法關係的法律關係，都是私法的規範對象，最常見的私法是民法、公司法及票據法等。

　　區分公法與私法最主要的目的在於判斷應採取何種救濟程序。換句話說，私法關係的紛爭是透過民事救濟程序，而公法關係的紛爭則是透過刑事或行政救濟程序來解決。有關這個部分，請參考本書第十三章與第十四章的內容。

## 實體法與程序法

　　具體規定權利義務內容（請參閱本書第四章）的法律就是實體法，我們所熟知的民法就是有關私人之間發生的各種權利義務關係，例如買賣、租賃等實質內容的規定。以我們日常生活中最常見的買賣行為為例，民法（實體法）十分具體地規定了買方及賣方分別應負擔哪些義務及享有哪些權利的內容。因此，買方與賣方就能根據這些規定要求對方加以遵守；至於程序法則是有關權利義務的具體內容該如何透過「正當程序」來加以實現的規定，例如我們最常聽到的民事訴訟法就是典型的程序法。

　　法律之所以要區分實體法及程序法，主要目的是提醒我們，當一個人認為他的權利受到侵害時，首先必須要確定他的權利是否受到現行有效的實體法所保障，否則，就算他向法院起訴，也是徒

勞無功。以民事法律爭議問題為例，如果一個人翻遍現行有效的六法全書，透過各種法律解釋方法，仍然無法找出可以支持他向對方進行主張（例如請求損害賠償）的法律規範，就等於沒有找到所謂的「請求權規範基礎」，也就代表這個社會事實根本就不受到法律的規範，就算形式上可以向民事法院起訴，最終也一定會得到敗訴的結果。如果已經確定他的權利受到現行有效的實體法所保障，為了實現權利，他還必須遵守程序法上所要求的各種程序與時間的規定，他的權利才能因此被合法實現（請參閱本書第十三章）。例如，有人欠錢不還，在追討無效之後，他必須透過提起民事訴訟程序或其他法律所規定的「正當程序」，才算是討回公道的合法方法，所以若是找黑社會進行暴力討債是行不通的。法律有一句著名的諺語：「入衡平法庭者，須有潔淨之手。」希望大家能培養一個「要實現正義，必須用潔淨的手」的正確觀念，否則，我們的社會就不夠資格稱為文明的社會了。

　　進一步來說，實體法，例如民法和刑法，在性質上並不能夠「自我實現」，所以，為了實現當事人在法律上所享有的權利或發動國家刑罰權，就必須仰賴程序法（例如民事訴訟法或刑事訴訟法）的協助，才有可能使犯罪者接受應得的懲罰。不過程序法應該如何運作，才能實現實體法的「正義」（實現權利與發現真相），那又是另一門相當大的學問了。由此可見，實體法與程序法之間的關係非常密切。

## 普通法與特別法

　　法律，以它施行效力所及的人、事、地為範圍，可以區分為普通法與特別法。凡是施行效力及於國內一般人、事、地的，為普通

法；凡是施行效力及於國內特定人、事、地的，為特別法。分別說明如下：

1.法律施行效力所及的「人」：普通法就是效力及於全國一般人民的法律；特別法則是只及於特定人的法律。前者如民法、刑法是以全國一般人民為規範對象，所以屬於普通法；後者如陸海空軍刑法，適用對象是具有現役軍人身分的特定人，所以屬於特別法。

2.法律施行效力所及的「事」：效力及於全國一般事項的法律，為普通法；只及於特定事項的法律，為特別法。前者如民法、刑法是分別適用於一般民事及刑事事項，所以屬於普通法；後者如公司法及票據法是分別以公司經營與票據行使的特別事項進行規範，所以屬於特別法。

3.法律施行效力所及的「地」：效力及於全國各地區的法律，為普通法；只及於特定地區的法律，為特別法。前者如民法、刑法，兩者都適用於全國各地區，所以屬於普通法；後者如離島建設條例則因只適用於與臺灣本島隔離屬我國管轄之島嶼，所以屬於特別法。

法律之所以要區分成普通法及特別法，主要是基於「針對特殊的人、事、地，應進行特殊處理」的考量。在這個考量下，發展出「特別法優於普通法」的原則，若是因為不同的法律都有針對同一個事項進行規定，而產生究竟應該適用哪一個法律的問題時，就可以依照此原則，優先適用具有特別效力的法律（中央法規標準法§16）。例如未滿18歲的青少年如果觸犯竊盜、猥褻等罪，刑法及少年事件處理法都定有處罰規定，但由於前者是針對一般人（普通人）而設計的規範，而後者則是特別針對青少年（特定人）所設計，依照「特別法優於普通法」的原則，這種情況要優先適用少年事件處理法。

　　從以上的說明可知，其實所謂的普通法或特別法，是在相對觀察下所得到的比較結果。也就是說，若是一項法律被稱為特別法，一定是因為與某一個普通法互相比較，如果沒有普通法的存在，特別法就「一點都不特別了」。

## 強行法與任意法

　　法律，以適用效力的強弱為標準，可以區分為強行法與任意法。強行法是指在法律適用上排除個人意思的法律，也就是說，不管個人的意思如何，只要發生與法律規定相符合的某種事實，就必須適用法律（發生一定的法律效果）；前述憲法、刑法、兵役法及妨害兵役治罪條例等具有公法性質的法律屬於強行法，對於受強行法拘束的人而言，適用強行法會產生命令（男子年滿 18 歲的隔年 1 月 1 日起，無特別情形，須強制服兵役）與禁止（刑法的目的之一在於禁止人民犯罪）的效果。而任意法則是指法律的適用，在「私法自治」的範圍內，可以依照個人的意思決定是否適用及適用效果的法律。一般而言，只要是不屬於強行法，且具有私法性質之法律，都屬於任意法，例如民法、公司法及票據法等都是典型的任意法。因此，如果王五想要開一家公司，在公司法的規定下，他可以依據個人的需要與能力決定要開無限公司、有限公司、兩合公司或股份有限公司（公司法 §2）。

　　值得進一步說明的是，強行法與任意法的區分，除了對個別法律有意義以外，對於法律條文本身而言，也有加以區別的實益。其實強行法與任意法的區分，只是在說明個別法律在適用效力上的性質傾向而已，並不是說強行法中絕無任意法的個別規定存在，或任意法中絕無強行法的個別規定存在。因此，對於法律條文本身而

言，想要決定它究竟屬於強行法或任意法，應該按照它本身的性質與內容加以綜合判斷，而不能只憑它所屬法律的適用效力而直接加以決定。例如，民法雖然因為具有私法性質而被歸類於任意法，但是其中總則編有關受監護宣告的人無行為能力（民法§15），物權編關於物權不得自由創設的規定（民法§757），就因為其不准許當事人依照個人的意思而決定法律關係的形成，所以屬於「任意法中的強行規定」。反之，民事訴訟法依其性質為公法，但其中有關訴訟合意管轄（因一定法律關係而發生的民事訴訟，其管轄法院，可以由當事人的意向加以決定）的規定（民事訴訟法§24Ⅰ），就屬於不折不扣的「強行法中的任意規定」。

法律上區分強行法與任意法的主要目的在於適用效果的不同。只要是屬於違反強行法的情形，在公法上可能會遭受刑事或行政的制裁，例如罰金、罰鍰或有期徒刑等，在私法上則可能會發生行為無效或得撤銷的效果；若是違反任意法，則不發生上述各項效果。例如，民法第985條第1項明文規定「有配偶者，不得重婚」，而違反此一任意法中的強行規定者，其婚姻無效（民法§988③）；又刑法第237條明定「有配偶而重為婚姻或同時與二人以上結婚者，處五年以下有期徒刑」，因此違反此一規定者，將會受到有期徒刑宣告的處罰。

## 5 法律的系統——它來自何方？

所謂法律系統，是指以超越國家界線的各國法律淵源、思想、

制度爲研究對象，經過綜合比較它們的特徵，找出其相互間的共同點與不同點後，將性質相同或類似的法律歸在同一類別，而形成法律學研究上所稱的「法系」。

一般而言，在法學研究上最值得介紹的法律體系爲大陸法系與英美法系，主要理由是這兩個法系不僅個別具有相互對照的特徵，而且對世界各國的法律制定有著極爲深遠的影響。在此簡略介紹如下：

## 大陸法系

大陸法系，是承襲羅馬法的精神逐漸演變而來，最先影響的範圍是歐洲大陸，之後盛行於德、法兩國，後來又擴展至亞洲、拉丁美洲、非洲等國家，而形成類似或相近的法律系統，所以被稱爲大陸法系。

大陸法系的最主要特徵是成文法典的大量採用。這與德、法兩國的法律系統是以羅馬法爲基礎，所以制定出的各種成文法典之間，有著很大的關聯。因此，羅馬法所採取的做法，對於歐陸各國，甚至亞洲、拉丁美洲、非洲等國家，都產生了深遠的影響。

## 英美法系

英美法系，又稱海洋法系，是以英、美兩國法律爲代表的法律系統。以英國而言，英國在 11 世紀之後，就已經制定有關訴訟及審判方面的制度，例如巡迴審判、陪審團制度等，它的特色在於以本來就存在的「習慣」與累積的「判例」作爲依據，所以逐漸形成以習慣及判例爲基礎的「普通法」（common law）。至於美國

則因為它的國民大多是由英國移民而來，自然而然地承襲英國制度的規定。不過，值得注意的是，美國在獨立後成為一個聯邦國家，因此在法律與法院採取雙軌制，聯邦有聯邦的法律制度，而各州有各州不同的法律制度，所以英、美兩國在法律制度上還是有些微差異。

整體而言，英美法系與大陸法系最大的不同在於前者所採用的普通法大多為不成文法，所以在不違背判例與習慣的前提下，「法官造法」大多是被法律所允許的。

## 6 法律的效力——小心，它抓得住你

法律從施行日期生效後，就自然發生強制力。一般來說，對於一個國家（地的效力）的人民（人的效力），在施行日期起的一定期間（時的效力）內，法律就有可能「管到」他們，也就是說，法律會對他們發生拘束的力量，而要求他們去做一件事（例如要求役男服兵役）或禁止他們做一件事（例如禁止在高速公路上違規超車）。簡而言之，討論有關「法律的效力」的問題，就是在討論法律在什麼時候、在什麼地方，對什麼人會發生拘束規範效果的問題。簡單說明如下：

### 有關「時」的效力

法律發生時的效力，有下列數種情形：

1.法律定有施行日期，或以命令特定施行日期者，自該特定日起發生效力（中央法規標準法 §14）。例如國家賠償法第 17 條明定「本法自中華民國七十年七月一日施行」，所以該法從中華民國 70 年 7 月 1 日開始發生法律效力。

2.法律明定自公布日施行者，從公布日起算到第三日起發生效力（中央法規標準法 §13）。例如警察法第 20 條明定「本法自公布日施行」，因該法是於中華民國 42 年 6 月 15 日由總統明令公布，所以警察法從同年月 17 日起發生效力。

## 有關「地」的效力

一般而言，法律只有對於本國領域（除領土外，還包含領空及領海）有適用的效力，也就是說，所有居住在本國領域內的人民，不論是本國人或外國人，都應該受到本國法律的拘束，並遵守本國法律的規定。然而，在某些例外情況，法律在本國領域以外的外國領域，例如本國的駐外國使領館或代表機構、航行於外國領海、領空的本國船艦、飛機，或航行於公海、公空的本國船舶、飛機，也是本國法律效力所及，要受本國法律拘束（刑法 §3）。

另外，法規定有施行區域或授權以命令規定施行區域者，在該特定區域內發生效力（中央法規標準法 §15）。

## 關於「人」的效力

法律發生人的效力，有下列數種情形：

1.原則上，所有居住於本國領土內的本國人民都適用本國法律，除非有憲法第 52 條、第 74 條等情形（請參閱本章第 3 節之普遍性），否則都受到本國法律所拘束（中央法規標準法 §15）。這

一項原則，除了享有治外法權的人以外（例如外國元首、外國使節等），對於居住在本國領土內的外國人民，也有適用。

　　2. 本國人民僑居在外國的情形，原則上應遵守其所居住的外國的法律，只有關於身分、能力、繼承、親屬等事項，才例外適用本國法律（涉外民事法律適用法§10、50）。

## 7　法律的形成——羅馬不是一天造成的

　　法律與其他社會規範，除了在制裁效果上不同以外，它形成的過程，也極為不同。一般而言，其他的社會規範，例如道德、倫理、宗教等，在形成過程中，並沒有時間或程序的限制，但是法律並不是如此，它往往需要經過一定的時間與嚴格的程序，才能成為有效的規範，也就是說，才能因此管得到我們。一般來說，任何一項法律提案要成為管得到人民的社會規範，通常必須至少經過立法院相關的委員會以及院會的討論，並通過我們耳熟能詳的「三讀程序」後，在立法院內才能算是拍板定案。

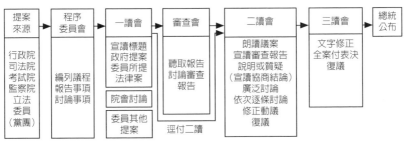

圖 1-1　三讀程序簡要流程圖

資料來源：立法院網站https://www.ly.gov.tw/Pages/List.aspx?nodeid=151及筆者整理。

　　此外，我們在前面曾經說過，法律是有國家力量作為後盾的社會規範總稱，在某些時候，執行法律難免會對憲法所保障的自由權產生限制，甚至侵害到基本人權，例如行動自由、集會自由等。既然如此，為了證明法律的合法性與正當性，無論在制定、修正或廢止的過程中，一般都要求必須經過具有民意基礎的立法機關加以制定，並由國家元首公布實施。以我國為例，中央法規標準法第 4 條就規定，「法律應經立法院通過，總統公布」。如果我們再詳細一點去觀察個別法律的立法過程，將會發現整個程序的複雜性；我們也可以說，法律的制定是經過比較審慎的程序。

### 重點說明

　　法律是在人類包羅萬象的社會生活形態中，被大家所共同遵守、接受，且有國家力量（即所謂「強制力」）作為後盾的社會規範總稱。透過法律的種種規定，可以讓我們知道有哪些事是可以做的，哪些事是不可以做的，而當我們做了違反法律規定的事情時，就必須有接受制裁的心理準備。本案例所提到有關小壽的各種行為，雖然可能使小壽接受處罰，但是他所受到的制裁程度會依照情節而有所不同，在法律上也會有不同的評價。例如他上學蹺課、考試作弊的行為，雖然可能會受到不具社會規範性質的校規或家規「伺候」，但是目前並沒有任何法律規範這樣的行為，因此，就該部分，法律對小壽並不能採取任何的處罰措施。至於他的偷竊與賭博行為則因為破壞了國家保障人民財產權與維護善良風俗的社會基本秩序，被我國具有公法、強行法與實體法性質的刑法所明文禁止，所以會成為刑法發動刑罰權的對象，執法人員將依照他行為情節的輕重，按照刑事訴訟法所規定的正當程序，讓小壽受到不同程

度的制裁。

**實況演練**

　　1. 大潔最近手頭緊，向富商吾狼借了不少錢，借款期限到期後卻無力償還，吾狼是否應該請討債公司為他討回借款？

　　2. 阿榮接到入伍令後，帶著大夥的祝福與一罐「鐵牛運功散」，高唱「我現在要出征」報到去了。請問：阿榮與我們偉大的國家發生了什麼關係？

　　3.「公法」與「私法」除了第一個字不同以外，它們之間的差別究竟在哪裡？

　　4. 福州伯認為隔壁鄰居十三姨將她養的狗取名叫阿福，侵害到他的權利，是否真的如此，福州伯必須先向律師確定什麼事？

第二章

# 憲法、政府與人民的
# 基本權利義務

Case

　　黃尚大學剛畢業，為了賺點錢貼補家用，於是到一家 7-11 打工。有一天，媽媽收到了一張「兵單」，上面寫著：「大頭兵黃尚應於 X 月 X 日上午 9 時 30 分前向 YY 團管區報到，不得有誤」。黃尚看了「兵單」之後，心裡想：「唉！當兵真是件麻煩事，不只寶貴的青春年華得白白去掉一年，搞不好女友寶寶也會乘機搞『兵變』，再加上沒了 7-11 的工作，只怕孤苦無依的媽媽也要去喝西北風了」。後來，黃尚聽說只要弄斷自己的右手食指，就可以不用當兵，本來想試試，不過最後還是因為怕痛而作罷了。沒多久，好友承隆辦了一個標榜「青春誠可貴，兵變價太高」的萬人反兵役聯合大遊行，黃尚知道後，二話不說就拖著寶寶一起參加，沒想到正當大家遊行到總統府前面的時候，突然間嘩的一聲，鎮暴車的強力水柱把黃尚還有寶寶給沖個四腳朝天，「說時遲，那時快」，鎮暴警察就把兩人給銬了起來，在還來不及「說清楚、講明白」以前，兩人已經被抓進派出所，關了一整個下午，才被放出來。

 **1** ## 憲法的基本概念——眾法之王

### 為什麼國家與人民需要憲法

　　我們常常聽到「男女平等、同工同酬」、「法律之前，人人平等；法律之內，人人自由」、「納稅、服兵役是人民應盡的義

務」等耳熟能詳的話，可是大家知道嗎？這些話可都是有根有據，絕不是憑空捏造的呢！舉例來說，我國憲法第 7 條就規定：「中華民國人民，無分男女、宗教、種族、階級、黨派，在法律上一律平等」，明文宣示我國人民在法律上享有平等權；憲法第 16 條「人民有請願、訴願及訴訟之權」的規定也明確指出我國人民享有行政與司法受益權；此外，憲法第 19 條與第 20 條更明白地表示「人民有依法律納稅與服兵役之義務」。這些條文都是有關我國人民基本權利義務的典型規定。如果我們拿放大鏡再把憲法全文仔細瞧一瞧，就會發現其中有關人民基本權利義務的規定還不僅僅只有以上所提到的部分而已，即使是沒有法律明文規定的權利，只要符合憲法第 22 條「凡人民之其他自由及權利，不妨害社會秩序、公共利益者，均受憲法之保障」的規定，都會受到憲法的保障，人民可以加以主張。

從以上的說明中，我們可以了解，憲法的其中一個重要部分就是明白地宣示人民可以享有哪些基本權利以及應該履行哪些基本義務，一方面是要保障國民的基本權利能夠不受到國家、政府的任意侵害，另一方面則是透過義務的履行，讓國家能夠永續發展下去，造福所有的人民，而保障人民的基本權利正是憲法的第一個重要功能。

除此之外，憲法的另外一項重要功能就好像一位工程師一樣，詳細規劃了一個國家的政府組織體系，以我們中華民國政府的組織體系為例，憲法詳細規劃了包括我們平常在新聞、電視裡面時常聽到、看到的總統、副總統、行政院、立法院、司法院等耳熟能詳的人物與機關名稱，而這些人物與機關的權力內容與組織架構，也都來自於憲法的規定，成為我國政府運作的重要基礎與依據。

綜合以上所述，我們可以歸納出國家與人民需要憲法的兩個主

要理由：第一個理由是在維護「人性尊嚴」的理念下，讓人民的基本權利獲得明確、完整的保障；第二個理由是要讓國家在「權力分立」與「權力制衡」的機制下，使政府能夠有效地施政，實現福利國家的理想。

### 憲法的意義

透過以上說明，我們可以了解，憲法就是規範國家基本組織體系及國家與人民間權利義務關係的根本大法，其中最主要的內容包括人民所有的基本權利義務項目、國家的基本組織架構（包括中央與地方制度）、各個機關的權力範圍，以及基本國策等。如果我們進一步分析的話，憲法具有以下幾種意義：

1.憲法是國家政治制度的根本大法：由於憲法規定了一個國家在政治制度上一些最重要、最基本的事項，例如國家體制（以我國為例，我國基於三民主義，是為實現「民有、民治、民享」理想的民主共和國，而不是君主專制政體，請參考憲法§1）、主權歸屬（以我國為例，我國的主權屬於國民全體，而不屬於哪個君王或黨派，請參考憲法§2）、人民參政權利以及政府組織等，所以，憲法扮演著一個國家政治制度最基本法律的角色。

值得進一步說明的是，所謂「根本大法」，可以從兩方面分別加以說明。首先，為落實憲法中有關行政組織、行政作用、保障人民基本權利與福利國家原則等規定，憲法實際上扮演著個別行政法規「法律授權來源」的角色。舉例來說，我國國家賠償制度的法律授權依據是憲法第24條規定（國家賠償法§1），總統副總統選舉罷免法則是在憲法第46條及增修條文第2條第1項規定的授權下制定的（總統副總統選舉罷免法§1Ⅰ）；其次，由於扮演著一個

國家政治制度根本大法的角色，所以，憲法規定大多屬於抽象性、原則性的規定，而憲法的理念與價值，必須靠著個別行政法規來實現。舉例來說，人民參政權利的保障，必須透過制定選舉罷免等相關法規才能實現（請參考我國公職人員選舉罷免法），而設置國家機關，則必須有組織法規的依據（例如立法院組織法），否則不可以設立（中央法規標準法§5③）。我國行政法學者陳新民曾說：「行政法是憲法的試金石，是具體的憲法」，就是這個道理，從這裡也可以了解憲法與行政法的關係十分密切。

2. 憲法是規定人民基本權利與義務的法律：憲法規定一個國家人民所享有的基本權利，以及他們應該對國家負擔的義務內容與範圍。不僅如此，更重要的是，在國家違法或不當地侵害人民權利或增加義務的時候，憲法賦予人民可以依法提出行政救濟，以維護國民的權益（憲法§16）。本書第十四章對於我國行政救濟制度有較完整的介紹。

3. 憲法是規定政府基本組織架構的法律：憲法規定一個國家政府的基本組織架構，並且賦予各個機關在「權力分立」、「權力制衡」的體系下相對應的職責與權限，以便實施統治行為。以我國的總統與行政院為例，憲法第 35 條至第 44 條就規定總統有對外代表國家、統帥全國陸海空軍、公布法令、締約、宣戰與媾和、行使赦免、任免官員、授與榮典、發布緊急命令以及解決五院間爭執的權責；而行政院的權責，依據憲法第 57 條至第 60 條規定，則包括了提出施政報告、接受立法委員質詢、對立法院決議的行政院重要政策、法律案、預算案、條約案不贊同時移請立法院覆議、提出預算案與決算案等。

4. 憲法是規定基本國策的法律：基本國策就是指一個國家的立國精神以及國家未來發展的基本方向，以我國為例，憲法第十三章

就是有關基本國策的規定。請參閱本章第 2 節之「我國憲法的主要
內容」。

## 憲法的特性

　　前面曾經提到，憲法是一個國家最基本、最重要的法律規範，
不過，值得注意的是，憲法雖然也具有法律的性質，但是它與一般
經過立法院三讀通過，由總統公布的法律（憲法 §170）有以下幾
點不同的地方，分別說明如下：

　　1. 憲法是基於所有國民同意所制定的法律：因為憲法規定了
一個國家最基本、最重要的事項，對政府施政與人民權益具有十分
深遠的影響，所以憲法必須經過全體國民同意（透過公民投票的方
式），這一點與一般法律（只需要立法院多數立法委員投票通過）
有很大的差別。

　　2. 憲法是效力最高的法律：憲法是萬法之法，也就是「所有法
律的王」的意思。具體來說，憲法的效力優於其他所有的法律、命
令。因此，不論是立法院制定的法律，或者是行政機關因為法律授
權所頒布的命令、規則，都不可以違反任何憲法規定或是憲法精神
（憲法 §171 Ⅰ、172）。舉例來說，在我國的法律體系中，憲法
是效力最高的法律，具有基本規範的性質。如果拿金字塔來做比喻
的話，憲法就是金字塔最上面的那一層，第二層是經過立法院三讀
通過，總統公布的法律，最下面的一層才是行政機關因為憲法或法
律的授權而頒布的命令、規則，而任何在下一層的法律、命令或規
則，都必須以憲法的規定為準則，不可以違反憲法任何一條規定，
如果有任何一條法律、行政命令或規則違反憲法規定的話，違反的
法律、命令或規則都會因此無效，這就是我們常聽到的「法律位階

原則」，請參閱圖 2-1。

　　3. 憲法是難以修改的法律：由於憲法規定的都是一個國家最基本、最重要，而且不應該任意變動的事項，所以爲了維護國家政治的安定，避免因爲隨意更動而導致政局不安，因此，比起修改普通法律、命令或規則，要變更任何一條憲法的規定是更加複雜與困難的（憲法增修條文 §1、12），所以憲法具有比一般法律更爲長久、固定的特性。

圖 2-1　法律位階原則圖

資料來源：筆者繪製。

## 2　我國憲法的制定過程與內容——中國史上的第一次

### 我國憲法的制定與實施

　　中華民國憲法的制定和施行，可以說是歷經了一番又一番的波折，以下簡要敘述我國憲法的制定與施行過程。

　　大約在一百多年前，也就是在民國元年之前，國父孫中山先生所領導的辛亥革命成功推翻了滿清政府，建立了中華民國，當時的

臨時政府頒布了臨時約法，作爲政府的基本施政依據，不過才施行了幾個月，就因爲軍閥割據而停頓了下來。後來，國民政府北伐成功，在民國 20 年頒布訓政時期約法，作爲國民政府訓政時期的國家基本大法。

　　第二次世界大戰於民國 34 年結束之後，國民政府在大陸的南京召開制憲國民大會。民國 35 年，國民大會通過現在這套中華民國憲法，隔年，也就是民國 36 年 12 月 25 日正式施行。這也就是我國行憲紀念日的由來。

　　不過，後來因爲國共內戰的緣故，國民大會在民國 37 年制定「動員戡亂時期臨時條款」，將中華民國憲法的大部分規定凍結起來不用。將近四十年之後，到了民國 80 年，國民大會才正式廢止動員戡亂時期臨時條款，正式啓用這套中華民國憲法。民國 80 年至 94 年爲止，國民大會爲因應國家統一前的需要，又依照憲法第 27 條第 1 項第 3 款及第 174 條第 1 款的規定，在不更動憲法本文的情況下，以「增修條文」的方式，前前後後將憲法內容修改了七次，使得憲法本文所規定的國家基本組織、中央與地方制度以及基本國策等，已經有部分規定被增修條文取代，例如國民大會虛級化、國民大會職權的限縮、全民直選總統、總統有權解散立法院、縮短總統任期、行政院長的產生方式以及司法院、考試院、監察院等特任政務官的提名與同意、省縣地方制度，以及推行全民健康保險、促進兩性實質平等內容，都與憲法本文的規定不同。爲了幫助讀者進一步了解憲法增修條文與本文之間的關係，本書特別整理了表 2-1 憲法增修條文與本文關係對照表，請參閱。

## 我國憲法的主要內容

　　我國憲法本文加上增修條文雖然有將近 200 條之多，不過，與世界上所有其他國家的憲法一樣，它們主要規定的內容不外乎只有四大部分，包括：第一，我國政治制度的基本原則；第二，人民的基本權利與義務；第三，國家機關的組織與職權；以及第四，各項基本國策等，分別說明如下：

　　1. 我國憲法架構下政治制度的基本原則：在我國現行憲法架構下的政治制度，基本上是採取民主主義（政府所有的政策應該遵循民意）、權力分立（各種國家權力，如行政、立法、司法、考試、監察等，彼此間相互獨立、制約）、責任政治（政府對於國家重大政策的成敗應該負起政治、法律與行政上的責任）與保障人民基本權利的精神，規定中華民國是民有、民治、民享的民主共和國，而政府的產生方式則是由人民透過定期的直接選舉方式，一人一票來產生行政首長（例如總統、縣市長）與民意代表（例如立法委員、縣市議員），專門為人民服務。

　　2. 人民的基本權利與義務：憲法第 7 條至第 22 條規定人民有平等權、生存權、工作權、財產權、訴訟權、參與政治決定的權利、應考試服公職權、不受軍事審判的權利以及受國民義務教育的權利等，另外還享有人身自由、居住和遷徙自由、言論自由、信仰宗教自由、集會和結社的自由以及任何不妨害社會秩序、公共利益的自由等，而這些憲法所保障的權利與自由，國家或者他人都不可以任意違法侵害。至於人民應盡的義務則有四項，包括：遵守法律、依法納稅、依法服兵役以及接受國民教育。由於對一般人民來說，憲法最重要的部分就是如何保障關於人民的權利以及他們應該負擔哪些義務的問題，而這個部分也是憲法最關心的核心議題之

一，所以，本章特別透過第 3 節我國人民的基本權利與第 4 節我國
人民的義務來就這個部分加以說明。

　　3. 國家機關的組織與職權：我國憲法把國家的權力分成五種，
分別由行政院、立法院、司法院、考試院、監察院各自掌管，彼
此相互監督制約，沒有誰比誰大的問題（這也就是所謂的「權力
分立、權力制衡」原則）。其中，行政院是國家最高行政機關，
掌管國防、外交、內政、經濟等行政事項，並且就它所提出的施
政方針、施政報告等項目，要對立法院負責（憲法 §53，增修條文
§3 II）；立法院則是我國最高立法機關，以審議並決定法律案、
預算案、戒嚴案、大赦案、宣戰案、媾和案、條約案及其他國家
重要事項、監督政府施政品質、提出憲法修正案、領土變更案與
總統、副總統彈劾案等事項作為它的天職（憲法 §63，增修條文
§4 V～VII）。至於司法院是我國最高的司法機關，它的職責是掌
管民事、刑事、行政訴訟的審判、公務員懲戒與政黨違憲的解散
等事項，並有解釋憲法與統一解釋法律及命令的權力（憲法 §77、
78，增修條文 §5 IV）；考試院，依照憲法增修條文第 6 條規定，
是負責辦理考試、公務人員的銓敘、保障、撫卹、退休、任免、考
績、級俸、陞遷與褒獎等事項的我國最高考試機關；最後，身為我
國最高監察機關的監察院則是以行使彈劾、糾舉及審計權為職權
（憲法增修條文 §7 I）。此外，如果院與院之間發生爭議，在我
國現行的憲法架構下，還設有一位總統，他有權召開各院院長會
議，共同協商解決爭議問題（憲法 §44）。

　　4. 基本國策：前面曾經提到，基本國策就是指一個國家的立國
精神以及國家未來發展的基本方向。我國未來的方向主要是獎勵科
學技術發展、推動農漁業現代化、經濟科學技術發展應與環境及生
態保護兼顧、推行全民健康保險、維護婦女人格尊嚴、促進兩性地

位的平等、對於身心障礙者及原住民給予各種保障等（憲法§137～
169，增修條文§10）。此外，因為兩岸關係的現實性與敏感性，
憲法增修條文第 11 條特別規定：「自由地區與大陸地區間人民權
利義務關係及其他事務之處理，得以法律為特別之規定」。

表 2-1　憲法增修條文與本文關係對照表

| 對照項目 | 增修條文內容 | 備註 |
|---|---|---|
| 人民行使直接民權 | 中華民國自由地區選舉人於立法院提出憲法修正案、領土變更案，經公告半年，應於三個月內投票複決（§1 I）。 | 不適用憲法第 4 條、第 174 條的規定。 |
| 國民大會 | 憲法第 25 條至第 34 條及第 135 條之規定，停止適用（§2 II）。 | 停止適用憲法關於國民大會的規定。 |
| 總統、副總統的選舉方式 | 自中華民國 85 年第九任總統、副總統選舉，實施由自由地區全體人民直接選舉制（§2 I）。 | 原本根據憲法第 27 條第 1 項第 1 款，是屬於國民大會的職權。 |
| 總統的職權 | 1. 人事任免權：發布行政院長與依憲法經立法院同意任命人員的任免命令及解散立法院的命令，不須經過行政院長的副署（§2 II）。<br>2. 發布緊急命令權（§2 III）。<br>3. 設置機關權：國家安全會議及所屬國家安全局（§2 IV）。<br>4. 解散立法院權（§2 V）。 | 1. 人事任免權不適用憲法第 37 條的規定。<br>2. 發布緊急命令權不受憲法第 43 條的限制，但是必須在發布命令後十日內提交立法院追認。如果立法院不同意，緊急命令就會失效。 |
| 總統、副總統的任期與代理 | 1. 均為四年，連選得連任一次（§2 VI）。<br>2. 總統、副總統都缺位時，由行政院長代行職權，並依增修條文第 2 條第 1 項規定補選，繼任至原任期屆滿為止（§2 VIII）。 | 1. 總統、副總統任期不適用憲法第 47 條的規定。<br>2. 總統、副總統的代理不適用憲法第 49 條的規定。 |

表 2-1　憲法增修條文與本文關係對照表（續）

| 對照項目 | 增修條文內容 | 備註 |
|---|---|---|
| 總統、副總統的罷免與彈劾 | 1. 罷免案必須先經過立法院同意後提出，再經過自由地區選舉人總額過半數的投票，有效票過半數同意，才能通過（§2 IX）。<br>2. 立法院有權提出總統、副總統彈劾案，聲請司法院大法官審理，經憲法法庭判決成立時，被彈劾人應即解職（§2 X）。 | 原本根據憲法第 27 條第 1 項第 2 款，罷免總統、副總統屬於國民大會的職權。 |
| 行政院長的任免與代理 | 1. 由總統任命，不須經過立法院同意。<br>2. 辭職或出缺時，在總統任命新行政院長前，由副院長暫行代理（§3 I）。 | 停止適用憲法第 55 條的規定。 |
| 行政院與立法院的關係 | 行政院就下列事項，對立法院負責：<br>1. 向立法院提出施政方針與施政報告，並接受立法委員質詢。<br>2. 對於立法院決議的法律案等，如果認為窒礙難行，得經總統核可，移請立法院覆議，立法院必須在行政院移請覆議後十五日內做成決議。覆議如果經過全體立法委員二分之一以上決議維持原案，行政院必須接受。<br>3. 立法院有權對行政院長提出不信任案。如果經過全體立法委員二分之一以上贊成，行政院長必須在十日內提出辭職，並得同時呈請總統解散立法院。不信任案如果沒有獲得通過，立法院一年內不可以對同一行政院長再提不信任案（§3 II）。 | 停止適用憲法第 57 條的規定。 |

表 2-1　憲法增修條文與本文關係對照表（續）

| 對照項目 | 增修條文內容 | 備註 |
|---|---|---|
| 立法委員的人數與選舉 | 1. 自第七屆起113人，任期四年。<br>2. 採直接選舉制與政黨比例制（按照政黨得票率決定僑選與不分區立法委員人數），並且有婦女保障名額的規定（§4 Ⅰ、Ⅱ）。 | 不受憲法第64條及第65條的規定限制。 |
| 立法委員的職權 | 1. 領土變更權，但必須經過自由地區選舉人投票複決同意。<br>2. 追認總統發布的緊急命令權。<br>3. 提出總統、副總統彈劾案，但必須經過司法院大法官審理（§4 Ⅴ～Ⅶ）。 | 總統、副總統彈劾案不適用憲法第90條、第100條與增修條文第7條第1項有關的規定。 |
| 立法委員的不逮捕特權 | 除現行犯外，在會期中，必須經過立法院許可後，才可以逮捕或拘禁（§4 Ⅷ）。 | 停止適用憲法第74條的規定。 |
| 司法院的組成 | 1. 設大法官15人，其中一人為院長，一人為副院長，由總統提名，經立法院同意任命，自中華民國92年起實施。<br>2. 除由法官轉任者外，大法官不適用憲法第81條及有關司法官終身職待遇的規定。<br>3. 大法官任期八年，不分屆次，個別計算，並不得連任。但擔任院長、副院長的大法官，不受任期的保障（§5 Ⅰ、Ⅱ）。 | 不適用憲法第79條的規定。 |
| 司法院違憲審查權 | 司法院大法官組成憲法法庭審理總統、副總統的彈劾及政黨的解散事項（§5 Ⅳ）。 | 仍然保留憲法第78條規定的司法院職權。 |
| 司法院預算獨立 | 司法院所提出的年度司法概算，行政院不可以刪減，但可以加註意見，編入中央政府總預算案，送立法院審議（§5 Ⅵ）。 | 原本的憲法本文並沒有相關的規定。 |

表 2-1　憲法增修條文與本文關係對照表（續）

| 對照項目 | 增修條文內容 | 備註 |
|---|---|---|
| 考試院的職權 | 1. 掌理考試、公務人員的銓敘、保障、撫卹、退休與公務人員的任免、考績、級俸、陞遷與褒獎法制事項（§6 I）。<br>2. 有關按省區分別規定名額，分區考試的規定，不再適用（§6 III）。 | 1. 不適用憲法第83條的規定。<br>2. 停止適用憲法第85條的規定。 |
| 考試院的組成 | 設院長、副院長各一人，考試委員若干人，由總統提名，經立法院同意後任命（§6 II）。 | 不適用憲法第84條的規定。 |
| 監察院的職權 | 1. 行使彈劾、糾舉及審計權。<br>2. 對中央、地方公務人員與司法院、考試院人員行使彈劾權。<br>3. 對監察院人員失職或違法的彈劾，適用憲法第95條、第97條第2項及增修條文第7條第3項規定。<br>4. 監察委員必須超越黨派以外，依據法律獨立行使職權（§7 I、III～V）。 | 1. 不適用憲法第90條與第94條有關同意權的規定。<br>2. 對中央、地方公務人員與司法院、考試院人員行使彈劾權不受憲法第98條的限制。<br>3. 停止適用憲法第101條（監察委員言論免責權）與第102條（監察委員不逮捕特權）的規定。 |
| 監察院的組成 | 設監察委員29人，其中一人為院長，一人為副院長，任期六年，由總統提名，經立法院同意任命（§7 II）。 | 停止適用憲法第91條至第93條的規定。 |
| 省縣地方制度 | 有關省縣的組成與權限、中央與省縣的關係以及省依據中央的命令監督縣治事項等，應依據增修條文第9條第1項各款規定辦理。 | 不受憲法第108條第1項第1款、第109條、第112條至第115條與第122條的限制。 |

表 2-1　憲法增修條文與本文關係對照表（續）

| 對照項目 | 增修條文內容 | 備註 |
|---|---|---|
| 基本國策 | 1. 獎勵科學技術發展與投資、促進產業升級、推動農漁業現代化、重視水資源的開發利用、加強國際經濟合作。<br>2. 經濟與科學技術發展，應該要兼籌並顧環境與生態保護。<br>3. 扶助並保護人民興辦的中小型經濟事業的生存與發展。<br>4. 以法律特別規定有關公營金融機構的管理。<br>5. 推行全民健康保險，促進現代和傳統醫藥的研究發展。<br>6. 維護婦女的人格尊嚴、保障她們的人身安全、消除性別歧視、促進兩性地位的實質平等。<br>7. 保障並扶助身心障礙者自立與發展、提供他們保險與就醫、無障礙環境、教育訓練、就業輔導、生活維護與救助。<br>8. 重視社會福利工作，包括社會救助、福利服務、國民就業、社會保險等，相關預算優先編列。<br>9. 尊重軍人對國家的貢獻，促進他們退役後的生活相關事項。<br>10. 教育、科學、文化經費，尤其國民教育的經費應優先編列，不受憲法第 164 條規定的限制。<br>11. 肯定多元文化，積極維護發展原住民族語言與文化。<br>12. 保障原住民族（含澎湖、金門、馬祖地區人民）地位與權利政策。<br>13. 保障僑民政治參與權。 | 憲法增修條文第 10 條的新規定。 |

資料來源：筆者整理。

┌─────────────────────────────────┐
**3　我國人民的基本權利——憲法是人民權利的保證書**
└─────────────────────────────────┘

前　言

　　憲法本文第 7 條到第 18 條規定人民所有的基本權利（包括自由）。在之前戒嚴時期，憲法被「動員戡亂時期臨時條款」「凍結」的時候，這些人民的權利與自由沒有獲得政府合理地尊重。不過，這種情形現在已經不存在了。國家、政府還有每位人民，都應該，也必須尊重每個人受憲法所保障的權利與自由，如果憲法所保障的權利與自由受到政府或是他人違法而任意侵害的時候，依法我們都有正當的權利去抵抗所造成的侵害。

　　值得進一步說明的是，有關人民基本權利的保障，我國憲法採取憲法直接保障主義（又稱為絕對保障主義）與概括式明文規定的方式處理，也就是說，憲法本文明文列舉受保障人民基本權利的內容與範圍，此外，憲法第 22 條「凡人民之其他自由及權利，不妨害社會秩序、公共利益者，均受憲法之保障」的規定，則概括地涵蓋了其他未列舉的權利內容與範圍。不過，有一點必須特別說明，無論在憲法直接保障主義或概括式明文規定保障下的人民基本權利，都不能違反我國公共秩序與善良風俗，更不能破壞社會秩序與公共利益。此外，在特定情形下，憲法第 23 條還明文規定政府能夠以法律限制人民行使基本權利。

## 人民的權利

憲法規定我國人民享有的基本權利包括：平等權、自由權、受益權與參政權，分別說明如下：

### 1. 平等權

「法律之前、人人平等」是民主法治國家的根本原則。所謂「平等權」就是指人民不分男女、宗教、種族、階級、黨派的不同，而受到法律平等的對待、相同的保護，不因為身分特殊就可以享受特權或者是負擔較少的義務（憲法 §7）。具體而言，平等權的內容可以分為以下幾個部分加以說明：

(1) 男女平等：就是指男女不分體質的強弱、性別的差異，在教育上、政治上、法律上、經濟上、社會上的地位一律平等。例如在教育上，男女同樣可以憑自己的努力，接受高等教育；在政治上，男女同樣享有參政權，同樣可以成為公務人員等。

(2) 宗教平等：就是指國家有權管理各種不同的宗教，但是不可以用公款不當扶助或壓抑某一特定宗教的發展，尤其不可以指定某一特定宗教為國教，強迫人民信仰。

(3) 種族平等：種族是國家的構成分子，國家在行使統治權的時候，應該致力於消除種族隔閡與歧視，使種族之間和睦相處，並且保障各種族在教育上、政治上、法律上、經濟上、社會上的地位一律平等。

(4) 階級平等：自從民主政治成為世界政治思想的主流以後，過去因為政治上的世襲制度而形成的階級已經漸趨消滅。不過，由於經濟地位而形成的貧富階級、資本階級與勞動階級，正在快速擴張，國家有義務推行民主政治，保障不平等階級不會再度形成。

　　(5) 黨派平等：是指各個政黨應該受到法律相同的保護，可以在相同條件下從事政治活動，宣揚政治理念，而且政黨與國家必須分離，任何政黨有權不受到國家的排斥、歧視與壓迫，更不可以享有特權。政黨成員的法律上權利，也必須被法律明確而完整地保障。

　　值得進一步說明的是，我國憲法對於平等權的保障是採取「等則等之，不等則不等之」的「差別待遇合理性原則」，也就是說，在某些特殊情形下，為了實現「實質平等」的理想，容許在某些例外的情況下可以有差別待遇。例如依憲法增修條文第 10 條規定維護婦女的人格尊嚴，保障她們的人身安全，消除性別歧視，促進兩性地位的實質平等（Ⅵ），與保障並扶助身心障礙者自立與發展，提供他們保險與就醫、無障礙環境、教育訓練、就業輔導、生活維護與救助（Ⅶ）等，就沒有違反平等原則。

## 2. 自由權

　　自由權是指人民在國家統治權所及的範圍內，可以享有的自由，並且可以排除國家或其他任何人不依據法律任意干涉的權利。我國憲法規定人民享有人身自由、居住和遷徙自由、言論自由、秘密通訊自由、信仰宗教自由、集會和結社自由以及任何不妨害社會秩序、公共利益的自由，這些自由的內容與大家關係重大，請看仔細了！

　　(1) 人身自由：人民身體的自由，是指人民在法律範圍內，除非有不法的行為，否則，國家或任何人都不可以限制他身體自由的權利。人身自由是人民最基本、也是最重要的自由，不只因為每個人的身體與生命都是最重要的，不可以任意侵犯，更因為人身自由是其他自由權的基礎（如果連最基本的人身自由都不能夠獲得

保障，其他的自由權利就意義不大了）。憲法第 8 條明文規定，除了現行犯之外，司法或是警察機關必須依據正當、合法的程序，才能夠逮捕、拘禁、審問或處罰我們每一個人，而人民對於非法的逮捕、拘禁、審問或處罰（例如軍事法庭審問不是現役軍人的情形），有權加以拒絕，目的就是要保障人民的人身自由。

　　(2) 居住和遷徙自由（憲法 §10）：是人身自由的延伸。其中居住自由是指人民永久或暫時居住的處所，不可以無故侵入、搜索或封閉，人民並且有權排除國家或其他任何人不依法律程序侵犯的權利。如果國家或其他任何人不依法律程序而侵入、搜索或封閉人民居住的處所，就有可能獨犯刑法第 306 條的侵入住居罪及第 307 條的違法搜索罪，人民可以向法院依法聲請追究責任；至於遷徙自由則是指人民有權按照自己的意思，選擇或遷移居住處所，並且可以旅遊或居留國外，不受國家或其他任何人干涉的權利。不過，要注意的是，人民雖然有權按照自己的意思，選擇或遷移居住處所，但也必須依法向戶政機關辦理登記，以免受到行政上的處罰。

　　(3) 言論、講學、著作與出版自由（憲法 §11）

　　①言論自由：是指人民有權在公開場所、大眾面前，以書面或語言評論政治的是非得失，表達自己任何的意見、想法，國家不可以任意地審查或禁止言論的內容。不過，人民在行使言論自由權的時候，也不可以惡意誹謗、侮辱別人，散播不當的色情資訊或是煽動別人觸犯法令（請參考刑法第二編第二十七章妨害名譽及信用罪）。

　　②講學自由：是指人民有權按照自己的思想、理念與意見，創立學校、傳授學識，也可以依照自己的研究成果，以演講或教育的方式，在特定場所、公眾面前，發表意見，傳授知識，並且有權排除國家或其他任何人不依法律程序侵犯的權利。講學自由是言論自

由的延伸，人民在行使這項權利的時候，同樣不可以惡意誹謗、侮辱別人，散播不當的色情資訊或是煽動別人觸犯法令。

③著作自由：是指人民可以用文字、圖畫或其他符號，表達自己的思想、感情、心得或意見，並且有權排除國家或其他任何人不依法律程序的侵犯。人民在行使這項權利的時候，除了不可以惡意誹謗、侮辱別人，散播不當的色情資訊或是煽動別人觸犯法令之外，還必須注意不可以侵害別人的著作權（請參考本書第八章的內容）。

④出版自由：是指人民可以按照自己的意思，由自己或將著作委託特定人付印、發行與銷售，並且有權排除國家或其他任何人不依法律程序的侵犯。如果國家或其他任何人不依法律程序侵犯這項權利的話，可能需要負擔刑事、民事與行政責任（請參考本書第八章的內容）。

(4) 秘密通訊自由（憲法 §12）：是指人民可以用打電話、寫信或傳送電子郵件等方式，自由地與特定人互相傳達情感、信息，並且有權排除國家或其他任何人不依法律程序的侵犯，而政府或他人必須依法才可以扣押、檢查或監聽秘密通訊的內容。例如檢察官為了偵查犯罪，可以依法定程序檢閱、監聽嫌犯的郵件和電話（請參考刑事訴訟法第一編第十一章規定），或是父母為了教育未成年子女，可以開拆未成年子女的書信。

(5) 宗教信仰自由（憲法 §13）：是指人民有決定信仰或不信仰某一種特定宗教，或舉辦宗教儀式、傳播宗教教義的自由，並且有權排除國家或其他任何人不依法律程序的侵犯，而國家對於宗教必須採取中立的態度，不可以強迫人民一定要信仰某一種特定宗教或是特別補助某一種特定宗教。當然，人民在行使這項權利時候，不可以假借宗教的名義詐財、騙色或傷害別人的身體、生命。

　　(6) 集會和結社自由（憲法 §14）：是指人民有參加各種合法集會，並且組織團體，不受國家或他人違法侵害、甚至違法解散的自由。值得注意的是，我國關於室外的集會，也就是用遊行或靜坐方式舉行的集會，基於可能干擾到交通與他人權利的考量，依據集會遊行法第 8 條規定，必須向主管機關申請許可，否則可能會受到主管機關的警告、制止或命令解散（集會遊行法 §25）。

　　(7) 不危害社會秩序或公共利益的其他自由和權利：依據憲法第 22 條「凡人民之其他自由及權利，不妨害社會秩序、公共利益者，均受憲法之保障」的規定，即使憲法沒有規定到的自由和權利，並不代表人民就不可以享有，只要這些自由或權利不危害社會秩序或公共利益，就是憲法保障的權利，例如我們都有權利享有一個不受污染的自然環境，國家和人民都不可以隨意污染大自然，因此，儘管沒有明文規定在憲法條文中，「環境保護權」也是憲法保障的權利。

### 3. 受益權

　　受益權是人民為了享有特定的利益，而積極地向國家請求做成一定行為的權利。與自由權不同的是，受益權是由人民站在主動、積極的地位，向國家請求做成一定行為的權利，而自由權則是人民站在消極、被動的地位，請求國家排除一定行為的權利。有關我國憲法規定人民享有的受益權，詳細說明如下：

　　(1) 經濟上的受益權——如生存權、工作權、財產權（憲法 §15）

　　①生存權：是指人民從出生之後，就享有延續生命的權利，也就是說，人民有權抵抗任何對自己生計與生命上的威脅，並且有權向國家主張政府有義務保障人民生活符合最低生活標準，而國家也

有義務保障人民在就醫、就學等方面得到妥善的照顧。我國勞動基準法明文規定雇主支付員工的薪資必須高於「基本工資」，就是保障人民生存權的最佳例子（勞動基準法§21）。

　　②工作權：是指人民有按照自己的意志，維護合法工作、經營事業的權利，而國家有義務提供職業訓練、職業介紹與失業保險制度，儘量讓每一位國民都有工作的機會。

　　③財產權：是指人民依法取得的財產，除法律特別限制之外，人民可以自由使用、收益（例如出租他人）或處分（例如賣掉），而國家必須在依法補償後，才有權徵收或限制人民使用、收益或處分自己的財產。

　　(2) 行政上的受益權──如請願權與訴願權（憲法§16）：請願是民主政治中擴大人民政治參與機會的方式，是指人民對於國家政策、公共利益或是自己權益的維護，向主管事務的民意代表機關或行政機關，表達自己意願的行為（請參考請願法第2條規定）；訴願則是指行政處分損害到人民權利或利益的時候，人民（訴願法上稱為「訴願人」）有權向原處分機關或上級機關請求救濟（「還我一個公道」）的方法（訴願法§1、2 I）。由於請願權與訴願權屬於我國行政救濟制度中的重要部分，本書第十四章內容有較為詳盡的介紹，請參閱。

　　(3) 司法上的受益權──如民事、刑事及行政訴訟權（憲法§16）：簡單地說，訴訟權就是人民有打官司的權利，也就是人民因為私法上的權利義務爭執（例如甲乙之間的欠債糾紛）或是生命、身體、自由、名譽等受法律保障的權益，遭受他人不法侵害（例如甲出拳毆打乙），或是人民對於行政機關的決定表示不服時（例如，維中家被建管機關列報屬於違章建築，維中向縣政府提起訴願被駁回後，可以向行政法院提起撤銷訴訟，請求撤銷列報他家

是違章建築的行政處分。請參考行政訴訟法 §4），人民有權利「告官」，向法院提起民事、刑事、行政訴訟。

(4) 教育上的受益權──如接受國民教育的權利（憲法 §21）：為了避免我國人民變成「目不識丁」的文盲，提升全民的教育程度與素質，憲法第 21 條特別規定：「人民有受國民教育之權利與義務」，也就是說，人民有權請求國家給予適當的機會接受國民義務教育，因此，接受國民教育屬於教育上的受益權。不過，值得注意的是，教育上的受益權不但是每個國民的權利，同時也是義務，國家有權強迫人民接受。

### 4. 參政權（憲法 §17、18）

建立中華民國以前，中國是沒有民主的，一切都是由專制皇帝還有他身邊的大臣來決定國家的重大政策。但是，現在我國社會已經把人民當作「頭家」，基於「主權在民」的理念，國家政策與未來發展，人民都有參與的權利，這就是「參政權」。

所謂參政權，是指人民參與國家政治的權利，也就是人民有權以「頭家」的身分作主參與政治。具體一點地說，參政權的內容包括：第一，人民有權利依法選舉或是被選舉為政府首長或民意代表，也有權利在他們做不好的時候，把他們拉下來、罷免掉；第二，人民還可以透過創制、複決的方式，自行直接制定法律或否決已經通過的法律；第三，針對國家未來的重大事項，例如合併或變更領土、罷免總統、副總統等（憲法增修條文 §2 Ⅸ、4 Ⅴ），人民有權利以「公民投票」的方式，來決定自己的前途；第四，人民有權利參加政府考試，並且擔任公務人員。

綜合來說，人民的參政權是由兩個部分組成的，也就是 (1) 參與「政權」活動的權利，包括選舉權、罷免權、創制權與複決權；

及 (2) 參與「治權」活動的權利，包括應考試及服公職的權利。分別說明如下：

(1) 選舉權：指人民可以選舉別人作為政府首長或者是民意代表，或是被人家選舉為政府首長或民意代表的權利。例如，依我國憲法第 45 條規定，任何人只要年滿 40 歲，除非具有不得參選總統的消極資格（例如被褫奪公權），一律有權被選為總統。至於是否有機會「凍蒜」，就看個人的實力了。

依據憲法第 129 條規定，任何公職人員選舉必須遵守「普通、平等、直接、無記名」的原則，也就是說，只要年滿 20 歲以上，具有中華民國公民身分，都有投票直接選舉政府首長、民意代表的權利，而且每個人所投的一票都具有相同的價值，投票的時候也禁止在票上面記載投票人姓名，不能讓別人知道是誰投的。至於我國目前辦理的公職人員選舉有：總統、副總統選舉、縣（市）長、立法委員、縣（市）議員、鄉鎮代表等選舉。值得一提的是，立法院已於民國 111 年 3 月 25 日三讀通過修憲案，此案若再經公民投票複決程序通過，之後只要是年滿 18 歲的中華民國國民，將依法享有選舉、罷免、創制、複決、參加公民投票及被選舉的權利。

(2) 罷免權：行使罷免權是針對人民所選舉出來的政府首長或民意代表有違法失職、或違背選民託付的情形時，在他的任期屆滿之前，人民可以用投票的方式，把託付給他的權力再收回來。例如，在選舉時，阿貴以反核為號召，得到選民支持，當上立委，沒想到選上之後，卻「變臉」支持建造新的核電廠，原選區的選民有權利用「罷免」的方式，把他拉下來，讓他回家吃自己。值得注意的是，罷免權的行使，基於政治安定的考量，法律設計的門檻（成立罷免案）較選舉權高出許多，程序上也十分複雜（請參考憲法增修條文 §2 IX 等規定），所以在行使時必須特別注意有關法律的規

定（請參考總統副總統選舉罷免法第四章與公職人員選舉罷免法第三章有關規定）。

(3) 創制權、複決權：創制權是指人民可以經由法定程序，直接提出法案，促使立法機關修改法律，或者是經由投票直接制定法律的權利。複決權則是指人民針對憲法修正案或是立法機關三讀通過的法律，有投票決定其存在或廢止的權利。我國憲法增修條文第1條第1項規定我國自由地區選舉人就立法院提出的憲法修正案或領土變更案，應投票複決，就是規定人民複決權的例子。公民投票法更針對人民行使創制權及複決權的事項及程序，詳細規定。全國性公民投票適用事項包括法律的複決、立法原則的創制、重大政策的創制或複決，以及憲法修正案的複決；地方性公民投票適用事項包括地方自治條例的複決、地方自治條例立法原則的創制，以及地方自治事項重大政策的創制或複決；至於預算、租稅、投資、薪俸及人事事項則不得作為公民投票的提案。目前我國舉辦過的公民投票事項例如重返（加入）聯合國、東京奧運臺灣正名、同性婚姻、核四商轉、反萊豬等。

## 人民自由與權利的限制

有關我國人民所享有的基本權利，憲法雖然有明文列舉，並且對於人民的自由權利，採取憲法絕對保障主義，但是這並不是說，憲法賦予人民的自由和權利是絕對的、是沒有限制的，這是我們要特別注意的地方。就像英國學者彌爾（John Stuart Mill）所說的：「一個人的自由，必須以不侵害他人的自由為範圍，才是真正的自由」。我們在行使任何自由和權利的時候，都應該考慮到會不會妨礙到別人的權利，或者是否違反了法律的規定，所以說尊重別人應

有的自由和權利以及法律規定的限制，就是人民自由和權利的範圍。

　　基於以上的說明，我國憲法第 23 條明文規定：「以上各條列舉之自由權利，除爲防止妨礙他人自由、避免緊急危難、維持社會秩序或增進公共利益所必要者外，不得以法律限制之」，也就是說，雖然法律的規定可以限制人民的自由和權利，但是必須要基於防止妨礙他人自由、避免緊急危難、維持社會秩序或是增進公共利益的理由，而且是要在必要的限度之內，才可以根據立法院三讀通過的法律限制人民的自由或權利，這也就是「法律之內，人人自由」的道理。因此，如果國家沒有透過法律的依據，只是用一道行政命令，就來限制人民的權利或自由的話，人民可以主張這樣的限制是不合法的。具體來說，憲法第 23 條規定可以從以下三方面，也就是人民自由權利的限制原則、限制人民自由權利的法律保留原則及限制人民自由權利的比例原則，分別加以說明：

## 1. 人民自由權利的限制原則

　　我國人民所享有的自由權利，憲法採取的是絕對保障主義，但是爲了防止人民濫用這些自由權利，前述憲法第 23 條規定則是採取相對保障主義，規定只有在以下的情況，才例外可以限制人民的自由權利：

　　(1) 防止妨礙他人自由：也就是說，人民自由權利的享受與行使，必須在法律容許的範圍內，才會獲得保障。人民自由權利的伸張，如果有礙於他人的自由，以至於觸犯刑罰法律，例如無故侵入他人住宅、剝奪他人行動自由等行爲，必須要自己負擔刑事責任，接受法律制裁，而憲法與法律並沒有保障這些犯罪行爲可以免除刑事責任的規定，所以，爲了防止人民濫用自由權利，妨礙他人自

由，可以用法律規定限制人民的自由權利。

(2) 避免緊急危難：發生緊急危難的事故，例如兩國開戰、疫症流行、地震、水災、火災等，經常是屬於不容易防備的情形，但是對於人民生命、財產，卻可能造成重大的損失，進而影響國計民生，所以，為了避免緊急危難，可以用法律規定限制人民的自由權利。

(3) 維持社會秩序：社會是人民享受自由權利的場所，社會秩序良好，人民才可以好好地享受自由權利，不致任意遭受他人的侵害；反過來說，社會秩序混亂，則人民生命、財產、身體等權益，都可能受到無形的威脅，而使得生活難以安定，所以為了維持社會秩序，可以用法律規定限制人民的自由權利。

(4) 增進公共利益：公共利益是人民生活的最高共同原則，人民如果能摒棄自私自利的心態，凡事為公共利益著想，那麼人民的自由權利，必然可以充分地享受，無人干涉。不過，事實上，人類的私心私慾，仍然難以避免。所以，為了增進公共利益，可以用法律規定限制人民的自由權利。

## 2. 法律保留原則

法律保留原則，是指行政行為如果沒有法律授權，就不能成為合法有效的行為。由於這裡談的是限制人民自由權利的問題，在法律保留原則理念的指導下，任何限制人民自由權利的行政行為，都必須具有憲法或法律的明確授權。我國中央法規標準法也明確規定任何有關人民權利、義務的事項，必須以法律定之（中央法規標準法§5②）。

### 3. 比例原則

比例原則，是指行政行為的手段與目的之間必須合乎一定比例，也就是說，如果因為特殊情形，必須要限制人民的自由權利，任何採取的方法必須有助於目的達成，而且要選擇對人民權益損害最少的方法達成目的，不僅如此，損害與達成目的的利益之間，不可以明顯地失去均衡（「不要用大砲打小鳥」）。憲法第 23 條規定中所提到的「除為防止妨礙他人自由、避免緊急危難、維持社會秩序或增進公共利益所必要者外，不得以法律限制之」，就是這個意思。

**4　我國人民的義務──我應該為國家做些什麼？**

人民既然享有憲法保障的權利和自由，同樣地也要履行對國家依法應該履行的義務。值得進一步說明的是，憲法上所規定的義務是最重要、最基本的，其他各種類型的義務，則是規定在一般法律裡面（請參考民法 §348 所規定的出賣人義務與 §367 所規定的買受人義務）。

憲法規定人民的基本義務有三種，也就是依法納稅、服兵役與受國民教育的義務（憲法 §19～21），此外，憲法雖然沒有明白規定，人民仍然有遵守法律的義務。以下說明人民應盡的義務有哪些。

## 遵守法律的義務

　　大家也許會覺得很奇怪，憲法裡面既沒有規定人民有遵守法律的義務，為什麼人民有義務遵守法律？道理很簡單，制定法律的目的就是要讓大家遵守，不然制定法律以後，大家卻根本不遵守，法律不就沒有任何意義了嗎？這就像是打棒球的遊戲規則一樣，不遵守遊戲規則，球賽根本就玩不下去。

　　不過，雖然我們有遵守法律的義務，但前提必須是：法律的內容是合理、正當的，我們才有遵守的義務。假設有一條法律規定，警察可以不經法院審判就任意將人民「關禁閉一天」，由於這條法律本身已經違反憲法第 8 條的規定，是不合理、不正當的法律，我們就沒有義務去遵守它。這就是「惡法不是法」的道理。

## 依法繳稅的義務

　　國家為了維持政府的運作、支付公務員薪水、推動公共建設、保障國家安全，還有辦理教育、文化、社會福利事業，都必須要支付非常大筆的費用。這些費用的來源大部分都是來自於人民依法繳納的稅金，如果沒有人民繳稅，政府就會「倒店」，我們的生命、自由還有財產都將沒有保障。所以憲法第 19 條規定：「人民有依法律納稅之義務」。

　　值得進一步說明的是，「依法繳稅」的意義，就是國家必須根據立法院三讀通過的各種稅法，例如所得稅法、加值型及非加值型營業稅法、土地稅法等，才能令人民有納稅的義務。因為要不要繳稅或是應該繳多少稅，和人民的財產權有重大關係，必須由立法院決定通過，看緊人民的荷包，才可以課稅。這個原則，學理上稱它

為「租稅法律主義」。

　　如果人民有逃漏稅的行為時，雖然可以減少自己要繳的稅，但是相對地別人卻要負擔更多的稅，很不公平，所以我國稅法裡面，對逃漏稅的處罰都很重，除了有刑罰之外，還要處高額的罰鍰，所以大家絕對不要有僥倖逃漏稅的心態，以免受到處罰。

## 依法服兵役的義務

　　國家為保護領土和主權的完整，以及人民生命、財產的安全，必須維持足夠的軍事力量，來抵抗外來的侵略，並且維持國內的秩序，所以憲法第 20 條規定：「人民有依法律服兵役之義務」。

　　以我國目前的情形來說，現行的兵役制度是採徵兵、募兵並行，凡年滿 18 歲的隔年 1 月 1 日到滿 36 歲那年的 12 月 31 日的男子，除有兵役法所定各種免役或禁役等情形的男子外，一律有服兵役的義務，沒有其他任何例外，而男子若有妨害兵役的情形，國家就可以按照妨害兵役治罪條例的相關規定，對他處以刑罰。「覆巢之下無完卵」，人民既然是國家的組成分子，自然有義務加入軍隊保衛國家，所以，當男生接到入伍通知書，想要鑽法律漏洞，逃避兵役的話，妨害兵役治罪條例可是有很嚴格的處罰，嚴重一點的話，還得去坐牢呢！

## 依法接受國民教育的義務

　　以前我國的文盲太多，所以遭受到列強的侵略。因此，當初制定憲法的時候，特別規定國家有義務提供人民接受基礎國民教育，也就是國民小學到國民中學的教育，而人民也有義務接受國民教

育，如果有家長要把小孩留在家裡做工，不去上學的話，國家有權力強制家長將學齡兒童送入學校接受國民教育。

### 重點說明

　　黃尙在 7-11 工作，雖然只是屬於打工性質，但是工作的權利還是受到憲法第 15 條的保障，孤苦伶仃的媽媽也可以依據同條關於生存權保障的規定申請社會單位補助生活費。不過，要注意的是，由於憲法關於工作權及生存權的規定僅僅是抽象性與原則性的規定而已，它們的具體落實還必須靠個別行政法規的制定與執行。而黃尙已經年滿 18 歲，除非他有兵役法規定的身心上缺陷，否則他接下來必須負擔服兵役的義務，如果想要用弄斷指頭的方式逃避兵役，除了會被處五年以下有期徒刑之外，依然還是得要服兵役。至於寶寶如果趁黃尙當兵的時候搞「兵變」，這是寶寶追求幸福的權利，黃尙必須尊重她的選擇。另外，黃尙和寶寶參加承隆舉辦的遊行，如果承隆沒有事前依據集會遊行法第 8 條等規定申請許可的話，警察有權力依據同法第 25 條規定取締遊行。不過，警察取締的時候，也不可以任意使用強制力，如果大家遵守理性遊行的原則，警察就不可用強力水柱來驅趕遊行隊伍，更不可以任意拘捕遊行民眾，所以後來黃尙和寶寶被警察抓進警局，關了一整個下午，如果是警察濫用職權，就是違法侵害憲法第 8 條保障黃尙和寶寶的人身自由，黃尙和寶寶可以當場抗拒或者事後請求「國家賠償」。

## 實況演練

1.阿嘎在書局下手行竊漫畫書時，當場被店員發現，店員雖然不是警察，但他可不可以逮捕阿嘎呢？

2.已經出家的布西是虔誠的佛教徒，最討厭「殺生」，最喜歡「放生」，看「戰爭與和平」小說時也只看「和平」那一部分。有一天，布西接到兵役徵召令，必須入伍服役。請問布西可以主張因為自己的信仰而拒絕當兵嗎？

3.阿寶很討厭「汗寶殿」餐廳的服務人員，就在網路上 PO文，大肆宣傳「汗寶殿」賣的漢堡是用患有「狂牛症」的牛肉做的，請問阿寶的行為會受到言論自由的保障嗎？

4.如果教育部為了端正社會風氣，規定每間學校的教室一定要掛佛祖畫像，請問教育部這樣的行為有沒有違反憲法的規定？

第三章

# 有關青少年的法律

Case 1

　　小鄭就讀的國中班上，最近轉來一位新同學阿力。阿力雖長相斯斯文文，但卻沉默寡言，給人一股不易親近的感覺。原先同學們還以為是阿力換了新環境，在適應上有點困難，等到熟悉了環境，情況就會改變。可是一週過去，阿力竟然開始持續蹺課，老師用電話和他家人聯絡，連他家人也不知道他跑去哪裡。大約過了一個月，小鄭的班導師在一次班會中向同學說出阿力最近的狀況，原來阿力有一個很好的家庭環境，父親是一家規模很大的公司董事長，阿力原本跟著母親住臺中，也在那裡讀國中，但母親在那裡也有自己的事業在經營，沒有辦法常常照顧他，阿力下課以後就跟一群「8＋9」的同學混在一起，甚至曾經因為參與一件竊盜機車的案件而被送到少年法庭。他的家人怕他會變壞，所以轉學到北部來，希望轉換環境能夠改變氣質，好好用功念書，但是阿力一個月前又蹺課偷偷回到中部，跟老朋友混在一起，幾天前又因為搶奪路人的皮包被警察移送少年法庭，目前被法官收容在少年觀護所裡。昨天報紙根據法院的公告，已把阿力父親及母親的名字公布出來。

# 1 前言——青春不要留白？

　　人的一生中從小到大，會經歷好幾個不同階段的成長過程。其中青少年階段是最重要的，因為在這段時期，除了生理的發育會有

明顯的變化之外，更是求學與交友的關鍵期。

　　青少年階段是每一個人學習能力最強，吸收外界資訊也最快的時期。尤其是現代的青少年，可以在報章雜誌、廣播電視及網路上獲得大量的資訊，再加上超強的學習與模仿能力，從他們身上可以很明顯地看到媒體的影響。

　　最常見的現象就是青少年喜歡模仿電視影片中暴力、色情的情節。例如，民國 88 年在竹東發生青少年虐待、殺害朋友的案件，便是一個血淋淋的例子，年紀輕輕，看似純真無邪的青少年，會為了一點細故，就殘忍地虐待、殺害朋友；另外，同年在林口也發生了林姓少年只因為覺得父母對自己的朋友不夠好，竟因此逆倫弒親的人倫慘劇。

　　所以，現在大家都在想辦法儘量保護青少年，以維持他們的純真天性，儘量不要被社會不良的環境污染。政府也對青少年設有一些限制，例如電影分級制，青少年只能看輔導級以下的電影，或是有線電視的頻道採定址鎖碼，以防青少年受到暴力、色情的污染，進而導致他們做出錯事，「一失足成千古恨」，毀了大好的前程。此外，青少年階段另一個特徵就是希望得到朋友的認同，所以不論在班上或是任何同輩團體，很容易看到許多因為「同好」而組成的小團體，朋友之間互相的影響非常大，除了穿著打扮、飲食嗜好以外，彼此間互相學習與模仿的結果，常造成現在社會上許多「新新人類」的錯誤行為，例如恐嚇勒索同學、出入不正當場所、飆車等，這些錯誤，依法律規定的不同，會遭受到不同的處罰。為了避免我們周遭的青少年朋友或家人因為同儕的鼓動或一時血氣方剛，犯下不可彌補的錯誤，我們有必要了解與青少年行為密切相關的少年法律。

　　我國現行的少年法律可分廣義及狹義兩種，狹義少年法律指

少年事件處理法、少年觀護所設置及實施通則、少年輔育院條例、更生保護法等；而廣義少年法律還包括兒童及少年福利與權益保障法、兒童及少年性剝削防制條例，以及其他法律中保護少年的規定，如勞動基準法中有關童工的規定等，所以少年法律可說是自成一格，以保護、矯治少年的不良習性，調整其生活環境以及養成少年的健全人格為目的。限於篇幅，本章僅就較常用到的少年事件處理法與兒童及少年福利與權益保障法做概略介紹。

## 2　少年事件處理法──春風少年兄

### 少年事件處理法的性質

　　由於青少年犯罪，往往不只是一個單純的法律問題，而是一個源自家庭而牽動教育制度及社會環境的複雜問題，所以對於少年事件，自然需要有一套不同於一般刑事訴訟案件的處理流程。舉例而言，震冬剛滿 14 歲，是國中三年級的學生，平日即對有「校草」之稱的小東看不順眼，心儀的女孩又被小東追走，之後終於找到機會發飆，除了乘機以三字經辱罵小東外，並且加以痛毆，導致小東在病床上躺了三個月。

　　這個時候因為震冬已經滿 14 歲，是刑法上的限制責任能力人，所以如果震冬的行為符合刑法的規定，就應該接受法律的制裁。而震冬對小東的辱罵，按情節可能構成刑法第 309 條的「公然侮辱罪」，毆打成傷，則是觸犯刑法第 277 條的傷害罪。所以無論如何，震冬的行為已經對小東造成侵害，必須在法律上付出代價，

理應依一般刑事訴訟法的程序接受法院審理、訊問。

　　但是，以一個國中生的狀況而言，許多觀念都還在吸收、學習的階段。而且這時他關於是非對錯的篩選能力，與一般心智成熟的成人相較，顯然薄弱許多；再加上少年的人生來日方長，所以在這樣的案例中，我們寧願選擇含有較多教育色彩的處理程序。少年事件處理法就是在這樣的背景下產生的，而這個法律的基本出發點就是「少年宜教不宜罰，以保護代替懲罰」，一改刑事法律給人鎮壓報復的觀念，對於誤入歧途的少年給予適當的處遇，來達到社會防衛的目的。

　　既然少年事件處理法是為了少年犯罪或虞犯（詳後述）問題的處理程序而訂立的，所以我們知道少年事件處理法是刑事訴訟法的特別法。由於本法是以少年及特定事項為規範對象，所以關於少年犯罪應受追訴、處罰、審理機關與程序等，應該優先適用少年事件處理法，不再適用刑事訴訟法的規定，這時我們說少年事件處理法是刑事訴訟法的特別法。又相對其他少年教育及福利等行政法規中，少年事件處理法常有優先適用的地位，所以也可能是部分行政法規的特別法。

## 少年事件處理法的重要內容

### 1. 本法以 12 歲以上且未滿 18 歲的青少年為適用對象

　　12 歲以上未滿 18 歲的青少年，通常是指小學六年級到高中、職二年級的學生。一般男女成長到 12 歲的時候，對於自己什麼事情可以做，什麼事情不能做（例如偷東西、殺人、放火等行為），已經有了基本的判斷能力，如果精神上並沒有障礙的話，就不能再以「我什麼都不知道」，作為逃避錯誤行為的藉口。

　　例如17歲的志盈和19歲的孔留平日常在一起遊蕩，某日看到路邊停的高級轎車裡，放著一部時下最炫的「愛鳳」手機，由於孔留對這隻手機垂涎已久，於是心生歹念，慫恿志盈把風，拿著石頭把車窗打破並取出手機，正要離開現場時，被剛好經過的巡邏警察抓個正著，將兩人以現行犯逮捕。

　　在上面的案例中，志盈可能自認並沒有實施竊取財物的行為，應該不會構成犯罪，但是在法律上志盈和孔留都有竊取手機的「犯意聯絡」，也基於這樣的意思而分配犯罪工作，進而完成犯罪行為，所以兩人的關係是刑法上的「共同正犯」，都要負竊盜罪的刑責。不同點在於，由於志盈的年紀只有17歲，所以對他的刑事審判程序要由少年法庭依少年事件處理法審理；而孔留因為已滿18歲，所以由一般刑事法庭依刑事訴訟法的程序審理。

　　至於7歲以上未滿12歲的兒童，如果有觸犯刑罰法律的行為，並不會依少年事件處理法第三章的規定加以處理，而是會回歸與兒童相關的法制處理。

2. 本法的處罰行為包含少年刑事案件及少年保護事件

　　(1) 少年刑事案件：指的是「觸犯刑罰法律行為」。簡單地說，就是少年的行為已經符合刑罰法律中的犯罪構成要件，違反了法律禁止人民做（如不得殺人，否則構成殺人罪）以及要求人民為特定行為（如要求救助欠缺自救力的人，否則構成遺棄罪）的規範。

　　例如上例中志盈和孔留所共犯的竊盜罪，對志盈而言，就是屬於典型的少年刑事案件，因為他的行為違反了刑法的禁止規範。

　　(2) 少年保護事件：就是少年事件處理法所規範的「虞犯行為」。「虞犯少年」指的是有觸犯刑罰法律可能性的少年。在立法者的價值判斷中，有些行為雖然未必會構成刑法上的犯罪行為，但

是因為這些行為的環境、傾向，容易對少年有不好的影響，甚至有可能會導致犯罪行為，所以明文規定，使執法者能綜合少年的個人性格及所處環境做判斷是否要對少年採取保護措施。

而這些「虞犯行為」，依法律規定有下列數種：

①無正當理由攜帶刀械：例如小弦自小缺乏安全感，很怕別人欺負他，所以隨身攜帶彈簧刀一把，以防萬一。

②有施用毒品或迷幻物品的行為而尚未觸犯刑罰法律：例如小弦因受朋友鼓動，染上吸食強力膠的惡習，由於強力膠只是一種接著劑，並非麻醉藥品，因此不受毒品危害防制條例所規範，而現行刑法中並沒有處罰吸食強力膠的法條，所以實務上把強力膠歸類為少年事件處理法的「迷幻物品」，小弦「可能」會被當成虞犯少年，依少年事件處理法的程序處理。

③有預備犯罪或犯罪未遂而為法所不罰之行為：例如小弦曾被學校訓導主任當眾處罰，心中懷恨不已，在畢業前夕即與幫派朋友計畫要於畢業典禮當天教訓一下訓導主任。由於在刑法上並不處罰傷害罪的預備行為，所以這樣的狀況不能當成「少年刑事案件」來看待，但是因為小弦的犯罪動機已經很明確，所以從保護觀點來看，為了避免小弦誤入歧途，仍然應該及早注意及矯治。

須強調的是，上面說的只是一個參考標準。在實際的案例中，法院除了就少年的人格以及生活環境加以觀察外，另外要以經驗法則體察實際狀況做判斷，不能只憑主觀意見及表面狀況來認定「虞犯行為」。

### 3. 關於審理程序的特色

少年事件的審理程序，既然與一般的刑事訴訟程序不同，自然有他「體貼」少年的所在。例如受理少年事件後，應先由少年調查

官就少年之品行及身心狀況、家庭環境以及教育程度等事實爲實地調查，法官應以莊嚴和藹懇切的態度進行審理等。最重要的是，審理過程不公開，以維護少年名譽。

另外，報紙雜誌或其他新聞媒體，不可以揭載被處分少年之姓名、身分、容貌或有關本人行爲之記事或攝影，避免青少年被貼上標籤。而且審理時，法官應力求避免訴訟追究，如果案件輕微的話，得不付審理，只要督促少年的法定代理人或監護人加強管教就可以了。

就審理的過程而言，當少年有違法行爲被送到警察局或少年法院時，少年有權利要求選任「輔佐人」。這是少年的重要權利，因爲少年心智不如成年人成熟，除了需要有人輔助少年向警察、檢察官和法官把事實說明清楚外，更需要有人保護少年應該有的權利。

4. 關於少年事件的處理方式

我們有時會聽到，「某某人曾待過少年感化院」這樣的話，那麼到底少年事件在法院會有哪幾種處理方式呢？以下我們做一個簡單的介紹：

(1) 移送給檢察官：如果犯罪情節嚴重的話，例如少年犯的是最輕本刑爲五年以上有期徒刑（如殺人罪、擄人勒贖罪等）的罪，或者是事件繫屬後少年已滿 20 歲，甚至法院認爲犯罪情節重大，參酌其品行、性格、經歷等情狀，以受刑事處分爲適當時，少年法庭有權將其移送到一般法院的檢察官處理。經判處有期徒刑確定的少年受刑人，現行是交由高雄明陽中學等收容，而非以「監獄」作爲刑罰執行的處所。

(2) 保護處分：這個部分可說是少年事件處理法的重心所在，因爲少年事件處理法本來就不是設計來「處罰」少年的法律，而是

希望透過適度的導正措施，使少年未來的人生仍然是光明的，所以少年法院有權對少年採取一些導正的措施，例如：

①訓誡並得予以假日生活輔導：就是法官向少年說明他的不良行為是什麼，明白地告訴他將來應該遵守的事項；如果屬於較嚴重的情形，可以安排假日輔導，對少年施以品德教育、輔導其學業或其他作業，並得命其為勞動服務。

②交付保護管束並得命勞動服務：這是一種由法官指定適當的人來教導少年正確的生活規範；並且就少年的教養、醫治疾病、謀求職業與改善環境等事項予以相當輔導，促使他改善現狀，重新適應社會的一種「圍牆外處遇」。

③交付安置於適當之福利、教養機構、醫療機構、執行過渡性教育措施或其他適當措施之處所輔導：如果法官認為少年生活的環境不適合導正他的不正當行為，可以把少年安置在適當的福利或教養機構，接受專業人員的輔導。安置輔導是一種收容性的處分，由法院依少年的行為性質、身心狀況、學業程度及其他必要事項，分類交付適當的福利、教養機構執行，並受少年法院的指導，是一種結合民間社會資源所採行的特別保護處分。

④接受感化教育：如果少年家庭的管教功能喪失，而且保護管束已不足以矯正少年的偏差行為，法院認為有需要將少年和他生活的環境強制隔離的話，可以讓少年進入感化教育處所（如桃園敦品中學、彰化勵志中學以及新竹誠正中學）接受一定期間感化教育，來矯正少年的不良習性。

在這裡，除了使其悔過自新以外，也會授予生活技能，使少年能自謀生計；並且按實際需要，施以補習教育，使其保有繼續求學的機會。這個制度的特色就是對於少年按其肇事性質及學業程度，分類交付適當之處所執行感化教育。

(3) 禁戒處分與強制治療：少年如果有毒癮或酗酒的習慣，或是身體或精神狀態有缺陷，那麼除了可能受到上面的保護處分外，因為有治療、隔離的必要，還需要在相當處所（如煙毒勒戒所、公私立醫院或少年觀護所等）實施禁戒處分或強制治療。

(4) 不付保護處分：這種處罰是最輕的，因為法官依審理結果認為少年犯的罪，不應或不宜付保護處分，應裁定諭知不交付保護處分。

## 5. 親職教育

少年犯罪的成因有很多，他的法定代理人（例如父母）的管教方式只是其中一個環節。但是，如果少年的法定代理人能重視對於少年的教養，則是預防少年犯罪的重要有效措施之一。因此，在少年事件處理法中特別規定，少年有觸犯刑罰法律之行為，或有觸犯刑罰法令的可能性時，如果少年的法定代理人疏於教養的話，少年法院可以裁定命少年的法定代理人接受八小時以上五十小時以下之親職教育輔導，少年保護官將會指導如何進行親職教育輔導。拒不接受親職教育輔導或時數不足的話，並得處罰鍰。

這樣規定的目的，是希望除了使家長能了解為人父母的責任外，另外可透過親職教育使他們知道管教子女的正確觀念。另依本法的規定，對忽視教養情況嚴重的法定代理人或監護人，法院並可裁定公告其姓名，以促進教養的決心。

「保障少年健全之自我成長」是少年事件處理法的核心概念，期望透過調整少年身處的環境，矯治少年的偏差性格，進一步修護少年與社會間逐漸顯露的傷痕，再逐步建立起少年與社會間的正面依附關係。因此，在少年事件處理法當中，對於進入處理程序的觸法少年及虞犯少年，還設有許多特別保護的規定，例如少年保護事

件的調查及審理程序不公開、少年刑事案件的審判程序不公開，以及資料不公開並應於一定期間內予以塗銷等，就是希望爲他們重新打造一個不會因此被大人們貼上「標籤」的未來。

　　所以，總的來說，少年事件處理法是一套以少年爲中心，結合各領域專家，由法院與少年及少年家長協談，找出保護少年自我健全成長的方法，而不再只是一部以處罰及報復爲依歸的法律。對那些無家庭約束、逃離學校，甚至生活完全失序，未就學、未就業、未接受任何訓練的觸法少年或虞犯少年來說，少年觀護所、少年輔育院或矯正學校，可以成爲他們最後一個避風港。在那裡，他們可以打球、看書，可以在看似漫長、沒有希望的成長道路上，獲得暫時的喘息，至少讓他們知道，在這個世界上還有一個願意以較溫柔的眼睛看待他們的地方。

## 3　兒童及少年福利與權益保障法──少年耶！有啥好康的？

### Case 2

　　黛莉雖然只是國中一年級的學生，但是因爲父親每天酗酒，從來不管家人的死活，原本是清潔隊員的母親在某日清晨打掃街道時，又被酒醉駕車的人撞成癱瘓，肇事者也逃逸無蹤，爲了負擔家計及照顧年幼的弟妹，黛莉只好利用下課的時候到巷口麵店幫老闆洗碗，賺取微薄的工資來維持家中開銷。有一天，朋友阿珠告訴黛莉，與其辛辛苦苦只能賺一點點錢，不如和她一起「下海」當檳榔西施，賺錢輕鬆、收入也高。黛莉經不起阿珠的勸誘，就答應去試試看。

## 兒童及少年福利與權益保障法的立法背景及目的

兒童和少年是國家未來的主人翁，就像一棵樹如果不留心灌溉、栽培，樹幹一旦彎曲變形，就不容易矯正。尤其是少年時期，更是人生的轉捩點，由於自我的逐漸成熟，使他們更趨向個別化與獨立化。因此，在這一個時期，責任感和人際關係的培養就顯得格外重要，否則，極易產生少年的犯罪行為及偏差行為等「少年問題」。

但是，少年問題的產生除了家庭因素以外，一般社會大眾，甚至國家的政策也會有所影響。所以，為了增進少年福利，健全少年身心發展，提高父母及監護人對少年的責任感，我國在民國92年間制定了兒童及少年福利法，希望在父母教育子女的權利義務與國家的社會福利責任間做一個調和。

但現在經全球化衝擊，貧富落差加劇，家庭組織結構愈趨多樣化，中輟與犯罪年齡下降，網際網路與傳播媒體的影響擴大。這種情況使得兒童及少年及其家庭的需求與問題也隨之變遷，使兒童及少年的成長環境受到空前的挑戰。於是，如今的「兒童及少年福利與權益保障法」，經過民國100年起的修法，成為我國朝向聯合國兒童權利公約邁進的重要里程碑，以具體因應兒童及少年成長、發展所需，並提供兒童及少年權益更具體而周延的保障及福址。

## 兒童及少年福利與權益保障法中關於「少年」部分的重要內容

說了半天，大家還是不知道兒童及少年福利與權益保障法規定了些什麼，帶給少年朋友哪些「福利」及「保障」？以下我們便針對這個法律的重要內容，為大家做簡單的介紹。

1. 本法的保護對象包含 12 歲以上未滿 18 歲的青少年

　　既然本法和少年事件處理法一樣，都是要對在現今社會中日益嚴重的「少年問題」做規範，那麼適用的對象自然相同，這部分就不再贅述了。

2. 本法提供青少年多樣的福利措施

　　既然叫兒童及少年福利與權益保障法，那自然會有一些「福利措施」的相關規定。依照兒童及少年福利與權益保障法的規定，針對三種不同狀況的少年提供相關的措施。

　　(1) 針對已滿 15 歲或國中畢業，有進修或就業意願的少年，提供進修、職業訓練或就業服務：例如阿諒是一個國中二年級的學生，因為從小就跟書本合不來，所以早就打定主意要在國中畢業後往水電方面的工作發展。這時，阿諒可以利用教育部在九年義務教育之後延長一至二年的「國中實用技藝教育班」，或以補習教育形式設立的「實用技能班」，在學校階段充實相關的知識。

　　另外政府單位也有提供青少年的職業訓練，開辦如美容美髮、水電修繕工作技能的學習，也是阿諒的另一個選擇，為即將進入社會預做準備。

　　(2) 針對家庭發生重大變故的少年，或因其他原因導致家庭不適合成為教養環境時，提供「家庭寄養」或是「機構安置」的服務：所謂因「其他原因」導致家庭不適合作為教養少年的環境，原因可能包羅萬象。例如郁芳今年國中二年級，長得乖巧可愛，但是父母卻沉迷賭博，偏偏賭運又不好，憤怒之餘，兩人常毆打郁芳出氣，使郁芳長期生活在恐懼之中，鄰居嚴先生實在看不下去，便向當地主管機關告發。

　　這時如果經過當地主管機關調查後，認為確實有「虐待」的情

事，並且認為郁芳的家庭環境已經不適合她生活了，便可以選擇用家庭寄養或機構安置的方式來照顧郁芳，使她能有一個安全的生活環境。

(3) 對於無謀生能力或在學的學生，如果沒有人扶養他，或者扶養義務人沒有能力維持少年的生活時，提供生活扶助以及醫療補助。

## 3. 本法對青少年的保護措施

未滿 18 歲，對許多青少年朋友來說，可以說是一個備受限制的年紀，想試試抽菸、喝酒，過過電影裡主角那樣灑脫的乾癮，老闆卻跟你說 18 歲以下不賣；對世界充滿好奇，想看看限制級的書刊、電影，也不得其門而入。這時有些人就會問：法源依據在哪裡？兒童及少年福利與權益保障法中的保護措施，就是許多人想知道的答案。

保護措施是本法中相當特別而且重要的一個部分。因為它是透過消極地禁止某些不適合少年行為，以及積極地課予相關人員特定義務交錯而成的。當然，這裡也是青少年及為人父母者要特別注意的。

首先，有些行為因為有害青少年的身心發展，所以明文禁止，例如：

(1) 吸菸、喝酒、嚼檳榔：因為吸菸有害身體健康，喝酒可能使青少年「酒後亂性」，做出錯事，而嚼檳榔除了有害健康及不好看之外，隨地吐檳榔汁也會污染環境衛生。所以兒童及少年福利與權益保障法禁止商人供售 18 歲以下的青少年菸、酒及檳榔，並且要求少年的父母、養父母及監護人也有義務監督禁止少年這方面的行為。

如果商店老闆一時心軟決定賣菸給青少年的話，將被處以罰鍰。

(2) 出入不良場所：所謂「不良場所」是指酒家、特種咖啡茶室、成人用品零售店、限制級電子遊戲場及其他涉及賭博、色情、暴力等危害身心的場所等。這些地方的環境大多十分複雜，而且「龍蛇雜處」的結果，非常容易成為犯罪的溫床，為了避免青少年被誘惑，不慎成為犯罪集團的犯罪工具，兒童及少年福利與權益保障法明文禁止青少年出入這些不良場所，而上述場所的負責人或從業人員亦應禁止少年進入。

少年的父母、養父母或監護人如果明知少年出入上述不正當場所，還不加制止的話，會被處以罰鍰。

而場所負責人或從業人員如果放任少年出入，除了被處罰鍰外，場所負責人的姓名還有可能被公告周知。

(3) 施用毒品、非法施用管制藥品或其他有害身心健康的物質：吸食毒品、迷幻麻醉藥品除了會上癮並且傷害身體外，也會使少年喪失對外界事物正常的判斷能力。而且，因為毒品價格不便宜，許多青少年為了要買毒品，如果從父母那兒拿的零用錢不夠，就可能會去做勒索同學或是去做搶劫、偷竊等犯法的行為，嚴重影響社會治安。而不良的讀物如色情、暴力漫畫等，也常常引起青少年模仿其中的情節，對同學或家人，甚至陌生人做出傷害的事情，所以兒童及少年福利與權益保障法明文禁止少年有這些行為。

少年的父母、養父母或監護人如果明知少年施用毒品、迷幻物品或管制藥品，而不加制止的話，也會被處罰鍰並得要接受八小時以上五十小時以下的親職教育輔導。

(4) 在特殊場所工作：所謂「特殊場所」是指舞廳、酒家等聲色場所。因為長期在裡頭工作，耳濡目染，對青少年身心發展有害，也會使青少年有不正確的價值觀，太重視物質的享受，忽略了

心靈、精神方面的充實比外在物質滿足更重要。而任何人也不能利用、僱用或誘迫少年為上述行為。

少年的父母、養父母或監護人如果明知少年有在特殊場所工作之行為，不加制止，會被處罰鍰並公告姓名。

而利用、僱用或誘迫少年從事前述行為的人，除了被處以罰鍰並公告姓名外；如果他的行為已經觸犯刑法規定的話，並應移送司法機關處理。

(5) 觀看有害身心健康之暴力、血腥、色情、賭博的出版品、影片、遊戲軟體、網際網路內容等：兒童及少年仍處在發展健康身體及心靈的階段。在基本價值觀還沒有建立的情形下，如果兒童及少年就接受腥羶色的訊息，價值觀恐怕會有偏差的風險。因此，為保障兒童及少年健全的成長，兒童及少年福利與權益保障法禁止他們從事這些行為。

(6) 從事蛇行等危險駕車行為：不論成年與否，安全駕駛都是生活中需要遵守的基本道理。近年兒童及青少年飆車事件頻傳，兒童及少年福利與權益保障法對此特別規定，希望兒童及青少年飆車事件能減少，以保障他們的生命及健康。

(7) 超過合理時間持續使用電子類產品，致有害身心健康：大量使用 3C 產品將會導致視力衰減，為避免兒童及青少年的視力過度受損，兒童及少年福利與權益保障法明訂使用 3C 產品不得超過合理時間。

另外，兒童及少年福利與權益保障法中也有規定積極的保護措施。例如規定，任何人發現少年有本法中足以影響少年身心健康的情形，有權且應通知當地主管機關做妥適處理。

如果父母、養父母或監護人對少年有虐待、惡意遺棄等情事或利用、僱用或誘迫少年從事不合宜的工作時，少年最近尊親屬（除

父母、養父母或監護人外）、主管機關或少年福利機構，可以向法院聲請宣告停止其父母或監護人之親權或監護權，對於養父母甚至可向法院聲請宣告終止其收養關係。所以在郁芳的案子中，主管機關斟酌情形，認為只有安排家庭寄養還不足以保護郁芳，因為她的父母已經不適合行使親權了，還可以向法院聲請宣告停止親權，並且由法院為郁芳選定適當的監護人，給她更完整的保護。

又少年有特定情事，經過他的父母、養父母或監護人申請或同意後，可以由當地主管機關協調適當的少年福利機構予以協助、輔導或安置，這也是積極的保護措施之一。

### 4. 少年福利機構簡介

各地所設置的少年福利機構，可以說是落實法律規定的重要環節。「徒法不足以自行」，許多觀念的宣導以及少年法律的落實，仍須借助少年福利機構在民間的推展，才能開花結果。而少年福利機構，往往也是少年問題發生時，大家所想求助的第一線，所以，在學習兒童及少年福利與權益保障法時，有必要對這個架構有一初步的了解。

以臺北市為例，少年福利主管機關為臺北市政府，其下設社會局綜理社會福利事務，少年福利事業便由其下的兒童及少年福利科管理。目前社會局轄下有六家少年服務中心，可以幫助服務家庭低功能少年、因家庭因素中輟少年及不幸少年。該中心以外展、接受社會局或其他機構轉介等方式接觸少年，評估其需求後，以個案工作、團體工作、其他活動方案等多元方式提供少年及其家庭服務，陪伴少年並協助其穩定生活、改善親子關係、規劃未來生涯等。

另外對遭遇不幸的少年，也應設置專門收容教養機構，目前實務可包括兩種：

　　(1) 機構安置：協助少年安置於本市公私立育幼院所或少年中途之家。

　　(2) 家庭寄養：協助少年獲得暫時性的家庭照顧等相關服務。

　　除政府機關外，私人或團體亦可設立少年福利機構，除需依兒童及少年福利與權益保障法第 82 條載明法定事項外，並應申請主管機關許可，許可後並須受主管機關的輔導、監督、檢查及定期評鑑。

## 重點說明

### Case 1

　　跟小鄭當了幾天的同學後就輟學不見的阿力，是 14 歲左右的少年人。12 歲以上 18 歲以下的少年觸犯刑罰法律的行為，或者有些行為還達不到觸犯刑罰法律的程度，依少年的性格及環境，而有觸犯刑罰法律之虞者，依少年事件處理法第 3 條的規定，都要由少年法院或者普通法院所設的少年法庭來處理。少年法院或者少年法庭處理這類案件，要先經過調查程序。經過調查，認為少年有觸犯刑罰法律，犯最輕本刑為五年以上有期徒刑，或者案件進入法院後已滿 20 歲才移送檢察官者，按刑事案件程序來處理。

　　除了這兩種必須由檢察官處理的案件以外，其他的少年刑事案件，少年法院或者少年法庭可以依情節的輕重移送檢察官或者留下來用保護處分的程序來處理。將少年訓誡或附加假日生活輔導、保護管束，安置於適當處所；最嚴重的保護處分是將少年送到感化教育處所接受感化教育。

　　阿力前次所犯竊盜罪的最重本刑因為是五年以下有期徒刑，法

院沒有送他到檢察官那裡用刑罰的規定來處罰，只是依照保護處分的程序來處理。想不到阿力辜負了法官的一番好意，輟學以後又因搶奪路人皮包而犯了搶奪的罪名，依刑法第325條的規定，要處六月以上五年以下有期徒刑。對於這次的再犯罪，法院是不會像第一次犯罪那樣輕輕放過，畢竟阿力已經有前科了。

另外阿力的法定代理人，也就是他的父親和母親，對於少年並沒有盡到教養督導的責任，讓他有機會一再犯罪。這時少年法院可以依據少年事件處理法第84條第1項的規定，裁定命他的父母接受八小時以上五十小時以下的親職教育輔導。如果法院認為疏忽教養的情況很嚴重，還可以裁定公告他們的姓名，讓社會大眾知道這一位少年的法定代理人沒有盡到教養子女應盡的責任。法律做出這種規定，無非是昭告普天下父母，「養不教，父母過」，所以為人父母應好好負起教養子女的職責才是！

## Case 2

鯊莉家庭的情況符合兒童及少年福利與權益保障法第23條第1項第6款的規定，因為鯊莉的父親酗酒不能賺錢維持家中開支，鯊莉的母親因車禍癱瘓，也沒辦法工作。主管機關應該依照社會救助法給予鯊莉一家人生活扶助或補助。

而鯊莉和阿珠是不可以去檳榔攤當檳榔西施的，因為依兒童及少年福利與權益保障法第48條第1項的規定，少年不可以在特殊場合當侍應或有其他足以危害或影響身心發展的行為。檳榔西施大多數穿著清涼，接觸的人複雜，如果長期在檳榔攤工作，很有可能會影響鯊莉和阿珠的身心發展。如果檳榔攤老闆僱用兩人的話，便違反了兒童及少年福利與權益保障法第48條第2項的規定，並會被處6萬元以上30萬元以下罰鍰，姓名也可能會被公告，甚至遭

主管機關命停業或歇業。

## 實況演練

1. 16 歲的高中叛逆少女馨茹，是有名的古董大盜。可是在最近一次竊取「青冥劍」的過程中，卻當場被武功高強的刑警義繁當場抓包，雖然後悔不已，但終須接受法律的制裁。請問法院應該用哪一種程序審理馨茹呢？

2. 17 歲的黛黛是學校有名的問題學生，經常蹺課不說，還喜歡到搖頭 PUB 去狂歡，因此也染上了服用迷幻藥品的習慣，長期下來導致精神恍惚，同學都很擔心哪一天黛黛一旦發作，會對大家的安全造成威脅。少年法院可以採取哪些措施，使黛黛戒掉服用藥品的習慣？

3. 少年湯姆的好朋友哈利，因為父母雙亡，一個人住在郊區的樹屋裡，平時沒人照顧，這個學期的學費也沒著落。湯姆實在不忍心看哈利流離失所，便向當地的社會福利主管機關報告。這個時候，主管機關有哪些方法可以幫助哈利？

4. 郝有潛是「辣妹鋼管舞廳」的老闆，一心想把他的鋼管秀事業版圖擴張到全省。為了節省開支，餐廳裡端盤子的小弟、小妹一律僱用 18 歲以下的青少年，因為可以支付比較少的薪水。後來有民眾向當地警察機關檢舉，請問郝有潛的作為違反了什麼法律？

# 第四章

# 民法權利的實現

## Case

　　雄大是一個有理想、有抱負,但卻略帶叛逆性格的青年人,現年21歲,目前就讀於北部某大學企管系,有一個交往了三年的親密女友沅沅。有一天,雄大突然異想天開,想把自己多年來存下來的零用錢3萬元拿出來買部二手汽車代步,好在女友沅沅面前展現自己的獨立成熟,同時心想「學校離沅沅家頗遠,如果有了汽車,將來約會可就方便太多了」。當然,只有區區3萬元,想買部二手汽車的確是「羞澀」了點囉!雄大想不出別的辦法,只好硬著頭皮找老爸商量,看看能不能借點錢。沒想到商量的結果,不但沒有拿到錢,還被老爸說:「年紀輕輕,一點經濟基礎都沒有,又還沒有考取駕照,幹嘛學人家開車、耍帥!」雄大實在受不了老爸的「碎碎唸」,心想「反正自己已經長大了」,竟然演出「離家出走」的戲碼,在外頭租了一間小套房,付了押金及租金共1萬5,000元,並且「一不做,二不休」,與熟識的二手車商王浩平訂立買賣合約,訂購了一部二手車,想來個「生米煮成熟飯」,讓老爸不得不出錢幫他買車。沒想到才離家三天,就被老爸「逮個正著」,老爸並且向雄大表示,「想要我出錢幫你買車,門都沒有!」

## 1　民法的意義與性質──我在你左右

### 民法的意義

　　我們每一個人從出生開始，到死亡為止的整個過程，都必須和周圍的社群、團體，例如家庭、學校、工作場所等，有所互動，而無可避免地與這些社群、團體本身或其組成分子發生各種財產上或人身上的關係。

　　舉一個最簡單的例子來說，打從我們呱呱墜地，發出那代表著生命活力的「天下第一聲」開始，我們就已經和父母之間自然而然地產生了所謂的「親子關係」，這種因為父母親的結婚行為，再加上出生的事實而形成的關係就是法律上所稱的「身分關係」（屬於人身關係的一種，請參考民法 §1061 等規定）。至於財產上的關係，那就更多了。以本章 case 的事實而言，其中就牽涉到不少財產關係的變動。例如，雄大想要在外面租房子住，就必須負擔支付租金的義務，而在支付了租金之後，雄大的有形財產雖然變少了，但支付租金的結果，卻讓雄大換來在租賃期限內可以在他所租到的房子內居住、生活的權利（無形的財產）；至於房東呢？雖然他有收取租金的權利，並且在本章 case 的事實中，他也已經收到了租金，而使得他的有形財產增加，但同樣地，他也必須負擔將房子暫時讓給雄大居住、生活的義務（無形財產的提供，請參考民法 §423、439）。這樣一來，雙方的財產狀況會因為訂立了租賃契約而有所變動，這種因為訂立租賃契約而變動雙方財產情況的法律關係就稱為「財產關係」。民法就是管理這類私人與私人之間所發生

的各種生活事實，並且產生財產上與人身上權利義務關係變動的法律。因此，民法上所謂的「法律關係」，實質上就是以「權利義務關係」為核心，而本章說明的主要部分是有關財產關係的部分，至於牽涉到人身關係的部分，請參閱本書第六章。

綜合以上所述，我們可以想像得到，一個人可能一輩子都不會和刑法發生關聯，但卻永遠和民法脫離不了關係，雖然有的時候我們會「忘了它的存在」，但它卻是如影隨形地跟隨著我們。所以，我們不妨把民法描述成最「生活化」的法律，大家就會感受到民法和我們的關係原來是如此密切了。

## 民法的性質

在本書第一章的內容中，我們曾經提到，法律從不同的角度觀察，可以分為四種主要類別，也就是公法與私法、實體法與程序法、強行法與任意法及普通法與特別法的分別。根據以上的敘述，我們可以得知，民法具有私法與實體法的性質，主要的理由在於它是以私人間所產生的法律關係為規範對象，原則上並不涉及任何國家公權力的行使，而且民法的具體內容都與私人權利義務關係的變動有關。此外，由於民法的施行效力是以國內一般的人、事、地為對象，而且民法的適用，在「私法自治」的範圍內（請參閱本章第2節），可以依照個人意思決定是否適用及適用效果，所以還具有普通法與任意法的性質。以下，就讓我們為各位解釋權利與義務的基本概念。

## 民法上權利、義務與責任

### 1. 權利

　　所謂「權利」，是指受到現行有效的法律保護，特定人可以享有某種特定財產或人身利益的法律上之力。舉一個簡單的例子，甲向乙買了一部 TOYOTA 的車子，在法律上發生了所謂的「買賣契約關係」。在這一項法律關係中，為了滿足甲乙雙方個人的合理利益（甲可以得到車子，乙可以得到錢），現行有效的民法於是個別地賦予雙方一種請求權，可以使他們要求對方按照契約約定採取某種行動。例如，在這個案例中，甲可以要求乙交付 TOYOTA 汽車，並且把這部車子的所有權移轉給他（車主的名字登記為甲）；乙則可以請求甲支付買這部汽車的價金（民法 §345 Ⅰ、348、367）。值得一提的是，這種權利並不是「軟腳蝦」，相反地，它還有一個特徵，就是一旦任何一方做出違反契約的行為，另外一方就可以引用民法有關買賣契約關係的規定，要求違反契約的一方履行契約（民法 §354、359、360），如有不從，另外一方還可以透過具有強制力的民事訴訟程序與強制執行程序，強制違反契約的一方接受法院的判決，並查封他的財產。也就是說，當任何一方的權利不能獲得合理滿足的時候，可以藉由國家強制力的介入來加以實現。

### 2. 權利的種類

　　民法所規範的權利，最重要的有以下幾種：

　　(1) 財產權與人身權：以權利意義中的「特定利益」為標準，權利可以分成財產權與人身權。人身權是與權利主體（也就是以下談到的「人」，包括自然人與法人）的人格、身分不可分離的權

利，又可以分為人格權與身分權兩種，前者例如生命權、健康權、自由權等，後者例如親權（請參考民法 §1084 等規定）、家長權（請參考民法 §1123 等規定）等。由於人身權是與人格、身分不可分離的權利，所以，在法律上是屬於不能轉讓、不能繼承，也就是說權利主體不能變更的專屬權利。至於財產權則是指與人格或身分無關，可以造成財產關係變動的權利，其中最重要的財產權包括債權與物權，在法律性質上是屬於可以轉讓與繼承的權利（請參考本章第 5 節、第 6 節）。

(2) 支配權、請求權、形成權與抗辯權：以權利意義中的「法律上之力」為標準，權利可以分成以下幾種。

①支配權：是指權利人可以直接支配被管理對象（法律上稱為「標的」或「標的物」）的專屬權利（原則上只能由有權利的人行使權利），物權就是一種典型的支配權。

②請求權：是指在法律上可以要求他人做出特定行為（包括積極的作為與消極的不作為，法律上稱之為「債之標的」或「給付」，請參考民法 §199）的權利，例如債權、物上請求權（請求侵害、妨害或有可能妨害物權的人除去侵害或妨害狀態的權利，請參考民法 §767）與人格權侵害除去請求權（對侵害人格權的人請求除去侵害狀態的權利，請參考民法 §18）。這種權利的特徵是不能直接支配標的或標的物，必須有他人行為的協助，才能實現請求權的內容。

③形成權：是指基於自己單方面的行為使得已經發生的法律關係產生變動的權利，民法第 208 條所規定的選擇權（例如只要花100 元，就可以任選商店內三樣貨品的情形）就是一個典型的例子。

④抗辯權：是指依據法律上的正當理由，可以對抗請求權的權利，在性質上屬於暫時或永久遮斷對方行使請求權的權利（請參考

民法 §144 有關消滅時效完成的抗辯權與 §264 有關同時履行抗辯權的規定），但並不能使請求權發生消滅的效果。

## 3. 義務

　　至於所謂「義務」則是與權利站在相互對立的關係，是指法律上要求特定人應爲一定行爲或不行爲的拘束力量。以前述甲向乙買 TOYOTA 汽車的事實爲例，甲乙雙方因爲享有某種權利的關係，必須同時負擔某些義務（受到某種拘束）；也就是說，甲必須負擔支付價金的義務（不論是開支票、付現金或是分期付款），乙則必須將 TOYOTA 汽車的所有權移轉給甲，並且將汽車交付給甲使用（請參考民法 §345 Ⅰ、348、367 等規定）。

## 4. 責任

　　另一個與義務相關的概念是「責任」，就是指當事人不履行應該履行的義務時，法律上所規定的制裁，又可分爲侵權責任（違反不侵害他人的義務而產生的責任）以及債務不履行責任（債務人不履行債務所應負的責任）。我們再以前述甲向乙買 TOYOTA 汽車的事實爲例，如果任何一方違反了法律在這一項買賣關係中要求他應該負擔的義務（例如乙未依照約定，將車子交付給甲使用），違反的一方就必須接受法律的制裁（對甲負損害賠償責任）。這種因爲違反義務而受到的處罰，法律上就稱爲「責任」。

　　有關責任的問題，我國民法採取的是「有義務，就有責任」的原則，也就是說，責任是伴隨著義務的違反而產生的。但是，大家必須注意兩項例外。第一種是「有義務，但無責任」的情形，也就是針對消滅時效完成的債務，債務人依據民法第 144 條規定行使永久拒絕給付抗辯權，讓他所負的責任消滅的情形；第二種則是「有

責任，但無義務」的情形，例如依據民法第 860 條規定物上保證人，在債務人不清償債務時，所要負起保證責任的情形。

## 2 民法的原則—— Sorry，我不是故意的

　　近代我國民法，在「社會本位」的思潮指導下，是以下列三大原則爲基礎而制定的法律，分別說明如下：

### 所有權相對原則

　　早期民法認爲所有權是「神聖不可侵犯的」、是「絕對的」；也就是說，某人主張擁有對某種私有財產（例如土地、房屋）的所有權，他人必須完全加以尊重；此外，他還可以無限制地主張權利，而且有絕對的理由排除其他任何人（包括國家）的使用或侵害，只因爲他有「所有權」。

　　「所有權絕對」的觀念發展到了現代，已經受到相當大幅度的修正，由過去的「絕對化」逐漸演變成「相對化」了（有條件地完全尊重）。主要的理由在於：在現代社會生活中，私有財產的完全尊重當然有它的必要性，但現代生活注重的是整體生活利益與品質的提升，完全尊重所有權，有時候勢必會妨礙到這一個目標的實現。因此，在追求公共利益的前提下，有的時候，所有權人的權利就必須做一些調整或限制，讓公共利益優先得到滿足，再看情況是否應對他受到的損害加以補償。舉例來說，鈺青所有的土地如果座落在政府核准興建公共建設（例如高鐵）所需用地範圍內，政府就

可以依據法律徵收鈺青所有的土地，再對鈺青所受到的損害加以補償（請參閱本書第十四章第 6 節）。在這種情形，鈺青就不能再以所有權人的身分主張使用土地權利了。

## 私法自治原則

「私法自治」在民法上是一個非常重要的原則。它的主要內容包含了四個 W，就是私人間（Who）要不要發生私法關係（Will）、如何發生私法關係（How）以及發生私法關係的內容是什麼（What），個人都有決定的自由，以尊重每一個人的自由意志。

同樣地，基於尊重公共利益及人性尊嚴的考量，「私法自治」的觀念發展到了現代，也已經受到相當大幅度的調整，而產生法律對私人間的約定加以干涉的規定。例如，民法第 449 條第 1 項就規定，租賃契約之期限，不可以超過二十年，如果約定超過二十年，必須縮短為二十年。換句話說，即使當事人（房東與房客）間依照自由意志約定租賃期限超過二十年，在民法上，這個租賃契約的有效期限一樣只有二十年。

## 過失責任原則

過失責任原則是個人對他所造成的損害自我負責的具體表現。它的內涵是：每一個人只有在出於故意（明知會發生某種損害而促使其發生）或過失（應注意，能注意，而不注意）的情況下，才必須對他人因此所受到的損害，負起賠償的責任；如果損害的發生純粹是由於「意外」或是「天意」（也就是所謂的「不可抗力」），

就沒有賠償責任的問題。例如，天林因為被龍捲風捲起而誤將志強壓傷，純粹從法律的角度，天林並不須對志強負擔損害賠償責任，因為志強受傷完全是「天災」所造成的。

不過，值得注意的是，過失責任原則在現代社會中有愈來愈加重的趨勢，甚至有所謂「無過失責任」觀念的出現，例如民用航空法就規定，航空器失事致人死傷，或毀損他人財物時，不論是故意、過失或「不可抗力」，航空器的所有權人都要負賠償責任。這代表著隨著現代科技愈來愈發達，社會要求擁有經濟優勢者應該要分擔較多的風險。

## 3 民法的內容——生活密碼

民法是由 1225 條左右的條文所組織而成的成文法典，分為五編。民法第一編至第三編的主要內容，請參閱表 4-1；第四、五編（親屬編與繼承編）的內容則請參閱本書第六章說明。

表 4-1　民法第一編至第三編主要內容

| 編名 | 章節名稱 | 主要內容 | 備註 |
|---|---|---|---|
| 第一編總則 | | 民法總則編的內容包括了所有民事法律關係所可能涉及的基本問題及共同適用的原則。 | 民事法律關係除了在民法其他各編或民事特別法中有效力較高的特別規定外，原則上都以民法總則編的規定為準。 |
| | 第一章法例 | 1. 適用順序：(1) 法律；(2) 習慣；(3) 法理。<br>2. 文字使用的方式：簽名、蓋章、指印或其他符號。<br>3. 數量確定的標準：(1)當事人的真正意思；(2) 文字；(3) 號碼。 | 1. 法例是指適用於所有民事法規的共同原則。<br>2. 由於民事問題可適用的法則包括法律、習慣與法理，所以民事糾紛，法院不可以因為「法律沒有明文規定」而拒絕裁判，必須依據習慣或法理做成判決。<br>3. 請參考第 1 條至第 5 條規定。 |
| | 第二章人<br>第一節自然人 | 1. 人與胎兒的權利能力。<br>2. 死亡宣告制度。<br>3. 行為能力制度。<br>4. 監護及輔助宣告制度。 | 1. 能力，在法律上的意義來說，是指一種地位或資格。<br>2. 請參考本章第 4 節內容。 |
| | 第二節法人 | 1. 法人成立的基本原則。<br>2. 法人的權利能力。<br>3. 法人的侵權行為能力。<br>4. 法人的管理。<br>5. 法人的種類及管理：社團法人與財團法人。 | 請參考第 25 條至第 65 條規定。 |

表 4-1　民法第一編至第三編主要內容（續）

| 編名 | 章節名稱 | 主要內容 | 備註 |
|---|---|---|---|
| | 第三章物 | 1. 動產與不動產的定義。<br>2. 主物與從物的區別。<br>3. 孳息的意義、種類與歸屬。 | 1. 物是指人力所能支配，而且可以成為權利對象的有體物（例如桌子、檯燈）或自然力（例如水力、電力）。<br>2. 不動產是指土地與它的定著物，例如房屋；動產是指不動產以外的物。<br>3. 請參考第 66 條至第 70 條規定。 |
| | 第四章法律行為 | 1. 違反強制、禁止規定的效力。<br>2. 各種行為能力人法律行為的效力。<br>3. 單獨與通謀虛偽意思表示。<br>4. 意思表示的錯誤。<br>5. 條件與期限。<br>6. 代理制度。<br>7. 法律行為的無效、撤銷與效力未定。 | 請參考本章第 4 節內容。 |
| | 第五章期日及期間 | 1. 期日與期間的起算點與終止點。<br>2. 期日的補充與終止點的延長。 | 請參考第 119 條至第 124 條規定。 |
| | 第六章消滅時效 | 1. 時效期間。<br>2. 時效起算點。<br>3. 時效中斷事由。<br>4. 時效不完成。 | 請參考本章第 4 節內容。 |

表 4-1　民法第一編至第三編主要內容（續）

| 編名 | 章節名稱 | 主要內容 | 備註 |
|---|---|---|---|
| | 第七章權利之行使 | 1. 基本原則。<br>2. 正當防衛。<br>3. 緊急避難。<br>4. 自助行為。 | 1. 正當防衛、緊急避難與自助行為屬於權利救濟的規範。<br>2. 請參考第 148 條至第 152 條規定。 |
| 第二編債 | | 1. 民法上所規範的「債」，並不是「感情上的債」，而是指特定當事人間請求特定行為所形成的一種權利義務關係。<br>2. 債編是規定債的關係與債權行為的法律規範。 | 在債的關係中，權利人（民法稱之為「債權人」）對於義務人（民法稱之為「債務人」）享有可以請求他為特定行為的權利。 |
| | 第一章通則 | 有關債的關係的基本原理、原則規定。 | 1. 法律學上通稱為「債編總論」。<br>2. 債的關係除了本編第二章各種之債或其他法律有效力較高的特別規定外，原則上都以債編總論的規定為準。 |
| | 第一節債之發生 | 1. 契約。<br>2. 代理權的授與。<br>3. 無因管理。<br>4. 不當得利。<br>5. 侵權行為。 | 1. 債之發生是指發生債的關係的原因。<br>2. 其中以契約與侵權行為最為重要，請參閱本章第 5 節內容。 |
| | 第二節債之標的 | 1. 種類之債。<br>2. 特種通用貨幣之債。<br>3. 外國貨幣之債。<br>4. 法定利率。<br>5. 最高利率限制。 | 1. 債之標的，是指債權人或債務人所做出的特定行為（包括積極的作為與消極的不作為，又可以稱為「給付」）。 |

表 4-1　民法第一編至第三編主要內容（續）

| 編名 | 章節名稱 | 主要內容 | 備註 |
|---|---|---|---|
| | | 6. 複利規定。<br>7. 選擇之債。<br>8. 損害賠償的範圍與方法。 | 2. 請參考第 199 條至第 218 條 之 1 規定。 |
| | 第三節債之效力 | 1. 債務人的責任。<br>2. 代理人或使用人的故意過失責任。<br>3. 債務不履行是誰造成的（歸責事由）？<br>4. 債務不履行的內容（給付不能、給付拒絕、不完全給付、給付遲延）。<br>5. 債的保全。<br>6. 定金的效力。<br>7. 違約金的效力。<br>8. 契約的解除。 | 1. 債的效力是指發生債的關係後，法律所賦予想要實現債的內容的效果與權能，也就是有關如何請求債的履行與如果不能履行時應該如何處理的問題。<br>2. 請參考第 219 條至第 270 條規定。 |
| | 第四節多數債務人及債權人 | 1. 可分之債。<br>2. 不可分之債。<br>3. 連帶之債。 | 1. 本節是有關債的關係發生在超過一個以上的主體之間時的規範。<br>2. 請參考第 271 條至第 293 條規定。 |
| | 第五節債之移轉 | 1. 債權的讓與性。<br>2. 轉讓債權債務的方式與效力。 | 1. 債權在法律上的性質是屬於可以轉讓與繼承的財產權。<br>2. 債之移轉，是指債的本質並沒有改變，只是債的主體有所變更的情形。<br>3. 請參考第 294 條至第 306 條規定。 |

表 4-1 民法第一編至第三編主要內容（續）

| 編名 | 章節名稱 | 主要內容 | 備註 |
|------|---------|---------|------|
| | 第六節債之消滅 | 1. 債之消滅的原因（清償、提存、抵銷、免除、混同）。<br>2. 債之消滅的共同效力。 | 1. 債之消滅，是指債的關係在客觀上已經不存在的狀態。<br>2. 請參考第 307 條至第 344 條規定。 |
| | 第二章各種之債 | | 法律學上通稱為「債編各論」，總共規範 27 種有名契約。 |
| | | 1. 買賣。<br>2. 互易。<br>3. 贈與。<br>4. 租賃。<br>5. 借貸（消費借貸與使用借貸）。 | 性質上屬於財產性契約。 |
| | | 1. 僱傭。<br>2. 承攬。<br>3. 旅遊。<br>4. 委任。<br>5. 經理人及代辦商。<br>6. 居間。<br>7. 運送。 | 性質上屬於勞務性契約。 |
| | | 1. 交互計算。<br>2. 出版。<br>3. 行紀。<br>4. 寄託。<br>5. 倉庫。<br>6. 承攬運送。<br>7. 合夥。<br>8. 合會。<br>9. 無記名證券。<br>10. 和解。<br>11. 保證。 | 1. 性質上屬於其他類型的契約。<br>2. 指示證券與無記名證券雖然被列為有名契約的一種，但有關指示證券與無記名證券的發行實際上屬於單獨行為。 |

表 4-1　民法第一編至第三編主要內容（續）

| 編名 | 章節名稱 | 主要內容 | 備註 |
|---|---|---|---|
| | | 12. 隱名合夥。<br>13. 指示證券。<br>14. 人事保證。<br>15. 終身定期金。 | |
| 第三編物權 | | 1. 所謂「物權」，是指基於人對於物的直接支配，享受利益而產生的專屬權利。<br>2. 物權編的內容就是在說明這些權利的規範內容與方法。 | 1. 請參考表 4-2 物權編規範的各種物權。<br>2. 請參考第 757 條至第 966 條規定。 |

資料來源：筆者整理。

表 4-2　物權編規範的各種物權

| | |
|---|---|
| 所有權 | 指對物或權利可以處分、使用、收益的權利。例如，我們對於在自己名下的土地，可以決定要賣給別人（處分）、租給別人（收益）或留著自己住（使用）。 |
| 用益物權 | 指對物得以使用、收益的權限。包含地上權、典權、不動產役權、農育權。 |
| 擔保物權 | 指對物的交換價值加以利用的權利。例如，當債務人於清償期屆至而無法履行債務時，債權人就可以將物拍賣。包含抵押權、留置權、質權。 |
| 占有 | 指對物直接加以支配的事實。不動產因有登記制度，所以誰是所有人都是以登記名義為準，很容易認定。但在動產部分，就必須以「占有」的外觀來加以認定。 |

資料來源：筆者整理。

## 4　民法總則編主要內容簡介——是不是你說了就算？

　　民法總則編的內容包括了所有民事法律關係所可能涉及的基本問題及共同適用的原則，換句話說，民事法律關係除了在民法其他各編或民事特別法中有效力較高的特別規定外，原則上都是以民法總則編的規定為準。由於篇幅的限制，以下我們選擇簡要說明民法總則編中最重要的內容，包括：1.第二章有關權利主體——人的權利能力及行為能力制度；2.第四章有關法律行為；以及 3.第六章有關消滅時效制度的規定。

### 權利能力制度

　　依據我國現行有效的民法規定，只有人可以成為權利義務的主體，也就是說，只有人（不是「物」）才具有法律上的地位或資格，可以成為權利義務的歸屬，例如接受贈與、繼承遺產或提出給付的對象。這種任何人在法律上都可以享受權利或負擔義務的資格或地位，就是「權利能力」；至於這裡所說的「人」，則包含了自然人與法人（民法 §6、26）。

　　自然人的權利能力，依照民法第 6 條規定，原則上是從出生開始享有，一直到死亡後才宣告喪失。也就是說，自然人從離開母體，保有生命而獨立呼吸開始，直到喪失生命為止，就當然具備了享受權利、負擔義務的資格或地位，任何人都沒有權利剝奪，而且由於權利能力的意義在於肯定人的基本價值，具有文化上的意涵，所以，民法第 16 條特別規定，權利能力不得拋棄；至於自然人生

存時間的長短，就與他是否有權利能力無關了。因此，如果甲於民國 111 年 3 月 1 日 10 時出生，他（她）的父親乙於同日 10 時 1 分死亡，而甲又於 10 時 2 分死亡，雖然甲只「活了兩分鐘」，但是因為「曾經是人」，享有權利能力，所以對乙的遺產，甲仍然有繼承權（民法 §1138）。

值得注意的是，依民法第 26 條規定，法人雖然享有權利能力，但法人享有權利能力的前提必須是：1. 在法令的限制範圍內，例如，公司法第 13 條第 1 項就規定公司（法人）不得擔任其他公司的無限責任股東或合夥事業的合夥人，明文限制法人的權利能力；2. 性質上專屬於自然人的權利，例如身體權、健康權、繼承權等，法人不可以享有。

另外，民法為了保護還沒有成為權利主體的胎兒的權利，所以特別於第 7 條規定，胎兒以將來非死產者為限，關於其個人利益之保護，視為既已出生。換句話說，只要胎兒未來有出生的事實，胎兒的法律利益，例如民法第 1166 條規定的遺產應繼分（請參閱本書第六章），就有權享有。

至於權利能力的喪失，民法針對自然人失蹤、生死不明的情形，為了早日確定失蹤人的法律關係，以免影響與他有利害關係的人的權利（例如繼承人的繼承權），另外設計了死亡宣告制度，讓失蹤人在經過法院宣告死亡後，推定他已經死亡（民法 §8～10）。

## 行為能力制度（成年制度）

行為能力，是指能以獨立的名義做出有效法律行為的地位或資格。法律上設計行為能力制度的目的，是為了要保護交易安全及智慮不周的人。依照我國現行制度的規定，基本上是以年齡為標準，

將自然人的行為能力區分為三種，分別說明如下：

(1) 無行為能力人：也就是未滿 7 歲的未成年人與受監護宣告的人（因為精神障礙或其他心智缺陷，導致不能為意思表示或受意思表示，或者不能辨識意思表示的效果，經過法定程序宣告監護的人），他們的法律行為必須由法定代理人代替做成，才能發生法律上的效力（民法 §13 Ⅰ、14、15、75、76）。

(2) 限制行為能力人：是指滿 7 歲以上且未結婚的未成年人，他們的行為能力受有部分限制（民法 §13 Ⅱ）。在未受限制部分（民法 §77 但），例如自行購買參考書、理髮等行為，限制行為能力人可以單獨做成法律行為，無須法定代理人的允許或承認；但在受有限制部分（請參考民法 §77 前段、78～85 等規定），限制行為能力人的法律行為效力，就必須視情況而定了。

(3) 完全行為能力人：是指滿 20 歲以上的成年人以及未成年但已結婚之人（請參考民法 §12、13 Ⅲ，也請注意於民國 112 年 1 月 1 日開始施行的新制），他們的法律行為可以獨立發生法律效力。有關行為能力與法律行為效力之間的關係，請參閱表 4-3 的綜合整理。

(4) 受輔助宣告人：是指原本具有完全行為能力的人，因為精神障礙或其他心智缺陷，導致做成意思表示或接受意思表示，或辨識意思表示效果的能力明顯不足，而被法院為輔助宣告的情形（民法 §15-1）。受輔助宣告人的某些行為，應該經過輔助人的同意，例如擔任公司的負責人、借錢、擔任保證人、贈與等；不過，如果這些行為只是單純接受別人給的利益，或是日常生活所必需的行為，就不需要輔助人的同意（民法 §15-2 Ⅰ 但）。至於在需要輔助人同意的情形，受輔助宣告人的法律行為效力，就必須視情況而定了（請參考民法 §15-2 Ⅱ、Ⅲ 等規定）。

隨著民法相關條文於民國 110 年 1 月修正公布，從民國 112 年
1 月 1 日開始，成年的年齡將往下修改為「18 歲」，男女的法定結
婚年齡也同時調整為 18 歲。換句話說，男性與女性都是要滿 18 歲
（成年）之後才可以結婚，不會再有舊法所說「未成年但是已經結
婚」的情形了。

表 4-3　行為能力與法律行為效力之間的關係

| 行為能力 | 年齡及其他條件 | 法律行為的效力 |
|---|---|---|
| 完全行為能力人 | 滿 20 歲的成年人，以及已結婚的未成年人。民國 112 年 1 月 1 日起：滿 18 歲為成年。 | 可以獨立做成有效的法律行為（自己做的事，由自己負完全的法律責任）。 |
| 限制行為能力人 | 滿 7 歲以上且未結婚的未成年人。民國 112 年 1 月 1 日起：滿 7 歲以上的未成年人。 | 依照他所做成的是契約行為或是單獨行為，可以分為：<br>1. 若為單獨行為（只要有一方的意思表示，就可獨立發生法律上效力），例如拋棄所有權，則這個行為無效。<br>2. 若為契約行為（必須雙方當事人合意，才能發生法律上效力），例如買賣，在法律上認為是「效力未定」，必須視法定代理人是否承認而定。<br>限制行為能力人為意思表示或受意思表示，須得法定代理人之同意，但純獲法律上利益，或依身分與年齡，為日常生活必需的行為，不在此限。 |
| 無行為能力人 | 未滿 7 歲之未成年人，以及被宣告監護的人。 | 不可以獨立做成有效的法律行為，必須由法定代理人代為或代受意思表示。 |

表 4-3　行為能力與法律行為效力之間的關係（續）

| 行為能力 | 年齡及其他條件 | 法律行為的效力 |
|---|---|---|
| 受輔助宣告人 | 原本有完全行為能力，但被法院宣告限制做成某些行為的人。 | 依照被限制的行為是契約行為或單獨行為，可以分為：<br>1. 單獨行為（只要有一方的意思表示，就可獨立發生法律上效力），例如拋棄所有權，則這個行為無效。<br>2. 契約行為（必須雙方當事人合意，才能發生法律上效力），例如買賣，在法律上認為是「效力未定」，必須視輔助人是否承認而定。<br>不過，如果被限制的行為是純獲法律上利益，或依受輔助宣告人身分與年齡，為日常生活所必需的行為，則不受限制。 |

資料來源：筆者整理。

## 法律行為

　　在本章第 2 節，我們曾經談到，在「社會本位」的思想指導下，私法自治原則是近代民法的重要基礎之一。在這裡，我們要進一步說明，由於私法自治的基本意涵是當事人在不違反法令限制的範圍內，有權按照自己的意思形成法律上的權利義務關係，所以，法律行為（詳如下述）就成為實現私法自治原則的必要手段，換句話說，法律行為在民法所規範的私法制度中具有舉足輕重的關鍵地位。

1. 法律行為的意義

　　法律行為雖然在民法所規範的私法制度中具有舉足輕重的關鍵地位，但是我們綜觀民法，並沒有任何一個條文對法律行為做出定義性的規定。所以，法律行為的意義就有賴於學術上的各種解釋。不過一般來說，絕大多數的學者都肯定「意思表示」是法律行為最重要的核心要素。現在，我們就以「意思表示」為基礎，將法律行為定義如下：所謂法律行為，是指以一個或數個意思表示為要素的法律事實，屬於權利變動的原因之一。

　　根據以上的定義，法律行為的意義可以再進一步說明如下：

　　(1) 法律行為是法律事實的一種。

　　(2) 法律行為是以一個意思表示或數個意思表示為要素的法律事實。以一個意思表示為要素的法律事實構成了「單獨行為」；以數個意思表示為要素的法律事實則是所謂的「契約行為」或「共同行為」。

　　(3) 法律行為是權利變動，也就是指權利的發生、變更與消滅的一種原因。

2. 法律行為的種類

　　法律行為的主要種類如下：

　　(1) 財產行為與身分行為：前者是指發生財產上法律效果的法律行為，例如買賣、債權讓與（甲把對乙的債權轉讓給丙，甲退出原先的債權債務關係，由丙代替）等；後者則是指發生身分上效果的法律行為，例如結婚、繼承遺產等。值得注意的是，有關代理規定的條文（民法 §103～110、167～171），僅適用於財產行為而已，並不適用於身分行為。

　　(2) 要式行為與非要式行為：要式行為是指法律規定意思表示

必須遵守一定的方式，或是除了意思表示之外，仍然必須履行一定方式，例如不動產物權的移轉（房子過戶），依民法第 758 條第 2 項的規定，必須以書面方式完成，就是屬於要式行為。法律規定意思表示不須遵守一定方式的法律行為就是非要式行為，一般的法律行為，例如借貸、買賣等就是非要式行為。值得注意的是，要式行為如果沒有遵守或履行一定的方式，有可能會發生法律行為無效的效果，非要式行為則無論是否遵守或履行一定方式，都具有法律效果。

(3) 要物行為與非要物行為：除意思表示外，仍然必須移轉標的物或完成一定的工作，法律行為才能成立的法律行為就是要物行為，例如使用借貸，除意思表示外，還必須要將標的物（如鉛筆、書本）交付給借用人（民法 §464）才能成立。只要當事人意思表示一致，不用移轉標的物就能成立的法律行為稱為非要物行為，例如買賣、租賃等。

(4) 處分行為與負擔行為：凡是使權利直接發生變動的法律行為就是處分行為，換句話說，處分行為可以使權利直接發生移轉、變動或消滅的效果，例如大部分的物權行為（請參考民法 §761 等規定）、債權讓與行為等。至於負擔行為則是指雙方當事人約定做成某種特定行為的法律行為，一般的債權行為大多屬於負擔行為。值得注意的是，負擔行為所約定的特定行為（例如約定交付某標的物）並不會直接發生權利變動的效果，負擔行為通常是處分行為的基礎，而負擔行為也透過處分行為來履行。

## 3. 法律行為的要件

法律行為的要件如下：

(1) 成立要件

①一般成立要件：也就是所有法律行爲必須具備的基本要素，包括：A. 當事人；B. 標的（法律行爲的內容）；C. 意思表示。

②特別成立要件：也就是一般成立要件之外，法律特別要求的成立要件，例如要求履行一定方式的要式行爲、要求交付標的物的要物行爲等。

(2) 生效要件

①一般生效要件：也就是使法律行爲發生完全效力的要件，包括：A. 當事人必須有行爲能力；B. 標的必須適當；C. 意思表示必須健全。

②特別生效要件：是指特定的法律行爲發生法律效力所必須具備的條件，例如，附帶停止條件或始期的法律行爲是以條件的實現或期限的屆至爲特別生效要件。

(3) 說明

①所謂法律行爲「標的必須適當」，是指法律行爲的內容必須確定、可能與合法，分別說明如下：

A. 法律行爲的內容如果漫無邊際（例如甲向書店老板乙表示想要購買「名畫一幅」，其他什麼都沒說），當然就無法確定當事人間的權利義務關係，實現上也會有困難。所以，法律行爲的內容必須確定，也就是必須在種類、品質與數量上都自始確定或有確定的可能，法律行爲才能生效。

B. 法律行爲標的雖然已經確定，但是如果從一開始就客觀地在法律上或事實上不可能實現的話（「自始客觀不能」，例如甲向書店老板乙表示想要購買已經不存在的唐朝名畫「仕女圖」眞跡），這種不可能實現的法律行爲也不能發生法律效力。值得注意的是，當法律行爲的內容只有「一部分」（而不是「全部」）自始

客觀不能實現，但除去這個部分，其他部分仍然能夠獨立存在時，這個「一部分可能」的法律行為仍然能有效成立（民法 §111）。

　　C. 所謂「法律行為必須合法」，一方面是指法律行為必須合法，也就是不可以違反法律強制規定或禁止規定的意思，另一方面則是指法律行為必須妥當，也就是不可以違反公共秩序或善良風俗（民法 §71、72）。值得注意的是，法律行為違反法律強制規定或禁止規定，只能發生「原則無效」的法律效果，並不是說只要違反強制規定或禁止規定，就一定會發生使法律行為無效的結果（民法 §71 但）。舉例來說，夫妻在收養子女時，民法規定原則上必須共同收養，若是夫妻其中一方違反規定單獨收養子女，效果將是夫妻的另一方「得撤銷」這個收養關係，而不是收養關係直接「無效」（民法 §1074、1079-5）。

　　②所謂法律行為「當事人必須有行為能力」，是指當事人在做成法律行為的時候，必須有行為能力，請參考本節行為能力制度的說明。

　　③所謂法律行為「意思表示必須健全」，是指當事人做成法律行為所依據的意思表示沒有任何瑕疵，也就是沒有任何真意保留（例如本無出賣的意思，但故意表示出賣）、虛偽表示（例如「假買賣，真躲債」的情形）、重要性質或資格的錯誤（例如打算賣甲物但誤賣成乙物），或不自由（受到詐欺或脅迫）的情形而言（民法 §86～93）。有關發生意思表示不健全時的法律效果，請參閱圖 4-1。

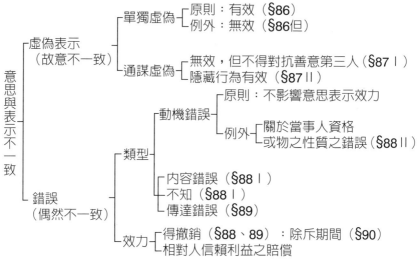

圖 4-1　意思與表示不一致及其法律效果

資料來源：引自王澤鑑，民法總則，第414頁，2020年9月版。

(4) 消滅時效制度：「不要讓你的權利睡著了」是我們時常聽到，而且耳熟能詳的話。從法律的角度來看，這句話所牽涉到的就是消滅時效制度的問題。為了讓大家對於這個制度有一個基本的了解，我們重點說明如下：

① 消滅時效，是指請求權繼續不行使達到一定期間，負擔請求權法律義務的人（債務人）因此取得有權拒絕給付的抗辯權。

② 法律承認消滅時效制度的理由，一方面是為了避免日後舉證的困難，一方面是不去保護怠於行使權利的人，好讓不確定的法律狀態可以早日確定，回復正常的法律秩序。

③ 消滅時效制度，是以請求權為對象，其他權利原則上不適用消滅時效制度。

④ 消滅時效的期間，一般為十五年，但也有特別短期期間的

規定，應予注意（請參考民法§125～127及其他特別規定）。

⑤ 時效完成後的效力，債務人所取得的是可以拒絕給付的抗辯權，但並沒有消滅請求權本身，至於已提出給付的債務人不可以主張因為不知道時效已經消滅而請求返還給付（民法§144）。

⑥ 時效期間不能夠以法律行為延長或縮短，時效利益也不可以預先拋棄（民法§147）。

## 5　民法債編主要內容簡介──冤有頭，債有主

民法上所規範的「債」，並不是「感情上的債」，而是指特定當事人間請求特定行為所形成的一種權利義務關係（請參考前述甲向乙買TOYOTA汽車的例子），而債編就是規定債的關係與因為債的關係而發生債權行為的法律規範。在債的關係中，權利人（「債權人」）對於義務人（「債務人」）享有可以請求他為特定行為的權利。

民法債編又分為兩部分，也就是第一章通則（法律學上通稱為「債編總論」）與第二章各種之債（法律學上通稱為「債編各論」）。債編總論談到的是所有債的行為的基本原理、原則，包括債的發生原因、標的、效力、移轉與消滅；債編各論則詳細規定民法上「有名契約」權利義務關係的規範。債的關係，除了債編各論或其他法律有效力較高的特別規定外，原則上都以債編總論的規定為準。

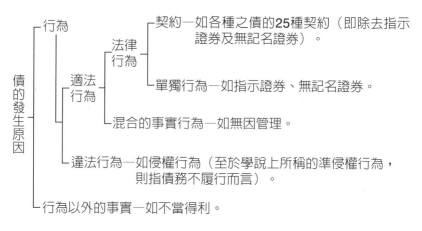

圖 4-2　債的發生原因

資料來源：筆者整理。

　　由於篇幅的限制，以下我們選擇簡要說明民法債編中最重要的內容，包括：1.債的發生原因（請參閱圖 4-2）中有關契約與侵權行為；以及 2.債之標的中有關損害賠償之債的規定。

## 債的發生原因：契約

### 1. 契約的意義

　　契約是最常見的債的發生原因。契約，有廣義與狹義兩種意義。廣義的契約，是指經過雙方當事人合意（在主觀意願上與客觀行為上都有相同的意思表示）而發生私法效果的行為，無論債權契約或物權契約，甚至身分契約都包括在內。狹義的契約，則是專為了發生債的關係而訂立的債權契約而言。民法債編是以狹義的契約，也就是債權契約，為主要規範對象。

## 2. 契約的成立

契約的成立，除了具備一般法律行為的成立要件之外，還必須當事人相互意思表示一致才可以。如果當事人對於契約的必要元素（例如買賣電視行為的價格與型號）意思一致，只有對於非必要元素（例如電視的運送方法）意思不一致，法律還規定可以按照事件的性質，推定契約成立（民法§153）。

前述「意思表示一致」，是指雙方當事人意思表示，在客觀上有相同的內容（例如雙方都認定要買賣的產品是「國光牌 500 c.c. 機車油一瓶」），而且想要與對方訂立契約而有客觀行為出現（例如甲向乙表示，「我要買國光牌 500 c.c. 機車油一瓶」，乙二話不說，就拿了一瓶給甲），在方法上無論是以口頭明白表示（明示）或雖然沒有明白表示，但是以具體行動表示（默示）都可行。不過，契約的成立是透過以下幾種方式，說明如下：

(1) 要約與承諾一致

①要約的意義：所謂要約，是指要約人以訂立契約為目的，而請求相對人（法律稱為「承諾人」）承諾的意思表示。例如，甲向乙表示，「這一輛古董汽車價值 100 萬元，想買不想買？」至於要約的方法，民法並沒有特別限制的規定，只要是可以達到要約目的的方法，例如打電話、傳真等都可以，但必須注意民法第 154 條第 2 項「貨物標定賣價陳列者，視為要約。但價目表之寄送，不視為要約」的規定。

②要約的效力：對話要約，以相對人了解時發生效力；非對話要約，以到達相對人時發生效力（民法§94、95 I）。要約生效後，要約人原則上必須受到要約內容的拘束，不得任意撤銷、變更、擴張或限制要約，除非要約人事先聲明不受拘束，或依情

形（「價格你參考看看，但我不一定會賣給你，因為太多人想要了！」）或按照事件的性質（例如以懸賞廣告為要約），足以認為當事人有不受要約拘束的意思（民法§154Ⅰ）。至於承諾人則因為要約生效而取得有權利承諾，但無義務承諾的地位，除非雙方當事人事先預約，或有一方依法必須承諾（醫師法§21）。

　③要約的消滅

　A. 要約的拒絕：要約經過相對人的拒絕，就失去對要約人的拘束力。另外，將要約擴張、限制或為其他變更而承諾的情形（「500元？！太貴了啦，假如300元就向你買，怎麼樣？」），法律上視為拒絕原要約而訂立新要約。這個時候，原要約人與原承諾人的身分會因為發生新要約而互換（民法§155、160Ⅱ）。

　B. 承諾期間已過：(A) 在要約沒有訂定承諾期限而屬於對話要約的情形，承諾人必須立即承諾，否則要約失去對要約人的拘束力；如果是非對話要約的情形，依照通常情況可以期待承諾到達時期內，相對人仍然不承諾時，要約也失去對要約人的拘束力（民法§156、157）；(B) 在要約訂定承諾期限的情形，相對人必須在承諾期限內承諾，否則要約失去對要約人的拘束力（民法§158）。

　C. 要約的撤回：是指阻止要約發生拘束力為目的的意思表示。所以，撤回要約的通知，必須與要約同時或先時到達，才可以發生撤回的效力，否則，要約對於要約人仍有拘束力。在撤回要約的通知於要約到達之後才到達，但是按照傳達方法，在通常情況下撤回要約的通知應該先到達的情形（例如以電子郵件發出的要約撤回通知，一般而言，應該比用普通郵件寄出的要約通知先到達相對人），相對人有義務發出撤回要約通知遲到的通知。如果因為相對人疏忽，而沒有發出這項通知，撤回要約的通知仍然發生撤回要約的效力（民法§162）。

④承諾的意義：所謂承諾，是指要約相對人（承諾人）答覆同意要約的意思表示。

⑤承諾的效力：要約在經過承諾之後，立即成立。承諾遲到的事實，如果是由於相對人遲誤的原因（也就是民法§159Ⅰ規定以外的情形）所致，則遲到的承諾，視為新要約（民法§160Ⅰ）。

(2) 要約交錯：是指當事人偶然地互相要約，而要約內容完全一致的情形，例如甲向乙表示願意賣出家中聲寶電視機一臺的要約，價格 3 萬元，在要約到達乙之前，乙也同時發出相同內容的要約，表示願意以 3 萬元的價格購買甲家中的聲寶電視機。這種情形，由於已經具備了契約的成立要件，所以契約成立。

(3) 意思實現：是指在承諾無須通知的情形，如果有可以認為是承諾的事實時，契約就算成立的意思（民法§161）。例如使用速食店業者的預約點餐 APP 預訂餐點，依習慣速食店不必通知承諾，只要將餐點備妥，契約就算成立了。

## 債的發生原因：侵權行為

### 1. 侵權行為的意義

所謂侵權行為，是指因故意或過失，不法侵害他人權利的行為（民法§184Ⅰ前段）。侵權行為的行為人，法律上稱為加害人，權利受侵害的人，法律上稱為被害人。侵權行為是違法行為的一種，依照我國現行法制，必須負擔損害賠償責任。

### 2. 侵權行為的種類

(1) 一般侵權行為：也就是民法第 184 條規定的類型。這三種類型，行為人都必須負損害賠償責任。具體而言，包括：

①侵害權利型：也就是「因故意或過失，不法侵害他人權利」的行為（Ⅰ前段）。

②違背善良風俗型：也就是「故意以背於善良風俗的方法，加損害於他人」的行為（Ⅰ後段）。

③違反保護他人法律型：也就是「不能證明無過失，而違反保護他人的法律」的行為（Ⅱ）。

(2) 特殊侵權行為：也就是民法第 185 條至第 191 條之 3 規定的類型。具體而言，包括：

①共同侵權行為責任：加害人有數人，共同負連帶損害賠償責任的情形（§185）。

②公務員侵權行為責任：公務員因故意或過失違背對於第三人的職務，致第三人受到損害，而負擔責任的情形（§186）。

③法定代理人責任：無行為能力或限制行為能力人的侵權行為，法律基於衡平原則的考量，令法定代理人負責的情形（§187）。

④僱用人責任：受僱人在執行職務時，不法侵害他人權利的侵權行為，法律基於衡平原則的考量，令僱用人與受僱人負連帶責任的情形（§188）。

⑤定作人責任：承攬人因執行承攬事項的侵權行為，原則上由承攬人自行負責的情形（§189）。

⑥動物占有人責任：動物加損害於他人的侵權「行為」，原則上由動物占有人負責的情形（§190）。

⑦工作物所有人的侵權行為責任：土地上的建築物或其他工作物所導致的侵權行為，原則上由工作物所有人負責的情形（§191）。

⑧商品製造人的侵權行為責任：商品製造人因商品的通常使

用或消費所致的侵權行為，原則上由商品製造人負責的情形（§191-1）。

⑨機動車輛駕駛人的侵權行為責任：機動車輛駕駛人在使用中加損害於他人的侵權行為，原則上由機動車輛駕駛人負責的情形（§191-2）。

⑩危險製造人的侵權行為責任：經營一定事業或從事其工作或活動的人，其工作或活動的性質或其使用工具或方法有損害他人的危險，而造成損害的侵權行為，原則上由危險製造人負責的情形（§191-3）。

民法區分「一般侵權行為」與「特殊侵權行為」的理由是：(1) 侵權行為的主體結構不同；(2) 二者成立要件不同，損害賠償責任也不一樣。

### 3. 一般侵權行為的要件

(1) 行為人必須有加害行為：也就是基於行為人自己的意思而發生的作為與不作為。值得注意的是，不作為成立侵權行為的前提是行為人必須有作為的義務，例如對於應該負扶養責任的人，而未予扶養。

(2) 行為必須不法：也就是指行為違反了法律強制或禁止規定，或者善良風俗。值得注意的是，加害行為有阻卻違法事由存在時，例如正當防衛、緊急避難的情形，仍然是合法的行為。

(3) 行為必須侵害他人權利或利益：所謂侵害權利，是指妨礙一切私權的行使或享有而言，而且依民法第 184 條第 1 項後段規定，「故意以背於善良風俗的方法，加損害於他人」，雖然僅侵害利益，例如故意洩露他人秘密，或員工明知並故意與不合格的廠商以高價簽約，造成公司的損害，也構成侵權行為。

(4) 行為必須發生實際損害，而且加害行為與損害之間有相當因果關係（換句話說，若沒有此行為，就不會發生此損害；若有此行為，通常就會發生此損害）。

(5) 行為人必須有責任能力（法律學上稱為「侵權行為能力」）。

(6) 行為人必須有故意或過失。值得注意的是，民法第 184 條第 2 項規定，行為人違反保護他人的法律，致生損害於他人的情形，例如雇主未依法為勞工加入勞工保險，應負損害賠償責任，但如果能證明他的行為沒有過失的話，不在此限。

## 損害賠償之債

### 1. 意義

損害賠償之債，是指以損害賠償為標的之債，也就是討論應負損害賠償責任的人在法律上必須履行特定行為的問題。

### 2. 發生原因

損害賠償之債的發生原因，包括：

(1) 基於侵權行為而發生的債：請參考本節「債的發生原因：侵權行為」的說明。

(2) 基於債務不履行而發生的債，又可分為下列數種情形：

①由於債務人本身的事由，導致給付不能的情形（例如故意毀損已經賣出的房子，導致無法交付給買方，請參考民法第 226 條規定）。

②由於債務人本身的事由，導致給付不完全，造成債權人財產權與人格權損害的情形（例如豆漿店賣出過期的豆漿，客人食用後

因此拉肚子，請參考民法 §227、227-1）。

　　③由於債務人本身的事由，導致給付遲延的情形（民法 §231）。

　　④由於債權人本身的事由，導致受領遲延的情形（民法 §240）。

　　⑤由於契約以不能給付作為標的而無效的情形（例如甲用欺騙手法，將已經毀損的房子出賣給乙，請參考民法 §247）。

　　(3) 基於法律直接規定而發生的債：請參考民法第 35 條第 2 項、第 91 條、第 110 條、第 174 條第 1 項、第 782 條等規定。

　　(4) 基於契約（例如保險契約）而發生的債。

## 3. 成立要件

　　損害賠償之債的成立要件，包括：

　　(1) 必須有發生損害賠償的原因事實。

　　(2) 必須有損害的發生。

　　(3) 必須原因事實與損害發生之間有相當因果關係。

　　(4) 必須賠償義務人有過失，但在例外情形，賠償義務人即使沒有過失，也必須負責（請參閱本章第 2 節中的過失責任原則）。

## 4. 方法

　　(1) 原則上應恢復原狀：也就是回復損害發生前的狀態，例如打破別人的玻璃，應該賠償型式、大小相同的玻璃。不過，如果依據法律規定（請參考民法 §193 關於侵害他人身體、健康，得由法院命加害人支付定期金的規定）或者契約約定的情況，可以例外以金錢或其他方式賠償（民法 §213 Ⅰ）。

　　(2) 例外以金錢賠償：有兩種情形，說明如下：

①經催告後逾期不回復原狀（民法 §214）的情形。

②有不能回復原狀或回復顯然有重大困難的情形：也就是回復原狀有事實上的重大困難（例如毀損古人字畫）或客觀上需要過於龐大費用的情形（民法 §215）。

5. 範圍

(1) 約定範圍：也就是在損害賠償的原因事實發生前或發生後，依照當事人的意思任意決定的範圍。

(2) 法定賠償範圍

①一般範圍：所受損害與所失利益，也就是積極的損害（既存利益的減少，例如受害人因受傷而支付的醫療費用）與消極的損害（本來按照計畫應該增加的利益，但因損害事實的發生而減少，例如甲向乙購屋，打算轉賣給丙，但因為乙不交屋，導致轉賣不成而發生的預期損失）。請參考民法第 216 條規定。

②特殊範圍：請參考民法第 216 條之 1 損益相抵、第 217 條過失相抵、第 218 條酌減賠償義務人賠償金額等規定。

## 6　民法物權編主要內容簡介——永遠的好朋友

所謂「物權」，是指基於人對於物（例如屬於動產的字典、檯燈；屬於不動產的土地、房屋等）的直接支配，享受利益而產生的專屬權利。物權編的內容就是在說明這些權利的規範內容與方法（請參考表 4-2 物權編規範的各種物權）。這裡所指的直接支配，就是享有物權的權利人（「物權人」）有權直接占有、使用、收

益、處分、保存、改良，以及排除他人干涉的行為（民法 §773）。由於篇幅的限制，以下僅簡要說明物權編基本原則——物權法定主義、物權一般效力與物權變動的相關問題。

## 物權法定主義

為了保護交易安全與維護社會經濟制度，就有關物權的種類與內容，民法採取的基本原則是「物權法定主義」，也就是民法第757 條「物權除依法律或習慣外，不得創設」的規定，也就是說，物權的種類與內容限制在法律或習慣中。違反物權法定主義原則而產生的「物權」，依民法第 71 條的規定，應屬無效。

根據以上的說明，民法物權編明文規定的物權包括：所有權、地上權、農育權、不動產役權、抵押權、質權、典權與留置權等八種。另外，「占有」雖然屬於一種事實狀態（民法 §940），但是同樣為了保護交易安全與維護社會經濟制度，民法物權編特別將占有列入特別規定。

## 物權的一般效力

1. 排他性：由於物權是有關直接支配特定物的權利，所以，在同一物上已經發生的物權可以排除其他同一物權的權利，例如同一物上不可以有兩個所有權（但同一所有權可以由兩個或兩個以上的人共同擁有）。至於抵押權雖然可以同時有兩個以上併存，但是由於先後次序的關係，所以在效力上仍然有優劣的區別（民法 §865）。

2. 優先性：同一標的物，除民法第 425 條「買賣不破租賃」的

規定外，物權人的權利大於債權人及其後成立物權的物權人。

3. 追及性：物權的對象是物，所以無論物由何人占有，權利人都有權過問，而主張應有的權利。不過，要注意的是，民法中有關善意受讓的規定（民法 §801、886、948）是屬於例外的情形，而由善意受讓的人取得物權。

## 物權的變動

### 1. 意義

物權變動，是指物權的取得、設定、喪失與變更而言（請參考民法 §758 等規定）。也就是：

(1) 取得：物權爲特定主體而產生的意思，又可分爲：①不是基於他人權利而產生主體地位的原始取得，例如因爲時效而取得；②基於他人權利而產生主體地位的繼受取得，例如因爲繼承而取得。

(2) 設定：屬於繼受取得的一種，是指所有權人爲他人創設所有權以外的物權，例如地上權的意思。

(3) 喪失：物權與特定主體分離的意思，又可分爲：①他人未取得權利的絕對喪失，例如因物消滅而喪失物權；②他人取得權利的相對喪失，例如因物權移轉而喪失原物權人的地位。

(4) 變更：物權主體、內容、或標的發生變動的意思，例如因物權移轉而使得物權人改變。

### 2. 原因

物權變動的主要原因包括：

(1) 法律行爲：也就是以發生物權變動爲目的而做成的行爲，

稱為「物權行為」，例如屬於單獨行為的遺囑、捐贈，屬於契約行為的物權移轉行為等。值得注意的是，物權行為除了具備法律行為的一般成立與生效要件之外，還必須具備：①物權客體的標的必須特定；②行為人必須有處分標的的權利；以及③不動產物權行為，須經登記；動產行為，須經交付（民法 §761）的特別生效要件，才能發生法律效力。

(2) 法律行為以外的事實：請參考民法第 802 條無主物先占、第 808 條埋藏物的發現等規定。

## 重點說明

雄大是民法上的自然人，依民法第 6 條規定，從出生開始，就已經具有權利能力，可以享受權利，負擔義務。此外，雄大現年 21 歲，依據民法第 12 條規定，雄大已經成年，具有完全行為能力，可以以自己的名義做成完全而有效的法律行為。因此，雄大把 1 萬 5,000 元拿出來支付押金及其租金、私自訂購二手汽車，除非有其他不符合法律行為一般成立生效要件或是特別成立生效要件的情形，否則應該是屬於完全有效的契約行為，雄大必須履行契約及民法關於租賃與買賣規定的各項義務；當然，雄大也有權享受契約及民法有關於租賃與買賣規定的各種權利。如果有債務不履行的情形發生，雄大就得負擔違約的責任了。

## 實況演練

1. 巍藤因為氣憤兒女叛逆不孝，決心將所有遺產留給與他情同父子，名字叫作小莉的愛犬，如果你是巍藤的律師，會給他什麼良

心的建議呢？

2. 小豪為了慶祝自己已經長大，在 16 歲生日那天，向阿勇買了一部限制級電影「驚悚寶貝」的藍光光碟回家觀賞，請問小豪與阿勇之間的買賣契約效力如何？

3. 老駱是一個辛勤的農夫，守著祖傳的田地，每天辛苦地耕作，但是有一天，老駱接到政府的通知，說未來興建的高鐵要經過駱家祖傳的田地，老駱雖然擁有這塊田地的所有權，但是卻無法阻止政府的徵收，這是因為民法上的哪一個原則？

4. 皓皓很討厭阿晶，尤其不喜歡她有事沒事就跑到他家來閒扯淡，有一天，皓皓火大之下，就對阿晶下了逐客令，請問在法律上，皓皓可以這麼做嗎？

# 第五章

# 犯罪與刑罰

Case

　　閩南是個風流成性的大學生，自認是比人稱「亞洲男神」宋仲基還要再帥上百倍千倍的「超級無敵宇宙霹靂大帥哥」，上了大學以來，已經不知道交了多少個女朋友，而且是「見一個，愛一個」，因此一直花名在外，是許多女學生敬而遠之的對象。直到有一天，閩南在學校裡發現了空靈系校園美女小蕾，驚為天人，這才收起那原來玩世不恭的態度，開始認認真真地追求起小蕾。無奈「落花有意，流水無情」，小蕾除了「敬畏」閩南的花名之外，更因為早就有一位過從甚密的男友率哥，不想節外生枝，所以，對於閩南的追求，總是無動於衷，不理不睬。閩南情急之下，想來個霸王硬上弓，生米煮成熟飯。於是某天設計了一個圈套，讓小蕾不知不覺地進了他位於荒山野嶺的別墅。小蕾進入閩南房間後，閩南見機不可失，立刻拿出預備好的「加料」可樂，想引誘小蕾喝下，不料卻被小蕾識破，並且對閩南破口大罵。閩南心有不甘，於是一不做，二不休，想來個強迫中獎。小蕾在不得已的情況下拿起了身旁的花瓶，朝閩南的頭上猛砸，然後匆忙逃離現場。在失血過多的情況下，閩南雖然經過急救，仍然宣告不治死亡。

**1　刑法的基本概念──惡有惡報**

### 刑法的意義與性質

　　刑法是規定犯罪行為和犯罪行為法律效果的法律規範。換言之，刑法是有關哪些行為會構成犯罪（法律上稱為犯罪行為的「構成要件」）以及犯罪行為會受到哪些處罰（法律上稱為犯罪行為的「法律效果」，又可稱之為「刑罰」）的法律。例如，刑法第271條第1項規定：「殺人者，處死刑、無期徒刑或十年以上有期徒刑。」其中，「殺人者」是指構成犯罪行為的要件，而「處死刑、無期徒刑或十年以上有期徒刑」就是法律效果，又稱為「刑罰」。所以，從刑法的角度來看，犯罪行為與刑罰之間存在著相互對應的關係。

　　根據以上的說明，我們可以了解，刑法具有公法的性質，理由在於它所規範的對象是國家（統治者）與人民（被統治者）之間的關係，也就是說，刑法規定了國家在何種要件下與範圍內，可以對於人民行使具體的刑罰權。值得進一步說明的是，和其他法律相比，刑法在法律適用上的效果是最嚴厲、最直接的，換句話說，當人民做出觸犯刑法規定的行為時，刑法不但賦予國家剝奪人民的財產權（例如罰金），而且還可以剝奪人民的自由權（例如坐牢），甚至於剝奪他們生命的權利（例如死刑）。所以，在解釋與適用刑法的時候，應該以「謙抑思想」為原則，在最小以及必要的範圍內解釋與適用之，不允許恣意濫用，而「謙抑思想」也就成為貫穿整

個刑事法領域的重要基本理念。

## 刑法的原則

在「謙抑思想」理念的指導下，刑法發展出幾項重要原則，分別說明如下：

1. 罪刑法定原則 —— 也就是「沒有法律明文規定，就沒有犯罪；沒有犯罪，就沒有刑罰」的原則（刑法 §1）—— 是近代刑法的根本原則。由於這個原則在刑法研究上具有十分重要的地位，有必要詳盡說明，所以本章專以第 4 節說明罪刑法定原則的具體內容，請參閱。

2. 法益保全原則，是指刑法的基本任務在於保護法律所承認，屬於個人、社會與國家生活的利益與它們的價值理念，也就是所謂的「法益」，例如生命、身體、自由、國家安全、金融秩序等生活利益，都是屬於「法益」保護的對象。值得進一步說明的是，並不是所有的法益都受到刑法的保護，必須是依照其他法律，但仍然無充分保護的法益才是刑法的規範對象，而這也正是刑法「謙抑思想」的表現。

3. 責任原則，也就是「不具備責任能力，就沒有刑罰」的原則，主要的目的是為了確保刑罰的合理性，一方面保證任何人只要不違反刑法規範，都不致受到國家權力機關的干涉或侵犯（例如不會被警察逮捕、或因被法院判決而坐牢）；另一方面則可以確保犯罪行為不會受到超越法律規定以外的處罰（法官不可以在法律規定以外創設比法律規定更嚴厲的刑罰），也不會受到違反人道和藐視人性尊嚴的殘酷刑罰。除此之外，責任原則並且否認無過失責任，也就是犯罪行為的成立前提必須是行為人有故意或過失，所以，責

任原則無形中限制了犯罪行為成立的範圍。

## 刑法的功能

在與刑法原則結合的情況下，刑法具有的以下幾項重要功能，分別簡要說明如下：

1. 保護功能：刑法對於有犯罪行為的人加以處罰，藉以防止犯罪，便是保護法益可以不任意受到他人或國家侵害的具體表現。所以，保護功能，實際上就是保護法益的功能。

2. 壓制與預防犯罪功能：刑法因為具有可以剝奪犯罪行為人財產、自由或生命的威嚇力，所以具有壓制和遏阻犯罪的功能，並進一步預防犯罪，維護社會秩序。

3. 保障功能：刑法規定有關犯罪行為的法律要件與效果，在罪刑法定原則的指導下，保障人民的權利與生活自由，並且限制國家任意發動刑罰權，所以，保障功能，實際上就是保障人權的功能。

4. 矯治犯罪行為人功能：刑法對於犯罪行為人的處罰，除了滿足社會大眾對伸張正義的需求外，也同時利用對於犯罪行為人科處、執行刑罰的機會，讓犯罪人有機會反省他錯誤的行為，使他回到社會生活時不再犯罪，所以具有矯治犯罪人的功能。

## 刑法的分類

以下簡要說明刑法的重要分類：

1. 普通刑法與特別刑法：國家對於犯罪與刑罰的規定，適用於一般人、事、地、物、時等，就是普通刑法，例如我國現行刑法；國家對於犯罪與刑罰的規定，只適用於特定人、事、地、物、

時等，就是特別刑法，例如陸海空軍刑法的適用對象只有現役軍人（陸海空軍刑法 §1），所以屬於特別刑法。

2. 單一刑法與附屬刑法：單純規定犯罪與刑罰規定的法規就是單一刑法，例如我國刑法與陸海空軍刑法。在性質上屬於民事或行政法規，只有對於違反某項規定時，附帶規定科處刑罰條文的法規則是附屬刑法，例如我國公司法與著作權法就是附屬刑法（請參考公司法 §9、19 與著作權法第七章等規定）。

3. 完備刑法與空白刑法：完備刑法是指刑罰法規所規定的犯罪，在法條上明白列出犯罪行為構成要件的內容，例如我國刑法分則各條規定，而絕大多數的犯罪類型，都是屬於完備刑法。至於空白刑法則是指基於特定考量，刑罰法規犯罪行為構成要件的一部分內容，必須依據其他法律或命令的內容加以決定，才可以使構成要件的內容完備的意思，例如我國刑法第 117 條違背局外中立罪規定：「於外國交戰之際，違背政府局外中立之命令者，……」，以及第 192 條第 1 項「違背關於預防傳染病所公布之檢查或進口之法令者，……」等規定，由於構成要件中「局外中立之命令」以及「預防傳染病所公布之檢查或進口之法令」的意義必須依據犯罪行為當時的有關法令才能決定它的具體內容，所以具有空白刑法的性質。

## 2　刑法的理論與學派——治亂世，用重典？

刑法的對象，既然是犯罪與刑罰，所以，所謂刑法理論，也就是有關犯罪與刑罰的理論。刑法理論，自古以來，一直在法律學術

界存在著重大的分歧意見。不過，經過了長期的演變與發展，大致上是以「古典學派」與「近代學派」這兩種看似截然不同，但實際上在觀察角度卻互補的論戰最受到重視。以下簡要說明這兩個學派的主要觀點與內容：

1. 古典學派

　　(1) 意思自由論：主張人類到達一定的年齡，除非有精神上的障礙，就一定具有辨別是非善惡的自由意思，而犯罪則是行為人基於自由意思而選擇的不法（是指侵害個人、社會以及國家法益，而受到法律的責難）行為。

　　(2) 客觀主義（行為主義）：在重視犯罪行為結果的觀念下，客觀主義強調犯罪行為所發生的實際損害，也就是完全以客觀的行為所發生的結果為標準，決定刑罰的質量與數量。

　　(3) 道義責任論：認為犯罪既然是由於人類自由意志選擇而產生的行為，所以，犯罪行為應該接受道義上的責難，而產生刑事責任。

　　(4) 應報刑主義：在應報刑主義的理念下，「惡有惡報」是理所當然的，換句話說，應報刑主義主張：對於犯罪行為科處刑罰，對行為人過去的不法行為產生的當然報應，刑罰的本質就是基於一般人的正義呼聲而對於犯罪行為人所施加的均衡報應。

　　(5) 一般預防主義：認為人類可以從犯罪行為所獲得的快樂與刑罰所得到的痛苦做一比較，而決定是否應該犯罪。因此，對於犯罪行為所科處的刑罰，不但對於行為人，也對於社會大眾有嚇阻、警告的作用。

2. 近代學派

(1) 意思決定論：主張人類的行為是基於個人原因（例如個人的性格）與社會原因（例如經濟不景氣或是「笑貧不笑娼」的社會觀念）而綜合形成，並沒有自由意思的存在。

(2) 主觀主義（行為人主義）：主觀主義不強調犯罪行為本身，而最重視犯罪行為人所具有的社會危險性（惡性），認為犯罪行為只不過是行為人惡性的表現而已。所以，刑罰的輕重不應該決定於犯罪行為的大小與輕重，而應該由行為人的惡性大小加以決定。換句話說，按照主觀主義對於犯罪行為的觀念，最應該重視的不是行為，而是行為人，而行為人也應該是刑罰處罰的對象。

(3) 社會責任論：主觀主義主張，對於犯罪行為人追究道義上的責任，是過於嚴酷而毫無意義的事，而行為人所具有的惡性，必須接受社會的防衛，所以，刑事責任的內涵應該是對犯罪行為人危險性格的社會防衛。

(4) 教育刑主義與目的刑主義：認為刑罰並不是對於犯罪行為的報應，而是為了教育與改善行為人的惡性所採取的必要手段。所以，使犯罪行為人透過教育、矯正等過程，再度回歸社會，才是刑罰的真正目的。

(5) 特別預防主義：主張對於犯罪行為人科處刑罰另外一個最重要的目的是針對行為人的惡性，防止他們再度犯罪。所以，刑罰的對象就只有犯罪行為人，而不及於社會大眾。

毋庸置疑地，以上兩種學派對於各國刑事法律制度（包括了具有實體法性質的刑法與具有程序法性質的刑事訴訟法）都產生了重大的而深遠的影響，但是由於這兩學派的觀點、主張各有所偏，所以，在各國的刑事法律制度中，我們也會常看到隨著各國國家情

勢的演變，融合這兩個學派的影子，例如，我國刑法第 26 條針對不能未遂犯的規定（行為不能發生犯罪之結果，又無危險者，不罰），就是在客觀主義的理念下制定的；而舊刑法第 29 條第 3 項針對未遂教唆犯的規定（被教唆人雖未至犯罪，教唆犯仍以未遂論。但以所教唆之罪有處罰未遂犯之規定者，為限），則是基於主觀主義的觀點而制定。

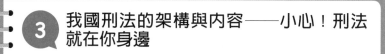

### 3　我國刑法的架構與內容──小心！刑法就在你身邊

　　我國現行刑法規定分為總則與分則兩個部分，請參閱表 5-1 刑法總則與分則內容一覽表。

表 5-1　刑法總則與分則內容一覽表

| 編名 | 章名 | 主要內容 | 備註 |
|---|---|---|---|
| 第一編總則 | | 刑法總則編的內容包括了所有刑事法律關係所可能涉及的基本問題及共同適用的原則。 | 刑事法律關係，除了在刑法分則編或刑事特別法（請參閱表 5-2）中有效力較高的特別規定外，原則上都以刑法總則編的規定為準。 |
| | 第一章法例 | 1. 罪刑法定原則。<br>2. 從舊從輕原則。<br>3. 刑法對人、事、地等的效力。<br>4. 刑法適用範圍。 | 1. 法例是指適用於所有刑事法規的共同原則。<br>2. 請參考第 1 條至第 11 條規定。 |

表 5-1　刑法總則與分則內容一覽表（續）

| 編名 | 章名 | 主要內容 | 備註 |
|------|------|---------|------|
| | | 5. 外國人犯罪的準用規定。<br>6. 外國裁判的效力：原則上仍然可以依本法處斷，但可以審酌免除其刑的一部或全部的執行。<br>7. 用詞定義：以上、以下、以內、公務員、公文書、重傷、性交、電磁紀錄、凌虐。 | 3. 所謂從舊從輕原則，是指法院裁判時，原則上以行為時的法律規定為裁判依據，但行為後如果法律有變更，而變更後的法律對行為人是最有利的話，則法院應適用變更後的法律。但非拘束人身自由的保安處分，則不在此限，而應適用裁判時的法律。 |
| | 第二章刑事責任 | 1. 故意與過失的意義與種類。<br>2. 不作為犯、加重結果犯的意義。<br>3. 不知法律與錯誤的效果。<br>4. 責任能力的意義與分類。<br>5. 阻卻違法事由。 | 1. 故意的成立要素：<br>(1) 對於構成犯罪的事實，有所認識。<br>(2) 有意使構成犯罪的事實發生或容許構成犯罪的事實發生。<br>2. 過失犯的成立要件：<br>(1) 行為人必須有注意義務。<br>(2) 行為人必須具備注意的能力。<br>(3) 行為人必須有疏於注意的事實。<br>(4) 行為人並沒有故意。 |

表 5-1　刑法總則與分則內容一覽表（續）

| 編名 | 章名 | 主要內容 | 備註 |
|---|---|---|---|
| | | | (5) 必須發生法益受侵害的結果。<br>(6) 過失行為與結果的發生之間必須有因果關係。<br>3. 過失犯的處罰，必須以法律規定為前提；換句話說，法律如果沒有規定處罰過失犯，國家無權加以處罰。<br>4. 詳見本章第 5 節之內容。<br>5. 請參考第 12 條至第 24 條規定。 |
| | 第三章未遂犯 | 1. 未遂犯的意義與法律效果：已著手的實行犯罪行為而不遂（未造成法益損害的結果），可以按照既遂犯的刑度減輕之；但行為不可能發生犯罪的結果，又無危險（不能未遂）的情形，不構成犯罪。<br>2. 中止犯的意義與法律效果：已著手於犯罪行為的實行，而因自己的意思中止或防止結果的發生，減輕或免除其 | 1. 請參考第 25 條至第 27 條規定。<br>2. 未遂犯的處罰，必須以法律規定為前提；換句話說，法律如果沒有規定處罰未遂犯，國家無權加以處罰。 |

表 5-1　刑法總則與分則內容一覽表（續）

| 編名 | 章名 | 主要內容 | 備註 |
|---|---|---|---|
| | | 刑。如犯罪結果的不發生，不是因為行為人的防止行為而造成，但行為人已經盡力為防止行為的話（準中止犯），也適用中止犯減免刑責的規定。 | |
| | 第四章正犯與共犯 | 1. 共同正犯的意義：二人以上共同實行犯罪行為。<br>2. 教唆犯的意義與處罰：教唆他人犯罪的人；按照所教唆的罪處罰。<br>3. 幫助犯的意義與處罰：幫助他人犯罪的人；可按照正犯的刑度減輕之。<br>4. 共犯與身分的關係。 | 請參考第 28 條至第 31 條規定。 |
| | 第五章刑、第五章之一沒收、第五章之二易型 | 1. 刑罰的種類：主刑與從刑。<br>2. 主刑的種類與輕重標準。<br>3. 從刑。<br>4. 褫奪公權的宣告與內容。<br>5. 沒收的類別和替代方法。<br>6. 易刑的種類。 | 1. 刑罰請參考第 32 條至第 46 條。<br>2. 主刑的種類包括：死刑、無期徒刑、有期徒刑、拘役與罰金；從刑：指褫奪公權（請參閱表 5-3）。<br>3. 沒收請參考第 38 條至第 40 條之 2。<br>4. 易刑請參考第 41 條至第 44 條。 |

表 5-1　刑法總則與分則內容一覽表（續）

| 編名 | 章名 | 主要內容 | 備註 |
|---|---|---|---|
| | 第六章累犯 | 1. 累犯的意義。<br>2. 裁判確定後發現累犯的處理。<br>3. 不適用累犯規定的情形。 | 1. 請參考第 47 條至第 49 條規定。<br>2. 累犯的要件：<br>(1) 曾受徒刑執行完畢，或一部執行而赦免。<br>(2) 在五年內故意再犯有期徒刑以上的罪。<br>(3) 行為人先前所犯的罪並非在外國法院接受裁判。 |
| | 第七章數罪併罰 | 1. 數罪併罰的要件與方法。<br>2. 裁判確定後餘罪的處理。<br>3. 想像競合犯的意義與法律效果。 | 1. 數罪併罰的要件：<br>(1) 同一人犯有兩個以上獨立的罪。<br>(2) 在裁判確定前犯數罪。<br>2. 請參考第 50 條至第 55 條規定。 |
| | 第八章刑之酌科及加減 | 1. 科刑時的審酌事項。<br>2. 罰金的酌量加重。<br>3. 刑度的酌減條件。<br>4. 得免除其刑的特別罪行。<br>5. 自首的意義與法律效果。<br>6. 老幼處刑的限制。<br>7. 各種刑加重的限制與減輕方法。<br>8. 主刑加減的順序。 | 1. 請參考第 57 條至第 73 條規定。<br>2. 自首減刑的要件：<br>(1) 犯罪行為還沒有被發覺。<br>(2) 行為人自行申告犯罪事實。<br>(3) 向有偵查犯罪權限的機關提出。 |

表 5-1　刑法總則與分則內容一覽表（續）

| 編名 | 章名 | 主要內容 | 備註 |
|---|---|---|---|
| | 第九章緩刑 | 1. 緩刑的要件。<br>2. 緩刑的效力：期滿而宣告未經撤銷，刑之宣告失效。<br>3. 撤銷緩刑的要件。 | 請參考第 74 條至第 76 條規定。 |
| | 第十章假釋 | 1. 假釋的要件與效力。<br>2. 有關徒刑併執行的假釋。 | 請參考第 77 條至第 79 條之 1 規定。 |
| | 第十一章時效 | 1. 追訴權的時效期間與停止。<br>2. 行刑權的時效時間與停止。 | 1. 請參考第 80 條至第 85 條規定。<br>2. 因一定時間經過而使得追訴權或行刑權消滅的情形稱為「追訴權時效」或「行刑權時效」，屬於刑罰障礙事由。國家不能再對行為人追訴或執行刑罰。 |
| | 第十二章保安處分 | 1. 感化教育處分。<br>2. 監護處分。<br>3. 禁戒處分。<br>4. 妨害性自主罪與妨害風化罪的強制治療處分。<br>5. 保護管束。<br>6. 外國人之驅逐出境處分。<br>7. 保安處分之宣告、執行之免除與不執行。 | 1. 請參考第 86 條至第 99 條規定。<br>2. 保安處分的內容與種類，請參閱表 5-4。 |

表 5-1　刑法總則與分則內容一覽表（續）

| 編名 | 章名 | 主要內容 | 備註 |
|---|---|---|---|
| 第二編分則 | | 共 36 章，內容為規定各種不同類型犯罪行為的實質內容與處罰效果。保護的法益種類包括國家、社會及個人法益。 | |
| | 第一章至第十章 | 內亂罪、外患罪、妨害國交罪、瀆職罪、妨害公務罪、妨害投票罪、妨害秩序罪、脫逃罪、藏匿人犯及湮滅證據罪、偽證及誣告罪。 | 1. 所保護的是國家法益，也就是維護國家安全及國家機關從事公務的公正性。<br>2. 請參考第 100 條至第 172 條規定。 |
| | 第十一章至第十五章、第十六章之一至第二十一章 | 公共危險罪、偽造貨幣罪、偽造有價證券罪、偽造度量衡罪、偽造文書印文罪、妨害風化罪、妨害婚姻及家庭罪、褻瀆祀典及侵害墳墓屍體罪、妨害農工商罪、鴉片罪、賭博罪。 | 1. 所保護的是社會法益，也就是維護社會安全及社會風氣的純潔性。<br>2. 請參考第 173 條至第 220 條、第 230 條至第 270 條。 |
| | 第十六章、第二十二章至第三十五章 | 妨害性自主罪、殺人罪、傷害罪、墮胎罪、遺棄罪、妨害自由罪、妨害名譽及信用罪、妨害秘密罪、竊盜罪、搶奪強盜及海盜罪、侵占罪、詐欺背信及重利罪、恐嚇及擄人勒贖罪、贓物罪、毀棄損壞罪。 | 1. 所保護的是個人法益，包括性自主權、生命、身體、自由、名譽、隱私及財產等法益。<br>2. 請參考第 221 條至第 229 條之 1、第 271 條至第 357 條。 |
| | 第三十六章 | 妨害電腦使用罪。 | 1. 同時保護個人法益（如隱私法益）及社會法益（如電腦使用安全）。<br>2. 請參考第 358 條至第 363 條。 |

資料來源：筆者整理。

表 5-2　常見的刑事特別法

| 名稱 | 特別規定的事項 | 制定的目的 | 備註 |
|---|---|---|---|
| 槍砲彈藥刀械管制條例 | 涉及持有或使用槍砲、彈藥、刀械的行為。 | 為管制槍砲、彈藥、刀械，使具危險性的物品不隨便威脅人民生命、健康安全，並維護社會秩序而制定。 | 針對特定的物。 |
| 組織犯罪防制條例 | 是針對三人以上，有內部管理結構，以犯罪為宗旨或以其成員從事犯罪活動，具有集團性、常習性及脅迫性或暴力性組織的特別法。 | 因為組織具有不可抗拒的服從性，常有「人在江湖，身不由己」的情形，為防制組織犯罪、維護社會秩序及保障人民權益而制定。 | 針對特定的人。 |
| 毒品危害防制條例 | 涉及毒品的特別法。 | 為防制毒品危害國民身心健康而制定。 | 針對特定的物。 |
| 懲治走私條例 | 是針對走私行為的特別法。 | 為懲治走私，政府管制物品或應稅物品之進口或出口而制定。 | 針對特定的事。 |
| 貪污治罪條例 | 是針對公務人員、受公務機關委託承辦公務的人以及和前二種人共犯貪污治罪條例規定的行為。 | 為嚴懲貪污，澄清吏治，保持公務機關的純正性而制定。 | 針對特定的人。 |
| 洗錢防制法 | 是針對掩飾或隱匿、收受、搬運等因自己或他人重大犯罪所得之財物或財產利益的特別法。 | 為防制洗錢，追查重大犯罪所得財物或利益以及贓物罪等罪刑而制定。 | 針對特定的事。 |

資料來源：筆者整理。

表 5-3　從刑的內容

| 從刑 | 資格刑 | 褫奪公權：剝奪受刑人下列二種資格（原本屬憲法保障的基本權利）：<br>1. 擔任公務人員的資格。<br>2. 成為公職候選人的資格。 |
|---|---|---|

資料來源：筆者整理。

表 5-4　保安處分的對象與種類

| | 對象 | 種類 |
|---|---|---|
| 保安處分 | 未滿 14 歲無責任能力的人 | 感化教育：進入感化教育處所，施以感化教育，矯正不良的習性。但這部分目前已改由少年事件處理法的程序加以處理。 |
| | 精神障礙或心智缺陷的人 | 監護：進入適當處所，藉由監視、保護，防止再危害社會的危險。 |
| | 煙毒犯或酗酒犯 | 禁戒：戒除不良嗜好，並根除犯罪的原因。 |
| | 保護管束 | 感化教育、監護、禁戒、強制工作等，可以用保護管束代替之。 |
| | 在本國境內犯罪的外國人 | 於刑罰執行完畢後，驅逐出境，以維護我國國民的安全。 |

資料來源：筆者整理。

　　依據表 5-1，刑法總則規定了犯罪行為人是否應該對犯罪行為負擔刑事責任的一般原理、原則，刑法分則則規定了各種不同類型犯罪行為的實質內容與處罰效果。分別說明如下：

　　1. 刑法總則：刑法總則共分 12 章，主要內容為一般犯罪行為都會涉及到的最基本問題，例如：行為人是否已到達可以負擔刑事責任的年齡、故意與過失的判斷標準、犯罪行為是否適用刑法、各種犯罪行為人的類型、裁判與執行的內容等。一般而言，刑事法律關係，除了在刑法分則編或刑事特別法中有效力較高的特別規定

外，原則上都以刑法總則編的規定為準。

　　2.刑法分則：刑法分則共分 36 章，主要內容為犯罪行為人的各種犯罪行為應該具備的構成要件，以及違反規定時所應受到的處罰。

　　由於刑法是在罪刑法定原則的基本理念下，規定犯罪行為與刑罰的法律，而「沒有犯罪，就沒有刑罰」，所以，本章在篇幅限制考量下，第 4 節的內容是以說明罪刑法定原則為焦點，第 5 節則著墨於如何判斷犯罪行為的三段論法。

 **4　罪刑法定原則——歹路不可行！**

### 涵　義

　　在本章第 1 節的內容中，我們曾經提到，罪刑法定原則（在一般的刑法教科書上，通常稱之為「罪刑法定主義」。）是近代刑法的根本原則，在刑法研究上具有十分重要的地位，有必要詳盡說明，所以特別開闢本節說明它的具體內容。其實，所謂罪刑法定原則，在「法安定性」的形式理念與「正當性」、「合目的性」的實質理念的理論基礎指導下，就是指犯罪的成立與處罰，都必須以法律明文加以規定，如果在行為實施前沒有法律的明文規定，則無論這個行為如何地侵害國家、社會或個人法益，國家都沒有權力行使追訴權與刑罰權，也就是「沒有法律明文規定，就沒有犯罪；沒有犯罪，就沒有刑罰」的意思（刑法 §1）。舉例來說，在民國 88 年 4 月 21 日刑法修正公布之前，雖然社會大眾都覺得駕駛車輛的人

「酒醉駕車」是非常危險的，但是，因為當時的刑法沒有處罰酒醉駕車行為的規定，所以即使舉發酒醉駕車的人，法院也無法依刑法給予任何處罰。不過，在民國88年4月21日刑法第185條之3「服用毒品、麻醉藥品、酒類或其他相類之物，不能安全駕駛動力交通工具而駕駛者，處一年以下有期徒刑、拘役或三萬元以下罰金」的規定公布施行後，由於明文規定酒醉駕車的處罰規定，所以，現在如果再有酒醉駕車的行為，就會受到刑法的制裁。

罪刑法定原則又可以從兩方面加以說明。第一，絕對罪刑法定：認為對於犯罪行為科處刑罰，必須在法律上絕對確定，審判人員只能依單一的法定刑宣告行為人的罪刑；第二，相對罪刑法定：主張對於犯罪行為科處刑罰，法律只需要設定一定的裁量範圍就可以了，審判人員在裁量範圍內，有權斟酌個別案件的情況而決定罪刑的大小與輕重。現代各國的刑事法律大多採取相對罪刑法定的見解，而賦予審判人員一定範圍的裁量權。以上述酒醉駕車行為的處罰為例，法官有權依據案件的實際情形，在綜合考量各種因素（例如行為人動機、受害人受損害的程度等）後，從「一年以下有期徒刑、拘役或三萬元以下罰金」的刑罰內容中選定其中之一作為適當的處罰（請注意目前的刑法已將這條的刑度又提高為「三年以下有期徒刑，得併科三十萬元以下罰金」，請參考刑法 §185-3）。

## 我國刑法的規定

「罪刑法定原則」明文規定在我國刑法第1條，也就是「行為之處罰，以行為時之法律有明文規定者為限」的規定。換言之，任何一種行為是不是構成犯罪，對於犯罪行為人應該給予什麼樣的處罰，都必須依照現行、有效刑法的明文規定。對於現行、有效的

刑法沒有明文規定應該處罰的犯罪行為，國家就不能對「犯罪行為人」（社會意義下，而非法律意義下的犯罪行為人）實施刑罰權。此外，配合其他相關條文規定，我們可以了解，我國刑法對於罪刑法定原則採取的是以相對罪刑法定為原則，絕對罪刑法定為例外的見解，而賦予審判人員一定範圍的裁量權。

## 具體內容與基本原則

### 1. 傳統以來的見解

(1) 排斥習慣刑法：罪刑法定原則既然是指犯罪的成立與處罰，都必須以法律明文加以規定，所以，刑法的適用，必須以成文法為法源，而排斥不成文的習慣法。罪刑法定原則排斥習慣法的最主要原因是因為習慣法規的「彈性太大」，經常隨著時空環境背景的變化而變化，不容易有確定的內容，如果以習慣法規為依據，作為刑法的直接法源，不但對於法律的安定性有所妨礙，更有可能危害人權的保障，所以，自然應該加以禁止。

值得進一步說明的是，罪刑法定原則雖然排斥習慣法作為刑法的直接法源，但是在認定犯罪行為事實與解釋法律方面，習慣法卻可以擔任補充資料的角色，而成為刑法的間接法源。事實上，刑法對於構成要件與違法的認定（請參閱本章第 5 節），以習慣法加以決定的情形，不乏其例。例如，刑法第 193 條違背建築術成規罪所規定的「成規」，即是指建築營造業的「慣行規則」，因此本罪在認定上即受習慣的影響。

(2) 刑法的效力不得溯及既往：在罪刑法定原則下，行為的處罰，既然必須以行為時的法律有明文規定者為限，所以，刑法的效力僅及於法律施行之後，而不能溯及既往。不過，值得注意的是：

第一，如果行為後法律有所變更，而變更後的法律對於行為人較為有利時（例如法律修正後，對於同一種類的行為刑度較輕），就沒有溯及既往的限制；第二，非拘束人身自由的保安處分只適用裁判時的法律。

(3) 否定絕對不定期刑：在罪刑法定原則下，行為處罰的內容與範圍都必須以法律明文規定，目的是為了使法官在適用法規時能有一個明確的標準，藉以防止因為個人好惡而恣意專斷的行為，而達到保障人權的目的。所以，罪刑法定原則要求「刑期確定」，而否定絕對不定期刑（指法律完全不規定刑罰的類種或範圍）。當然，「相對不定期刑」，在我國刑法採取相對罪刑法定為原則，絕對罪刑法定為例外見解，而賦予審判人員一定範圍的裁量權的法制下，仍然是被允許的（少年事件處理法 §42）。

(4) 禁止類推適用：對於法律沒有明文規定的事項，基於「相同事物，應做相同處理」的原則，而比附援引其他性質類似事項的法律，稱為類推適用。在罪刑法定原則的要求下，任何犯罪與刑罰都必須有法律明文規定，不允許對沒有法律明文規定的犯罪行為加以處罰。否則，如果允許類推適用，個人權益有可能受到國家不可預測的限制或剝奪，將原本無罪的行為透過類推解釋，轉變成有罪的行為。不過，值得注意的是，類推適用的結果如果有利於行為人時，是屬於例外容許類推適用的情形。此外，刑法雖然不允許類推適用，但是卻允許擴張解釋，也就是允許法律條文在論理的範圍內擴張它的意義，但卻仍然在法律條文意義「可預測的範圍內」的情形，以符合社會生活的實際需要。

## 2. 現代見解

罪刑法定原則，為了實現保障人權的目的，並不是只有消極地

制定行為時有犯罪與刑罰的明文規定就夠了，還必須具備學理上所謂的「刑罰法規明確性」與「刑罰法規適當性」，否則，有可能使人民喪失對自己行為的預測可能性與法律安定性，並且容易造成司法機關恣意解釋刑法的危險。以下簡要說明「刑罰法規明確性」與「刑罰法規適當性」的意涵。

(1) 刑罰法規明確性：刑罰法規應該明確、具體規定各種程度的犯罪類型，應該科處刑罰的類型與程度。特別重要的是，刑罰法規所規定的各種犯罪與刑罰，必須在一般國民可預測的範圍內。換句話說，罪刑法定原則要求犯罪要件明確與刑罰效果明確。

(2) 刑罰法規適當性：立法機關所制定的刑罰法規，或行政機關所頒布的行政命令，如果在內容上違反了憲法保障人民基本權利的規定（例如原檢肅流氓條例 §6 等規定就是因為違憲而失去效力），或沒有處罰的必要（例如規定處罰超過晚上 12 時以後出門逛街的行為），甚至於犯罪與刑罰之間失去平衡性（例如重罪輕罰或輕罪重罰），就可能不當地限制或侵害個人的權利與自由，而這種欠缺合憲性、必要性與正當性的規定，在罪刑法定原則的要求下，自然不具有的刑法效力。

## 5 犯罪行為——法網恢恢，疏而不漏！

### 基本概念

1. 犯罪的意義

犯罪，是符合刑罰法規所定犯罪特別構成要件的事實、違法而

有責任之人的行為。換句話說，是指有責任能力人在沒有阻卻違法原因的情形下，基於故意或過失，所做成的違反社會倫理，又侵害法益，應該受到刑罰制裁的不法行為。

## 2. 犯罪成立要件

犯罪的成立要件可以分為兩部分，也就是一般成立要件與特別成立要件，說明如下：

(1) 一般成立要件：是指所有成立刑法上犯罪所必須具備的共同要素，而與刑法分則上各種犯罪類型的成立要件不同。依據學理上的分類，共計有以下三種學說是關於犯罪一般成立要件的理論基礎，包括：

①二階段說：犯罪必須具備不法與責任二要件。

②三階段說：犯罪必須具備構成要件該當性、違法性與責任三要件。

③四階段說：犯罪必須具備行為、構成要件該當性、違法性與責任四要件。

以上三說，目前是以三階段說最受到學術界與法律實務界接受，本書遵循之。以下就以三階段說為基礎，說明犯罪一般成立要件。

①構成要件該當性（判斷犯罪行為的第一個階段）：刑法為規定犯罪行為所應具備的抽象條件的法律。這裡所說的抽象條件，法律學上稱為「構成要件」，而某一特定行為如果符合構成要件的話，就是具備「構成要件該當性」的行為，可以初步地被判斷為具備犯罪行為的外觀，而進入以下各階段的判斷。請參閱「構成要件該當性」的說明。

②行為的違法性（判斷犯罪行為的第二個階段）：具備構成要

件該當性的行為，只有初步被判斷為犯罪行為的效果，還必須具備應該受到法律所定價值判斷的條件，也就是說，行為必須具有違法性，才可以進一步確定行為的不法內容。所謂「行為的違法性」，是指行為違反了法律的基本秩序，並且侵害了法益的情形。請參閱「行為的違法性」的說明。

③行為的有責性（判斷犯罪行為的第三個階段）：犯罪行為固然具有違法性，但是如果不具備責任能力、責任條件以及期待可能性的要件，以至於犯罪行為的責任（受到社會責難，並且負擔刑罰）不應該歸屬於行為人的話，則犯罪行為仍然不能成立。請參閱「行為的有責性」的說明。

綜合以上的說明，本書的結論是：任何行為，如果要被評價為刑罰法規所定的犯罪行為，必須同時具備構成要件該當性、行為的違法性與行為的有責性的一般成立要件，缺一不可。

(2) 特別成立要件：是指刑法分則編或刑事特別法各條所定的犯罪構成要件，包括主觀的構成要件要素，例如：故意、意圖、過失等；也包括客觀的構成要件要素，例如：犯罪主體、客體、行為、結果以及因果關係等。

## 構成要件該當性

### 1. 意義

「構成要件該當性」是指某一特定行為與它的相關事實符合刑法明定的構成要件要素，也就是說具體行為事實與法律上犯罪構成要件相互一致的意思。

值得進一步說明的是，「構成要件該當性」與「構成要件」本身，以及「犯罪構成事實」是有所區別的三個不同概念。「構成

要件」是判斷構成要件該當性的基本要素，屬於法律規定的抽象條件，明文規定在刑法分則編或特別刑事法中和條文的犯罪類型，屬於判斷犯罪行爲的標準。至於「犯罪構成事實」是指符合構成要件的現實事實，爲被判斷是否爲犯罪行爲的對象。例如刑法第 320 條第 1 項「意圖爲自己或第三人不法之所有，而竊取他人動產者，爲竊盜罪……」的規定，就是法律規定的構成要件。如果甲意圖爲自己所有，而竊取乙的機車一輛，這個事實就是「犯罪構成事實」。如果甲的客觀行爲與竊盜罪的客觀構成要件完全符合，而且甲的主觀心態又與竊盜罪的主觀構成要件完全符合，那麼，甲竊取乙機車一輛的事實，就具有「構成要件該當性」。

### 2. 構成要件要素與種類

「構成要件要素」是指組成構成要件內容的各種構成要素。在構成要件要素的各個分類中，其中又以構成要件主觀要素與構成要件客觀要素的區分是最重要的分類，簡要說明如下：

(1) 構成要件主觀要素：是指行爲人實現客觀構成要件的心理狀態，也就是行爲心理意思的表象，例如：故意、意圖等。

(2) 構成要件客觀要素：是指外在世界的具體情狀，也就是從行爲人的意思、目的等主觀要素獨立出來，而從外部就能認定它存在的要素，例如：行爲主體（行爲人）、行爲客體（行爲對象）、行爲、行爲時的特別情狀、行爲結果與因果關係等。

### 3. 各個構成要件要素的說明

(1) 犯罪主體：是指具有犯罪能力而實行犯罪行爲的人，也是具有接受刑事制裁能力的主體。原則上刑法的處罰對象以自然人爲限，法人爲例外。以我國的法律制度來看，只有在法律有明文規定

的例外情況（例如公平交易法第 37 條第 2 項規定：「法人之代表人、代理人、受僱人或其他從業人員，因執行業務違反第二十四條規定者，除依前項規定處罰其行為人外，對該法人亦科處前項之罰金。」）才承認法人具有犯罪主體的地位。

(2) 犯罪客體：簡單地說，就是犯罪行為直接侵害的對象。因此，廣義的犯罪客體包括兩種涵義，也就是被害人（包括自然人與法人）與被害法益（國家、社會與個人法益）。值得注意的是，某些特定犯罪的成立必須以具有一定身分或特定關係為前提，在這種情況下，只有具有一定身分或特定關係的人才有可能成為被害人，例如刑法第 272 條的犯罪客體限於直系血親尊親屬（例如父母、祖父母）、第 232 條的被害人限於服從犯罪行為人監督的人等。

(3) 犯罪行為：行為是犯罪成立的基礎，沒有行為，就沒有犯罪可言；換句話說，單純的意思決定（「我想要殺你」），但沒有外部行動（用槍或刀把人的生命結束了），就不構成犯罪。因此，所謂「犯罪行為」，是指行為人基於「犯罪意思」的發動而表現在外部的行動舉止。

有關犯罪行為，最值得注意的有兩點。第一，依據目前最被接受的理論，也就是社會行為論（行為除了必須具有意思決定與行動舉止的要件以外，還必須具有「社會的重要性」，也就是具有違反社會法律秩序，侵害法益的情形，才屬於刑法關心的對象）的觀點，欠缺意思決定要素的單純反射行為，例如屬於生理反射的夢遊行為；屬於物理反射的受他人重大撞擊，而壓傷他人的行為，都不能算是「犯罪行為」，自然也就不是刑法處罰的對象。第二，所謂「行為」，並不限於積極的作為（基於犯罪意思決定，而用積極的方法完成犯罪行動，例如舉刀殺人），消極的不作為，只要在刑法上可以判斷為與積極作為產生相同的效果（同樣達成犯罪的目的）

的話，同樣屬於犯罪行為。不過，要特別注意的是，以不作為的方式犯罪，必須具備以下要件：

①行為人有作為義務但不作為。

②不作為發生犯罪行為的結果。

③不作為與作為在刑法上有相同效果的判斷。

④行為人必須要有作為可能性。

舉例來說，依照法律規定，父母對所撫育的嬰兒有保護及教養的義務（民法 §1084 II），如果父母在有能力撫育的情況下，卻故意不給予嬰兒足夠的食物，以致嬰兒餓死，就是一種屬於以不作為的方式完成與積極作為方式殺人相同效果的犯罪行為。

(4) 因果關係：犯罪行為具有侵害性的原因，就是因為它對於法益具有一定的影響力（例如可以破壞法益的現狀），一旦這個影響力發生實現的作用，也就產生了犯罪的結果。所以，犯罪行為與結果之間，在一定的影響力影響下，而存在著一定的「原因結果關係」，學理上稱為「因果關係」，目前以「相當因果關係說」（就一般社會經驗加以客觀地觀察，在相同的條件下，都會發生相同的結果）最受到學術界與司法實務界接受。換句話說，某一侵害法益的特定行為與結果之間，如果在客觀上沒有因果關係，這個特定行為就不能夠被判斷為刑法上的犯罪行為（例如車禍與受害人的精神分裂症，在客觀上沒有相當因果關係）；反之，某一侵害法益的特定行為與結果之間，如果在客觀上存在著因果關係，這個特定行為具有被判斷為刑法上犯罪行為的地位。因此，因果關係雖然不是刑法中明文規定的犯罪構成要件要素，但是對於判斷犯罪是否成立，卻往往扮演著關鍵性的角色。

(5) 構成要件故意：有關故意是否成立，究竟應該在判斷構成要件該當性階段時就加以認定，還是應該在判斷有責性階段時予以

決定，是一學術上的爭議問題。這個爭議發展到目前，已產生大致上的結論，也就是說，「故意」不再是單純的責任問題，它同時也扮演著行為態樣的角色，所以可以放置在構成要件領域中討論，而稱它為「構成要件故意」。不過，由於在有責性階段也必須討論故意、過失的問題，所以，本書把對於故意、過失問題的說明內容，留至「行為的有責性」部分討論。

有關判斷構成要件該當性的體系，請參閱圖 5-1。

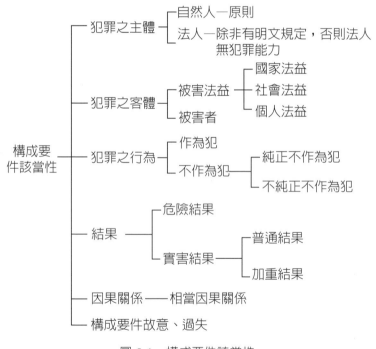

圖 5-1　構成要件該當性

資料來源：筆者整理。

## 行為的違法性

### 1. 「違法性」的意義與本質

　　所謂「違法性」，就字面上解釋，是指行為違反法律秩序的意思，也就是不被法律允許的意思。為什麼違法行為不被法律允許呢？一言以蔽之，就是因為行為與社會生活規範發生牴觸，以至於社會生活的目的沒有辦法維持的緣故。

　　其實，依據刑法理論，構成要件因為是立法者對於法律不容許的行為所制定的抽象類型，本身就帶有違法行為的條列宣示，所以，基本上，構成要件具有「推定違法」的功能。但是，在具體個案的判斷上，構成要件所宣示的違法性，有時候並不足以確認某一特定行為對法律秩序的實質破壞性，例如，康永意圖為自己的所有，而竊取公共廁所衛生紙一張，康永的行為固然符合刑法第 320 條第 1 項普通竊盜罪的構成要件，基本上是刑法所不允許的行為，但是，康永的行為對於法律秩序的破壞性，是否已經到達刑法實質上應該加以處罰的程度，其中牽涉到違法性標準的判斷界限問題，具有討論與釐清的價值。因此，為了解決這個問題，刑法學上發展出所謂的「可罰違法性理論」。

### 2. 可罰違法性理論

　　在刑法謙抑思想與相對違法性理論的原則指導下，「可罰違法性理論」的主要涵義是：刑法上具備構成要件該當性的犯罪行為，形式上都具有違法性，但是如果行為違法的程度僅屬輕微或是被侵害的法益微不足道，而沒有達到法定刑下限的輕微程度的違法，就都不應該認定是違法，從而也就不構成犯罪行為。具體來說，在可罰違法性理論下，行為具有實質可罰性，必須在質與量兩方面都達

到足以科處刑罰的程度才行。

3. 阻卻違法事由

　　有關行為違法性的討論，最值得注意的部分就是阻卻違法事由，也就是形式上具有違法性與可罰性的行為，如果具有以下的特定事由，就可以否定行為的違法性與可罰性（刑法法條上使用的文字是「不罰」）。以表 5-5 列刑法規定的阻卻違法事由的意義及要件。

表 5-5　刑法規定的阻卻違法事由

| 名稱 | 要件 | 舉例 | 備註 |
|---|---|---|---|
| 依法令之行為 | 1. 行為人具有依法令實施行為的意思。<br>2. 行為人的行為必須有法令的依據。<br>3. 行為沒有逾越法令限制。 | 公務員喜善依據刑事訴訟法的規定，對於被告慧喬身體、物件及住宅的搜索或執行死刑。 | 1. 請參考刑法第 21 條第 1 項規定。<br>2. 所謂依法令之行為，是指依照國家法令規定應該執行或容許的行為。 |
| 依命令之職務上行為 | 1. 必須是所屬上級公務員在職權範圍內所發出的命令。<br>2. 必須是下級公務員職務範圍內的行為。<br>3. 行為人必須不是明知命令是違法的。 | 公務員喜善明知上級公務員拘捕命令違法，但卻因與被拘提人慧喬有宿怨，故意將慧喬逮捕。 | 1. 請參考刑法第 21 條第 2 項規定。<br>2. 行為人如果明知命令違法而仍實施行為，就沒有阻卻違法的效果。 |

表 5-5 刑法規定的阻卻違法事由（續）

| 名稱 | 要件 | 舉例 | 備註 |
|---|---|---|---|
| 業務上之正當行為 | 1. 行為人必須從事一定業務。<br>2. 業務的性質必須被法律允許。<br>3. 行為必須在業務範圍內。<br>4. 必須是正當行為。 | 醫師喜善為病人慧喬治病，認為有必要為慧喬截肢，經獲得慧喬同意，進行手術治療。 | 1. 請參考刑法第22條規定。<br>2. 所謂「業務」是指行為人以經常從事同種類行為的目的，在相當期間內持續的社會活動。 |
| 正當防衛 | 1. 必須有現在不法的侵害存在。<br>2. 行為人必須具有防衛意思。<br>3. 必須是對於實施侵害的人實施防衛行為。<br>4. 防衛行為必須是為了防衛自己或他人的權利。<br>5. 防衛行為不可以超過適當範圍。 | 小旭企圖強制性交慧喬，將慧喬拘禁在房間內，無法逃避，慧喬為躲過被強制性交的劫難，在急迫中將桌子上的玻璃杯朝小旭太陽穴猛擊，造成小旭死亡。 | 請參考刑法第23條規定。 |
| 緊急避難 | 1. 必須有緊急危難存在。<br>2. 行為人必須是為了保全自己或他人法益所做成的避難行為。<br>3. 避難行為必須出於不得已。<br>4. 行為人必須沒有承受危難的特別義務。<br>5. 避難行為不可以超過適當範圍。 | 小旭與慧喬出遊，共同搭乘獨木舟，途中遭遇亂流，即將沉沒。小旭與慧喬在河流中取得只能承載一人的浮板，慧喬為保全自己性命，將小旭推開，造成小旭死亡。 | 請參考刑法第24條規定。 |

資料來源：筆者整理。

## 行為的有責性

### 1. 責任的基本概念

在刑法上,「責任」的意思是指對於行為人違法意思的形成,具有責難的可能性的意思。換句話說,一定的事實,即使已經具備構成要件該當性與違法性,但是如果不能歸責於行為人的話,犯罪行為仍然不能成立。因此,有責性是刑法上對於行為人科處刑罰的前提,與違法性是針對行為本身的判斷,有所不同。

就責任的構成內容來看,責任要素應該包含責任能力、責任條件與期待可能性。以下分別簡要說明這三項要素的內容。

### 2. 責任能力

(1) 意義:所謂「責任能力」,是指行為人的精神狀態成熟、健全,而能夠辨別是非善惡,並且依據對是非善惡的判斷行動,而足以使行為人負擔刑罰制裁的資格。具有責任能力,是行為有責性的第一要件。

(2) 責任能力的形態:依據我國刑法第 18 條至第 20 條的規定,責任能力的形態包括:

①具有完全責任能力人:凡是精神狀態成熟、健全,而年齡超過 18 歲的自然人,具有完全責任能力。

②限制(減輕)責任能力人:包括 A.14 歲以上未滿 18 歲的少年人;B. 滿 80 歲以上的老年人;C. 行為時的精神狀態,因為精神障礙或其他心智缺陷,而對於外界事物的判斷能力減退的人;D. 自幼又聾又啞的人。限制責任能力人的行為,在刑法上的效果是得「減輕其刑」。

③無責任能力人:包括 A. 未滿 14 歲的人;以及 B. 行為時的

精神狀態，因為精神障礙或其他心智缺陷，而對於外界事物完全喪失判斷能力的人。無責任能力人的行為，在刑法上的效果是「不罰」，也就是說，犯罪行為不成立。

3. 責任條件

(1) 意義：責任條件又稱為責任意思，是指行為人決定行為意思的心理狀態，進一步來說，也就是指行為人違法行為的責任，在一定的條件下，應該受到社會責難的心理狀態，它的主要內容包括「故意與過失」。依據我國刑法第 12 條第 1 項規定，「行為非出於故意或過失者，不罰」，意思就是說，雖然行為人的行為已經到達違法的程度，但是如果行為人行為時的心理狀態是「既沒有故意，也沒有過失」的話，那麼他的行為在法律上就不會成立犯罪，自然也就不必負擔刑罰制裁的責任；換句話說，要使行為人負擔刑罰制裁責任的條件是行為人的行為是在故意或過失的心理狀態下做成的。以下分別簡要說明故意與過失的意義與種類（刑法 §12～14）。

(2) 故意的意義與種類：依據我國刑法第 13 條規定，「行為人對於構成犯罪之事實，明知並有意使其發生者，為故意（Ⅰ）。行為人對於構成犯罪之事實，預見其發生，而其發生不違背其本意者，以故意論（Ⅱ）。」

根據上述規定，我們可以了解，「故意」是指行為人對於犯罪行為的事實（包括內容與結果）有所認識（明明知道或是可以預見結果的發生），但卻仍然決意以積極的方式去實現行為的結果，或是行為人雖然沒有積極地實施犯罪行為，但是卻放任犯罪結果發生的心理狀態。第一種心理狀態，刑法學理上稱它為「直接故意」或「確定故意」；第二種心理狀態，刑法學理上稱它為「間接故意」

或「不確定故意」。

舉例來說，起賢明知用槍對準阿雅的太陽穴射擊，會造成阿雅「必死無疑」的結果，卻仍然決意扣下扳機（積極行為），以致造成阿雅死亡的結果，就是屬於「直接故意」的情形。又例如，老王因為氣憤松鼠偷吃他的水果，所以放了許多有毒的肉鬆麵包在他的果園內，企圖引誘松鼠吃下，「毒發身亡」。在放置的過程中，如果老王心裡想，「乾脆一不做，二不休，把那些偷吃水果的小孩一塊兒毒死算了」，而故意不設置警告標誌，結果真的造成偷吃水果的小孩因誤食有毒麵包致死，就是屬於「間接故意」的情形。

(3) 過失的意義與種類：依據我國刑法第 14 條規定，「行為人雖非故意，但按其情節，應注意並能注意而不注意者，為過失（Ⅰ）。行為人對於構成犯罪之事實，雖預見其能發生而確信其不發生，以過失論（Ⅱ）。」

根據上述規定，我們可以了解，「過失」是指行為人雖然並沒有故意，但是按犯罪行為發生時的情形，屬於應該注意（有注意的義務）、可以注意（行為人有注意的能力），但是卻沒有注意（事實上沒有注意），以至於發生犯罪結果；或是行為人雖然可以預見到犯罪結果的發生，但是卻因為確信犯罪結果不致發生，而仍然實施犯罪行為的心理狀態。第一種心理狀態，刑法學理上稱它為「無認識過失」；第二種心理狀態，刑法學理上稱它為「有認識過失」。舉例來說，大家都知道，駕駛人有遵守交通安全規則的法律義務（請參考道路交通管理處罰條例 §53 等規定），如果阿哲在駕駛機車時，因為「橫衝直撞」，而撞死在街道上清掃的清潔隊員，是屬於「無認識過失」的情形；如果阿哲自認酒量好，連續趕了三場聚會，儘管喝了 N 瓶酒，已經有些「茫茫然」了，卻仍然不肯坐計程車回家，堅持要自己開車，並且表示「絕對不會有問題」，

結果真的撞死在街道上清掃的清潔隊員，則是屬於「有認識過失」的情形。相較於前種情形，阿哲因為酒醉駕車撞死清潔隊員的行為，除必須負擔過失致人於死之刑事責任外，還必須負擔酒醉駕車之刑事責任（刑法 §185-3、276）。

## 4. 期待可能性

所謂「期待可能性」，是指按照行為當時的具體狀態，可以期待行為人避開違法行為，而實施其他合法行為的情形。換句話說，在行為的具體狀況中，如果在客觀上，我們可以期待行為人避開違法行為，而實施其他合法行為，但是行為人卻違反這項期待，而做出違法行為，那麼行為人必須負擔刑事責任；反過來說，如果在客觀上，我們不能期待行為人避開違法行為，而實施其他合法行為的話，即使行為人違反「實施其他合法行為」的期待，而做出違法行為，行為人也無須負擔刑事責任。因此，期待可能性也成為是否發生刑事責任的依據，在刑法學理上稱為「阻卻責任事由」。我國刑法對於親屬、配偶藏匿人犯或湮滅證據等行為規定可以「減輕或免除其刑」，就是典型的阻卻責任事由。

綜合以上所述，有關犯罪的成立要件與判斷過程（三階段說），請參閱圖 5-2 與圖 5-3。

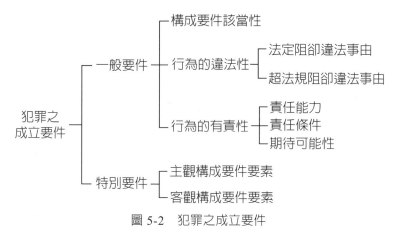

圖 5-2　犯罪之成立要件

資料來源：筆者整理。

圖 5-3　犯罪之判斷過程

資料來源：筆者繪製。

## 重點說明

　　有關閩南部分：根據案例事實，閩南是基於直接故意，在違反小蕾意願的情況下，對小蕾用強暴、脅迫的方法，實施性交行為，雖然沒有得逞，但是閩南的行為已經符合刑法第 221 條第 1 項強制性交罪的構成要件，在沒有其他阻卻違法事由與阻卻責任事由，以及同條第 2 項處罰強制性交罪未遂行為的前提下，閩南應該要負擔強制性交罪未遂犯的刑事責任。但是由於閩南已經死亡，犯罪行為的主體已經不存在，所以，國家不會對閩南的犯罪行為追訴及處罰。

　　有關小蕾部分：根據案例事實，小蕾的行為雖然是基於直接故意，而殺害閩南，並且造成閩南死亡的結果，在形式上符合刑法第271條第1項殺人罪的構成要件，但是由於小蕾的違法行為是針對現在不法的侵害，在迫不得已的情況下，基於防衛意思，而做出防衛自己權利的正當防衛行為，屬於刑法第23條前段規定的阻卻違法事由，因此，小蕾的行為並不成立犯罪，也不必負擔刑事責任。

## 實況演練

　　1. 薔薔一天夜遊到很晚才準備回家，在回家的路上發現一名歹徒尾隨在後，意圖不軌，就在這個歹徒準備動手的時候，薔薔一個過肩摔把歹徒重重摔在地上，讓歹徒跌了個「狗吃屎」，造成歹徒雙腿骨折，請問薔薔犯罪了嗎？

　　2. 久眉有一天參加好朋友的喜宴，由於「人逢喜事精神爽」，所以多喝了幾杯，開始「頭重腳輕」了起來。儘管如此，久眉還是堅持自己開車回家，結果在途中遭遇警察臨檢，測出身上酒精濃度高過法律標準，請問久眉會因此坐牢嗎？

　　3. 大管某日駕車不慎撞到路人小滴，造成小滴雙手骨折。在送醫途中，小滴卻因為救護車車速太快，與其他車輛發生連環車禍而死亡，請問大管是否必須為小滴死亡的結果負擔刑事責任？

　　4. 庫炫因為有急事，必須火速趕到臺北車站，想向緯哥借車，沒想到緯哥不在，情急之下，就「暫時借用」了緯哥的車子，經過緯哥向法院提出告訴，請問庫炫要不要負擔竊盜罪的刑事責任？（刑法 §320 I）

# 第六章

## 婚姻家庭的法律常識

## Case

　　娜塔莎和布魯斯兩個人在大學時就是班對了，畢業後兩人感情仍然甜甜蜜蜜，也計畫著要共組家庭。不過娜塔莎的爸爸就是反對他們在一起，嫌布魯斯長得不帥，家裡又沒錢。於是兩人背著家人，自己上網下載結婚書約表格，填好後請兩個同班同學簽名當證人，便到戶政機關辦理結婚登記。雙方家長雖然對沒有辦理公開宴客一直耿耿於懷，覺得過於草率，但眼看「生米煮成熟飯」，後來也只好點頭承認。兩人結婚三年，生一個女孩叫作卡蘿。本來一家和樂融融，無奈布魯斯因為公司倒閉沒了工作，整天心情「鬱卒」，就把氣出在娜塔莎身上，覺得一定是她「帶衰命」才害他這麼倒楣，一喝醉酒就對娜塔莎拳打腳踢。娜塔莎為了保護幼小的卡蘿，也只有挨揍的份，三天兩頭鼻青臉腫。整天無所事事的布魯斯還在外頭與新歡雪倫同居，生下一個男孩，叫作東尼。為了不要讓東尼變成父不詳，布魯斯趕緊認領他，還把他遷入自己的戶籍。

　　沒想到布魯斯居然中了樂透彩券的頭彩，獨得獎金 1 億5,000 萬元。於是天天飲酒作樂，一天深夜酒醉駕車撞上電線桿魂歸西天。娜塔莎處理布魯斯身後事時，發現他揮霍後尚留有 1 億元的財產。此時雪倫也帶著東尼趕來，吵著說東尼是家裡唯一的香火，理應繼承布魯斯所有的遺產。娜塔莎的爸爸也恰於此時因病去逝，娜塔莎回家奔喪，媽媽告訴娜塔莎：爸爸因生意失敗周轉不靈，留下 2 億元的債務。真是「屋漏偏逢連夜雨」，娜塔莎到底應該怎麼辦才好呢？

## 1　前言——兩性關係，究竟是什麼關係？

在兩性關係中，最重要的法律規範就是民法親屬編，規定婚姻關係中夫妻的權利義務、家庭生活中父母子女間的權利義務與責任以及離婚後的相關問題。民國 108 年通過的「司法院釋字第七四八號解釋施行法」，也讓傳統的婚姻制度發生變化。有鑑於近年來家庭暴力事件頻傳，更制定家庭暴力防治法，期望能給予遭受暴力相待的家庭成員協助與保護。而民法繼承編則規範一個人死亡後，如何處理其遺產、債務，這對配偶或親屬來說是息息相關的問題，所以也一併在此做簡單介紹。

## 2　訂婚與結婚——婚姻不能兒戲

訂婚和結婚在民法上屬於訂定「身分上契約」的行為，也就是男女雙方訂定發生親屬關係之法律效果的契約。以訂婚來說，就是一男和一女約定在將來某一個時候結婚的契約；結婚則是男女雙方以「永久共同生活」、「組成家庭」為目的而締結的契約。

依民法規定，訂婚必須符合以下要件：

1.婚約須由男女雙方當事人自行約定，父母代替子女訂定的婚

約（例如：指腹為婚），是沒有法律上的效力（民法 §972）。

2. 男生須滿 17 歲，女生須滿 15 歲才可以訂定婚約（民法 §973），於民國 110 年 1 月修正公布為「男女未滿十七歲者，不得訂定婚約。」並將於民國 112 年 1 月 1 日施行。

3. 未成年人（現行法為未滿 20 歲，於民國 110 年 1 月修正公布將民法第 12 條成年年齡下修為 18 歲，並將於民國 112 年 1 月 1 日施行）訂定婚約應得到法定代理人（通常是父母）的同意（民法 §974）。

基於「婚姻自由」的原則，婚約是不可以請求強迫履行的（民法 §975）。民法還設計了一套制度，讓訂婚的男女雙方，除了可以經由雙方同意解除婚約外，也可以在一方發生下列情事時，由婚約當事人他方單方面解除婚約（民法 §976 Ⅰ）：

1. 訂婚後又與別人訂婚或結婚。

2. 故意違背約定結婚的時期。

3. 生死不明已超過一年。

4. 有重大不能治的疾病。指不問疾病的種類，而客觀的在醫學上不易治癒的疾病，例如：癌症、愛滋病。

5. 訂婚後與別人合意性交。

6. 訂婚後受徒刑宣告。

7. 有其他無法結婚的重大事由。此要斟酌雙方的教育程度、社會地位、職業等情形，依社會一般大眾的觀念來判斷。

如果因為以上七種情形而解除婚約，無過失的一方當事人，可以請求有過失的他方賠償財產上的損害及精神上的慰撫金（民法 §977）。就算沒有上述七種情形，但一方當事人違反婚約，就必須賠償他方因此所受的財產上損害。而且如果他方無過失，還可請求違反婚約的一方賠償其精神上的慰撫金（民法 §978、979）。

　　而解除婚約後，男女雙方先前送給他方的聘禮、因訂婚而贈與的物品，都可以請求返還，例如：聘金、訂婚鑽戒等（民法§979-1）。前述這些損害賠償、精神慰撫金、返還贈與物的請求權，最慢必須在二年內行使請求權（民法§979-2）。可不能想了多年之後，覺得實在嚥不下這口氣才想請求返還，這時候就來不及囉！

## 結　婚

　　依民法規定，結婚必須遵守以下的要件，才能發生法律上的效力。

### 1. 實質要件

　　(1) 依據現行法，男生必須滿 18 歲，女生必須滿 16 歲，才能夠結婚（民法§980），但是從民國 112 年 1 月 1 日開始，男女雙方都要滿 18 歲才能夠結婚。若不足此法定年齡而結婚，當事人或其法定代理人，得向法院請求撤銷該婚姻。但如果當事人後來在撤銷時，已達法定年齡或已經懷孕，則例外不得請求撤銷該婚姻（民法§989）。

　　(2) 未成年人（在民國 110 年 1 月修正公布後，民法的成年年齡下修為 18 歲，並且將於民國 112 年 1 月 1 日開始施行，因此，成年年齡將與最低結婚年齡一致），若是兩小無猜偷偷私定終生，法定代理人可以向法院請求撤銷婚姻。但如果自法定代理人從知道其結婚起六個月內，都沒有請求撤銷，或結婚已超過一年，或已經懷孕，則例外不得請求撤銷（民法§990，由於民國 110 年 1 月修正公布的新法已將成年年齡調整為與最低結婚年齡相同，所以不會再有未成年人結婚應得法定代理人同意的情形，本條因此已經刪

除,並且將於民國 112 年 1 月 1 日開始生效)。

(3) 男女雙方當事人都有結婚的意思,必須「頭腦清楚」知道自己要結婚、跟誰結婚。如果是在「無意識」或「精神錯亂」的狀態(民法 §996),或是在被詐欺、脅迫的情況下結婚(民法 §997),就可以在精神狀態回復常態,或發現被詐欺或脅迫終止時起六個月內請求撤銷婚姻。

(4) 具有一定親屬關係的男女(近親),不得結婚。例如:表兄妹、堂姊弟等(民法 §983)。基於倫常及優生學,民法規定此種婚姻是無效的(民法 §988)。

(5) 男女之間必須沒有監護關係,但是如果受監護人的父母同意,則例外可以結婚(民法 §984)。若有監護關係,又未得到同意,受監護人或其最近親屬可以向法院請求撤銷婚姻。但結婚已超過一年,就不得請求撤銷(民法 §991)。

(6) 不可以重婚。已經依民法規定結婚的人,再結婚的話,後婚姻是無效的。一個人也不可以同時與兩人以上結婚(民法 §985)。

(7) 必須在結婚時,非「不能人道且達到不能治癒的程度」。不過無生殖能力或無受胎懷孕能力,並非「不能人道」。此乃考量到性生活也是婚姻生活中重要的一環,若一方有此隱疾,法律允許他方可以向法院請求撤銷婚姻。但自知道其不能治癒之時起已超過三年,則不得請求撤銷(民法 §995)。

2. 形式要件(民法 §982)

(1) 雙方須簽署書面(即「結婚書約」)。

(2)「結婚書約」上,須有二人以上證人之簽名或蓋章。

(3) 雙方須向戶政機關辦理「結婚登記」。

過去我國民法採「儀式婚主義」，只要有公開儀式、兩個以上證人的結婚行為（舊民法 §982），男女雙方就算完成具有法律效力的結婚行為，至於到戶政機關辦「結婚登記」，並不是當時使結婚行為發生法律效力的必要條件。但從民國 97 年 5 月 23 日開始，我國改採「登記婚主義」，也就是說要使婚姻合法有效，除了上述七個實質要件外，雙方一定要「有書面，書面有二個以上證人簽名，並由雙方向戶政機關辦理結婚登記」。

## 3. 結婚的權利義務

一旦結婚之後，民法規定夫妻間就會直接發生下列的婚姻關係效果：

(1) 姓氏：結婚後夫妻各保有其本姓。但可以書面約定以其本姓冠夫姓或冠妻姓，並向戶政機關登記。冠姓的一方可以隨時回復其本姓，但於同一婚姻關係存續中以一次為限（民法 §1000）。

(2) 同居義務：夫妻互負同居的義務。但有不能同居的正當理由，則不在此限（民法 §1001）。而什麼是「不能同居的正當理由」？例如：夫帶小老婆回家同住，妻就可以不住同一屋簷下；或妻與婆婆同住慘遭虐待因而暫住他處。

(3) 住所：夫妻的住所，由雙方共同協議；未為協議或協議不成時，可以聲請法院裁定住所。法院為裁定前，以夫妻的共同戶籍地推定為住所（民法 §1002）。

(4) 日常家務代理權：夫妻於日常家務，互為代理人。夫妻一方濫用代理權時，他方可以限制代理權的行使，但不得對抗善意、不知情的第三人（民法 §1003）。此處所謂「代理」，與一般法律上所討論的「代理」不同，因此「代理」時不須表明他方名義（即「代理顯名主義」），可「代理」的行為也不限於法律行為，準法

律行為或事實行為也可包括在內。而所謂日常家務，是指一般家庭日常生活所必需，才是能適用日常家務代理權的事項。例如：妻幫夫訂報紙，就是代理日常家務事項；但是如果妻看見百貨公司有一只男用鑽戒在特價，只要 20 萬元，就代理夫買下鑽戒，這就是濫用代理權。但是夫不可以主張他有限制妻只能幫他購買 3 萬元以下的物品，而對不知情的售貨員主張妻代理購買鑽戒的行為無效。對於家庭生活費用，原則上在夫妻之間，是各依其經濟能力、家事勞動或其他情事，共同分擔，但對日常生活費用所生債務，不論是夫或妻對外所為，債權人都可向夫妻任一人請求清償，即夫妻須對外負連帶清償責任（民法 §1003-1）。

(5) 扶養義務：夫妻互負扶養的義務（民法 §1116-1）。

(6) 貞操義務：雖然民法中未明文規定，但是一般認為從民法第 1052 條來看，如果婚姻關係存續中，一方與他人重婚或通姦，他方可請求裁判離婚，所以認為夫妻互負貞操義務。

## 同性婚姻

司法院大法官於民國 106 年做成釋字第 748 號解釋，認為相同性別之間共同經營生活的權利同樣屬於憲法保障的範疇。立法院於是在民國 108 年 5 月三讀通過「司法院釋字第七四八號解釋施行法」，用來規範相同性別伴侶間之權利義務。

目前有關相同性別伴侶婚姻的實質要件、形式要件、權利義務、財產制，以及離婚要件等，都已參照民法中關於夫妻婚姻的制度進行規範，或直接準用相關規定。因此，同性婚姻制度與民法上婚姻制度目前可說是大致相同。

**夫妻財產制——恩愛夫妻，也要明算帳**

　　夫妻財產制是用以規範夫妻婚姻生活存續中，夫妻間內部及與第三人間外部財產關係之契約制度。民法規定的夫妻財產制有三種，分別是「法定財產制」、「分別財產制」以及「共同財產制」。由於民法第 1005 條規定，男女雙方在結婚時如果沒有特別約定，法律上即強制以法定財產制為其夫妻財產制。而如果夫妻約定用分別財產制或共同財產制，則必須以書面契約的方式訂定，其後若有變更、廢止也是一樣（民法 §1007）。而約定夫妻財產制或約定之後有所變更、廢止，都要向地方法院登記處辦理登記，有公示的效果後才可以向其他第三人主張適用該夫妻財產制（民法 §1008）。

### 法定財產制

　　1. 意義：所謂「法定財產」的內容，可分為「婚前財產」與「婚後財產」，都由夫妻各自所有，如果不能證明是婚前或婚後財產的話，推定為婚後財產。若財產不能證明為夫或妻何人所有時，推定為夫妻共有（民法 §1017）。區別婚前財產及婚後財產的實益，在於若發生如夫妻一方死亡、離婚、夫妻協議改用其他財產制等情況，致法定財產制消滅時，只有「婚後財產」才會納入「剩餘財產請求權」的計算範圍（詳見本章第 5 節），婚前財產則不分配。

　　2. 法定財產的管理權、使用收益權、處分權：法定財產制是夫或妻各自管理、使用、收益及處分各自的財產（民法 §1018）。除

了家庭所必須的生活費用以外，夫妻可以說好一定的金額，讓夫或妻自由處分（民法 §1018-1）。

3.夫妻債務的分擔：夫或妻在結婚前或婚姻中所負擔的個人債務，必須自己負責清償（民法 §1023）。所以，夫或妻幫對方清償債務的時候，可以請求對方償還。

### 分別財產制

分別財產制是指夫妻在婚前和婚後所取得的財產，各自保有所有權、管理權、使用收益權以及處分權，不因為結婚而有任何改變（民法 §1044）。夫或妻在結婚前或婚姻中所負擔的個人債務，必須自己負責清償。所以，夫或妻幫對方清償債務的時候，可以請求對方償還（民法 §1046）。

### 共同財產制

共同財產制是指夫妻的所有財產或所得，除了特有財產之外，全部合併成共同財產，屬於夫妻所公同共有（民法 §1031），在處分共同財產時，要經過他方同意，管理費也是由雙方共同負擔（民法 §1032、1033）。夫妻也可以相互約定，只就婚後勞力所得為限，作為共同財產（民法 §1041）。

**4　父母子女——天下無不是的父母？**

## 父母子女關係的三種類型

1. 婚生子女：婚生子女為夫妻在婚姻關係存續中受胎所生下來的子女（民法 §1061）。如果夫或妻或子女可以證明，父親另有其人，夫或妻或子女可以自得知生父另有其人時起二年之內，提起否認婚生子女之訴。但如子女得知時並未成年，成年後二年內還是可以提起本訴訟（民法 §1063）。

2. 非婚生子女：「非婚生子女」剛好跟「婚生子女」相反，是指在沒有婚姻關係的狀態下受胎所生下的子女，例如：因婚外情所生或未婚懷孕等。非婚生子女與生母的關係，法律規定「視同」婚生子女；非婚生子女與生父的關係，如果經過準正（親生父母結婚）或認領（生父承認父親的身分，或是有任何養育小孩的行為），就可以轉變成婚生子女（民法 §1064、1065）。非婚生子女或其生母，可以否認生父的認領（民法 §1066）。如有事實足以認定血緣關係存在時，非婚生子女、生母或法定代理人隨時可以起訴請求生父認領（認領之訴），即使生父已經過世，也可改以生父的全體繼承人為被告，提起認領之訴，就算沒有繼承人，也可以以社福機構為對象提告（民法 §1067）。

3. 收養的子女：民法規定可以收養他人的子女，成為自己的子女。這種基於收養行為所成立的父母子女關係，我們稱為「擬制血親」。養子女與養父母的關係，除法律另有規定外，與婚生子女相同（民法 §1077）。為了保障被收養子女的權利，民法規定收養必

須經過法院認可才合法。關於收養子女的要件，簡單說明如下：

(1) 實質要件

①必須有收養合意：收養人與被收養人間應對「雙方擬成立親子關係」有合意。但在被收養人未滿 7 歲時，改由法定代理人（通常為本生父母）代為及代受意思表示，滿 7 歲的未成年人則須得到法定代理人的同意（民法 §1076-2）。

②年齡限制：收養者的年齡，應長於被收養者二十歲以上。但夫妻共同收養時，一方長於被收養者二十歲以上，另一方長於被收養者十六歲以上，即可收養（民法 §1073 I）。夫妻一方收養他方的子女時，收養人需長於被收養人十六歲以上（民法 §1073 II）。

③禁止收養近親：為維持倫常，規定不得收養直系血親、部分直系姻親以及輩分不相當的親屬為養子女（民法 §1073-1）。

④必須與配偶共同收養：有配偶者收養子女時，應與其配偶共同收養。但夫妻的一方，收養他方的子女，則不在此限（民法 §1074 ①）。

⑤不得重覆被收養：除前述「與配偶共同收養」外，一個人不得同時為兩人的養子女（民法 §1075）。

⑥必須經配偶同意：有配偶者被收養時，應得到其配偶的同意（民法 §1076 前段）。

⑦滿 7 歲以上未成年人被收養時，應得法定代理人同意（民法 §1076-2）。

⑧必須經本生父母同意：除非本生父母之一方或雙方對子女未盡保護教養義務，或有其他顯然不利子女之情事而拒絕同意；或父母之一方或雙方有陷入意識不明等事實上不能為意思表示之情況，可例外不須取得本生父母雙方之同意，否則子女被收養時，不論子女是否已經成年，都應得本生父母之書面同意，且書面同意必須經

過公證（民法§1076-1）。

(2) 形式要件：應簽訂書面的收養同意書，向法院聲請收養認可（民法§1079）。

### 親權的行使及內容

親權是指父母對子女行使的權利與負擔的義務，例如：扶養、教育的權利義務，目的在於保護教養未成年子女。父母雙方對未成年子女的權利義務，除了法律有特別規定之外，由父母共同行使，如果父母對於子女重大權利事項如何決定，無法達成共識時，可以聲請法院斟酌子女最佳利益以裁判決定（民法§1089）。親權的行使內容有：

1.父母對未成年子女應該盡到保護及教養的責任（民法§1084 II）。

2.父母可以在必要的範圍內，基於教育子女的目的，懲戒子女（民法§1085）。

3.父母是未成年子女的法定代理人，有權利代理子女締結契約，或做法律上的決定（民法§1086）（但如果父母的行為和未成年子女利益相反，法院可以依聲請或依職權，為子女選任特別代理人）。

4.未成年子女的特有財產，像是因繼承、贈與或其他無償取得的財產，由父母共同管理、使用、收益，但非為子女的利益，不得處分之（民法§1087、1088）。

## 同性婚姻的收養、親權行使及內容

司法院釋字第七四八號解釋施行法第 20 條規定，同性婚姻伴侶可以收養他方的親生子女；至於離婚後的親權酌定仍應準用民法。

## 5 離婚──緣盡情絕，好聚好散

結了婚之後發現個性不合，或是發現對方包二奶或紅杏出牆等，想要結束婚姻關係，就是有關「離婚」的問題。

### 兩願離婚

民法規定夫妻如果要協議離婚，必須寫一份離婚協議書，找到兩個以上的證人簽名，再向戶政機關辦理離婚登記後，離婚才算生效（民法 §1050）。

### 裁判離婚

裁判離婚就是請求法院「清官來斷家務事」，當夫或妻一方有民法第 1052 條所規定下列 11 種情形時，他方可起訴請求法院裁判離婚：

1. 重婚。
2. 與配偶以外之人合意性交。
3. 夫妻一方受到他方虐待，致不堪同居。所謂「虐待」是指身

體上或精神上不能忍受的痛苦，致使不能忍受繼續同居，例如：習慣性毆打或誣稱他方與人通姦。

4. 夫妻一方虐待他方的直系血親尊親屬（父母、祖父母），或受他方直系血親尊親屬的虐待，致不堪共同生活。

5. 夫妻的一方惡意遺棄他方，且在繼續狀態中。所謂「惡意遺棄」是指沒有正當理由，而未履行同居義務及扶養義務。

6. 夫妻之一方意圖殺害他方。

7. 有不治的惡疾。所謂「不治的惡疾」是指如花柳病等，有礙於身體機能，而為一般人常情認知所厭惡的疾病，且醫學上不能在可預期的時間內期望可以治癒。

8. 有重大不治的精神病。

9. 生死不明已超過三年。

10. 因故意犯罪，經判處有期徒刑逾六個月確定。

11. 其他難以維持婚姻的重大事由。所謂「難以維持婚姻的重大事由」，是指經法院判斷認為雙方婚姻已生破綻而無回復希望之情況。

不過，若對於第 1、2 類事件（重婚或通姦），有裁判離婚請求權的一方於事前同意，或事後寬恕原諒或知道後已經逾六個月，或自事情發生後已經逾二年，則不得再以該次重婚、通姦為由而請求裁判離婚（民法 §1053）。另外，對於第 6、10 類事件（意圖殺害他方或被處徒刑），有裁判離婚請求權的一方，自知道後已經逾一年，或自該事情發生後已經逾五年，也是不能以同樣的理由再請求裁判離婚（民法 §1054）。

### 調解離婚及和解離婚

除「兩願離婚」及「裁判離婚」以外，也可以在法院法官或調解委員面前進行和解或調解之方式，達成離婚目的。相較於裁判離婚，調解離婚及和解離婚避免夫妻雙方因訴訟程序的進行（訴訟本即是原被兩方互相攻擊防禦，以求取法官為對其有利判決的程序），劍拔弩張、形同水火，能以較為冷靜的態度，決定是否繼續維持婚姻，及有關夫妻財產與子女親權等應如何處理的問題（民法§1052-1）。

### 離婚後家事的處理

夫妻離婚，緣盡情絕事未了，分別說明如下：

1.關於未成年子女親權的行使與義務的負擔：夫妻離婚之後對未成年子女的親權行使與義務的負擔，原則上由父母雙方共同行使、負擔。父母可以協議由一方行使、負擔，如果雙方協議不成，可以聲請法院裁判來決定。此外，就算父母於離婚時約定由一方行使、負擔，如事後發現，由該方行使、負擔，會有礙子女的身心發展的話，還是可以再聲請法院改定，法院會依子女的最佳利益來決定。不過，沒有行使親權、負擔義務的一方，仍然有「子女會面交往權」，可以由父母雙方協議或由法院來決定其交往會面的方式及時間（民法§1055、1055-1、1055-2）。而父母對於未成年子女的扶養義務，不會因為離婚或婚姻遭到撤銷而受影響，所以未行使親權、負擔義務的一方，還是必須與他方共同扶養未成年子女，例如：提供未成年子女的生活費用、學費等（民法§1116-2）。

2.贍養費的給與：夫妻兩願離婚時，雙方可約定一方應支付他方多少贍養費；裁判離婚時，夫或妻就離婚的事由無過失，且因

離婚而陷於生活困難時，可以請求他方給付相當的贍養費以維持生活。他方縱無過失，也不能拒絕（民法§1057）。

3.夫妻財產的處理：至於夫妻財產的取回、分配，則因夫妻於結婚時所選擇的婚姻財產制而有不同。如果是法定財產制，夫或妻現存的婚後財產，扣除婚姻關係存續中所負債務後，如有剩餘，雙方剩餘財產的差額，應平均分配，也就是一般所稱的「剩餘財產分配請求權」（民法§1030-1）；如果是分別財產制，夫妻財產本來就各自保有，沒有分割問題；如果是共同財產制，則應將共同財產均分，一人一半（民法§1040 II前段）。

## 6 家庭暴力防治法──一個願打，一個不願挨

雖說「清官難斷家務事」，傳統觀念上總覺得「夫妻床頭吵、床尾和」，但是如果發生暴力行為，還要秉持「法不入家門」嗎？為了使國家公權力可以積極介入家庭暴力事件，我國制定了家庭暴力防治法，期望能促進家庭和諧，防治家庭暴力行為及保護被害人權益。

而本法所謂的「家庭暴力」，是指家庭成員間實施身體、精神或經濟上騷擾、控制、脅迫或其他不法侵害的行為（家庭暴力防治法§2）。所以不僅包括有形的身體上傷害行為，也包括無形的精神上虐待行為，例如：言語的惡意攻擊、嘲諷、三字經謾罵、極盡汙衊的語氣、恐嚇威脅等。為了擴大保護範圍，採比較寬鬆的立法政策，本法所指的家庭成員，包括配偶或前配偶、現有或曾有同居關係、家長家屬或家屬間關係以及一定的親屬關係。

　　被害人、檢察官、警察機關或直轄市、縣（市）政府可以向法院聲請保護令（家庭暴力防治法§10）。法院在受理聲請並進行審理程序後，如認為有家庭暴力的事實且有必要時，會核發「通常保護令」，依聲請或依實際狀況來決定其內容，包括禁止騷擾、遷出住所、與受害人保持特定距離、命加害人給付未成年子女扶養費等（家庭暴力防治法§14）。法院為保護被害人，在急迫情形下，可以不經審理程序先核發「暫時保護令」或「緊急保護令」，或在通常保護令審理終結前，先核發暫時保護令（家庭暴力防治法§16）。而保護令的內容，加害人必須遵守，否則警察機關可以現行犯直接逮捕加害人，並科以刑事制裁（家庭暴力防治法§29、61）。且對於未成年子女，法院可以推定該加害人不適任親權行使及義務負擔，使受害者比較容易取得子女的親權行使及義務負擔，法院也會審酌加以限制加害人對於子女的交往會面權（家庭暴力防治法§43、45）。

## 7　繼承——身後事該如何？

　　繼承事件就是處理遺產應該由誰繼承、應如何繼承、繼承多少的問題，民法將死亡的人稱作「被繼承人」，而繼承遺產的人叫作「繼承人」。

### 遺產繼承人

　　1.繼承人的順位：依據民法第1138條的規定，繼承人分成四

個順位，分別是：

(1) 第一順位：直系血親卑親屬（例如：子女或是孫子女）。

(2) 第二順位：父母。

(3) 第三順位：兄弟姊妹。

(4) 第四順位：祖父母。

如果沒有第一順位的繼承人或是第一順位繼承人全部都拋棄繼承的話，就由第二順位的繼承人繼承，其餘類推。而無論由哪一個順位的繼承人繼承，配偶都會共同繼承。

2. 喪失繼承權的事由：但是民法中也規定，當繼承人對被繼承人或其他繼承人有重大違法或不道德行為，則剝奪其繼承資格，使其喪失繼承人的地位。依民法第 1145 條規定，此喪失繼承權的事由，共有下列五種：

(1) 故意致被繼承人或應繼承人於死，或雖未致死但因此被判刑。

(2) 以詐欺或脅迫的方式，使被繼承人為關於繼承的遺囑，或使被繼承人撤回或變更遺囑。

(3) 以詐欺或脅迫的方式，妨害被繼承人為關於繼承的遺囑，或妨害被繼承人撤回或變更遺囑。

(4) 偽造、變造、隱匿或湮滅被繼承人關於繼承的遺囑。

(5) 對於被繼承人有重大的虐待或侮辱情事，經被繼承人表示其不得繼承。

但顧及親情偉大，有時會容忍、原諒親人犯錯、不念舊惡，要給予回復繼承權的機會，又例外規定上面第 (2)、(3)、(4) 種行為，如果經被繼承人寬恕原諒，繼承權則不會喪失。

3. 繼承回復請求權：繼承權若被侵害，被害人或其法定代理人得請求回復繼承權，亦即請求恢復其繼承人的資格與返還遺產。法

律不保護讓自己權利睡著的人，所以此回復請求權必須在一定時間內行使請求。這時間的計算分成兩種方式（民法 §1146）：(1) 繼承人從知道被侵害之時起，二年內必須行使回復請求權；(2) 最慢必須自繼承開始時（即被繼承人死亡時）起十年內行使。因此，即使十年過後，才得知被侵害的事實，也不能主張所說的二年時間。

### 遺產繼承的方式

　　民國 98 年 6 月 10 日前的舊民法規定，除了有特別情形外，繼承人自被繼承人死亡的那一刻開始，「概括承受」被繼承人財產上的一切權利義務。所以繼承的對象不只是財產而已，債務也必須一同承擔，可以說是「全都包下來」（「當然繼承」原則及「概括繼承」原則）。然而，為了避免有些繼承人根本不知繼承事實發生或不了解法律而背負了莫名其妙的債務，民國 98 年 6 月 10 日新修正的民法改採「限定繼承」原則，也就是繼承人只須以繼承所得的遺產為限，負清償責任，以免因「父債子還」而造成不必要的家庭悲劇。當然，若繼承人確定被繼承人的債務多於財產，或認為相關的清算程序十分麻煩，權衡後寧可不繼承遺產時，法律也允許繼承人選擇「拋棄繼承」（民法 §1174）來解套。

#### 1. 限定繼承

　　指繼承人享有以繼承所得的遺產為限，償還被繼承人債務的利益。但為避免被繼承人生前贈與過度，進而影響了債權人的權益，對債權人有失公平，如果是屬於被繼承人死亡前二年內贈與繼承人的財產，此部分也視為「因繼承所得的遺產」，應用來償還被繼承人的債務（民法 §1148-1）。值得注意的是，如繼承人有法律規定的特別情事之一（例如隱匿遺產等），為了維護債權人利益，法律

例外規定此時應使繼承人不得主張限定繼承的利益，而應概括繼承被繼承人財產上的一切權利義務（民法 §1163）。

## 2. 拋棄繼承

繼承人自知道被繼承人死亡且自己成爲繼承人之時起三個月內以書面向法院表示放棄繼承遺產的權利，稱爲「拋棄繼承」。從此之後不論是被繼承人的遺產還是債務，就與繼承人毫無瓜葛。不過，拋棄繼承只對表示拋棄繼承的人本身發生效果。換句話說，其他的繼承人如果也要拋棄繼承的話，必須自己再向法院表示拋棄繼承。此外，拋棄繼承人應以書面通知因爲自己拋棄繼承而成爲繼承人之人。例如，在母親死亡，且第一順位的子女全部拋棄繼承時，子女必須書面通知母親的父母（民法 §1174）。

### 遺　囑

遺囑就是被繼承人在死亡之前，預先就自己遺產，在不違反特留分規定的範圍內，做自由分配的意思表示（民法 §1187）。民法規定無行爲能力人和未滿 16 歲之人，不可以預立遺囑（民法 §1186）。而年滿 16 歲的未成年人如果想要寫遺囑的話，並不需要法定代理人（通常是父母）的允許。至於製作遺囑的方式，一般是用「自書遺囑」或「公證遺囑」的方式。除此之外，還有「密封遺囑」、「代筆遺囑」、「口授遺囑」等三種方式，由於後面三種遺囑方式比較特殊也比較少用，所以我們僅介紹前面兩種。

1.自書遺囑：遺囑人必須親自寫完遺囑全文，記明年、月、日，並親自簽名。如果內容有增減、塗改，應註明增減、塗改的地方及字數，另行簽名（民法 §1190）。

2. 公證遺囑：遺囑人應該指定二人以上的見證人，在公證人前口述遺囑意旨，由公證人筆記、宣讀、講解，經遺囑人認可之後，記明年、月、日，再由公證人、見證人和遺囑人一起簽名（民法§1191）。

## 應繼分、特留分和遺贈

1. 應繼分：「應繼分」就是每位繼承人所能夠分配的遺產比例。但是，被繼承人也可以用遺囑的方式增減各個繼承人的應繼分，只要不侵害其特留分。配偶有相互繼承遺產的權利，則關於配偶與其他繼承人的應繼分比例說明如下（民法§1144）：

(1) 配偶與直系血親卑親屬（也就是民法§1138所定第一順序繼承人）一起繼承時：配偶與直系血親卑親屬的應繼分比例為平均分配。

(2) 配偶與父母（民法§1138所定第二順序繼承人）或兄弟姊妹（第三順序繼承人）一起繼承時：配偶的應繼分比例為遺產二分之一；剩餘遺產二分之一由父母或兄弟姊妹平均分配。

(3) 配偶與祖父母（民法§1138所定第四順序繼承人）一起繼承時：配偶的應繼分比例為遺產三分之二；剩餘遺產三分之一由祖父母平均分配。

(4) 沒有民法第1138條所定第一順序至第四順序繼承人時：配偶應繼分為遺產全部。

繼承人中有在繼承開始前因結婚、分居（即兄弟分家）或營業，由被繼承人贈與財產，應將該贈與價額加入繼承開始時被繼承人所有的遺產財產中，為遺產總額。但被繼承人在贈與時有反對的意思表示，則不在此限。該贈與財產的價額，應於遺產分割時，由

該繼承人的應繼分中扣除。贈與財產的價額,則依贈與時的價值計算(民法§1173)。

2.特留分:前述已經提及,被繼承人可以遺囑的方式,自由分配其遺產,增減繼承人的應繼分或爲遺贈。爲給繼承人最低保障程度,法律設計有「特留分制度」,簡單說明如下(民法§1223):

(1) 直系血親卑親屬的特留分:爲其應繼分二分之一。

(2) 父母的特留分:爲其應繼分的二分之一。

(3) 配偶的特留分:爲其應繼分的二分之一。

(4) 兄弟姊妹的特留分:爲其應繼分的三分之一。

(5) 祖父母的特留分:爲其應繼分的三分之一。

應該得到特留分的繼承人,如果因爲被繼承人所爲的遺贈,使應該得到的遺產數額少於特留分,可以按其不足數額由遺贈財產扣減回來。受遺贈人如果有數人時,應該按其所得到的遺贈價額比例來扣減(民法§1225)。

3.遺贈:被繼承人以遺囑的方式,無償贈與其財產給他人,使其擁有繼承遺產的權利,這就是所謂的遺贈。遺贈只要不侵害到繼承人的特留分,都是有效的。

## 重點說明

本章案例中,娜塔莎和布魯斯雖然沒有公開宴客,但已經完成民法所規定的書面、兩位證人簽名及辦理結婚登記等要件,仍然是法律上有效的婚姻。卡蘿是在兩人婚姻關係存續中生下的小孩,就是布魯斯的「婚生子女」。後來布魯斯與雪倫同居,生下的東尼,與爸爸布魯斯的關係就是「非婚生子女」。布魯斯認領東尼後,東尼就轉變爲布魯斯的婚生子女。布魯斯在外與雪倫同居生子,已構

成通姦行為；而布魯斯毆打娜塔莎的行為，也可能構成「不堪同居之虐待」，娜塔莎可以此為由請求裁判離婚。另外如果毆打行為符合家庭暴力防治法規定的暴力行為，娜塔莎可以聲請保護令，命布魯斯遷出住所或保持距離，還要給付卡蘿扶養費用。

　　布魯斯車禍身亡後，留下 1 億元的遺產，娜塔莎、卡蘿、東尼應平均繼承。娜塔莎面對爸爸留下 2 億元的債務，只需按各債權人債權額比例，以爸爸遺留下的財產為限來清償債務，或是直接拋棄繼承。不過拋棄繼承最好通知全部的繼承人一同辦理，如果只有娜塔莎辦理拋棄繼承的話，繼承人會變成是媽媽一個人了，情況不妙，必須特別注意。

## 實況演練

　　1.如果你要結婚的話，你覺得應該採取哪一種「夫妻財產制」？

　　2.石孝倫和洪菁菁結婚多年，生了一個男孩叫小阿綸。石孝倫五年前至大陸經商，不但流連忘返，還包養小老婆 Pinky，生了一個女孩叫小小咪。洪菁菁看在石孝倫每個月都給予豐厚生活費的份上，她和小阿綸生活無缺，也就不想與石孝倫計較。眼看小小咪快到了上學的年齡，石孝倫想讓小小咪來臺灣受良好的教育，又不忍拆散母女倆，就與洪菁菁商量先假離婚，讓石孝倫與 Pinky 假結婚，使母女倆都可以來臺灣依親定居。洪菁菁心胸寬大，願意接納 Pinky 與小小咪，但又擔心這「假離婚」萬一變成「真離婚」，洪菁菁變成下堂妻，她和小阿綸的生活將無依無靠。洪菁菁該怎麼辦呢？

　　3.如果現在請你預立遺囑，你會交代什麼事情呢？

4.「好野人」緯瀚深怕自己死後，三妻四妾與眾多子女為了爭遺產，會吵得家醜外揚，所以打算預立遺囑。他想把一半的財產留給他最寵愛的小老婆蘇怡及最優秀的兒子江江好；剩下的一半財產則捐給喵嗚基金會，幫助全臺灣的流浪貓。緯瀚把上述事項，偷偷打好字後，親自簽名蓋章再送到律師那裡保管。請問這遺囑有效嗎？

第七章

商事法

Case

　　倫哥、小侯、老賴、小柯和小英是 T 大畢業生，畢業後因為疫情找不到理想的工作，在一個陽光燦爛的午後，五個人聚在一起怨嘆「錢實在有夠難賺」。此時，倫哥靈光一閃，向大家提議，既然找不到適合的工作，不如合作開一家可以實現理想的公司算了；經過熱烈的討論，五個人決定合資成立「愛臺灣貨運有限公司」，董事長是倫哥，董事則由小侯、老賴擔任，小柯跟小英則負責監察工作。公司成立後，所有向「馬力強辦公用品有限公司」買辦公桌椅、用品以及設備的錢，都是倫哥以「愛臺灣貨運有限公司」董事長的名義簽發支票支付貨款。但是「馬力強辦公用品有限公司」怕「愛臺灣貨運有限公司」剛成立，沒有足夠的錢，所以要求倫哥在支票後面簽名，寫下「保證人」三個字。公司開始營運後，員工小昌於開車運送貨物的過程中不慎撞傷機車騎士阿燦，並將其機車撞毀，請問強制汽車責任保險法此時能發揮什麼功能呢？

# 1　商事法概說──商事法是做生意的人在用的？

　　商事法是什麼呢？是不是所有與商業活動可能牽涉的法律都是商事法？而這個法律領域的範圍，究竟如何呢？在一般人民的觀念中，往往認為商事法是做生意的人才用的，而一般日常生活中可能發生的法律問題，只需要了解民事法律關係就已經足夠應付了。

但事實上，商事法對我們的生活層面的影響是很廣泛的，小如為了給付貨款而簽發票據、為了分散自己擔心的風險而向保險公司買保險，大如為了實現創業理想而開設公司等，所以對這個法領域有初步的認識，在以商業為主要社會形態的臺灣，是絕對有必要的。

　　事實上我國現行法律中並沒有一部法典叫「商事法」，商事法其實是規範商事活動法律的總稱。由於我國是採「民商合一」的立法體制，有關私人間商事活動原則上仍是屬於民法規範的範圍（這種立法模式是相對於民商分立制度的德國、法國等，他們有專門規範商人商業交易的商法），但就部分事項，基於特定法律政策的考量另以單行法規加以規範，這些特別法概稱為「商事法」；又因商事法僅係民事法律關係的一部分，但較偏經濟生活方面，所以商事相對於民事有其特殊性，要優先於民法適用，此乃因為商事法是民法的特別法，基於「特別法優先於普通法」的原則使然。舉個例來說，若萱想請「明陽海運公司」運送一批貨物到美國給鍾鴻，但與該公司所簽訂之件貨運送契約中有一條款訂明「本公司對該筆貨物在運送途中之毀損滅失概不負責」，事後果真是因為海運公司的疏失，導致貨物滅失，這個時候如果真讓海運公司主張這個條款免責，那若萱豈不是太吃虧了？這時如果就民法而言，基於私法自治、契約自由原則，契約本來就可以基於當事人雙方的合意磋商而擬定，而發生拘束訂約雙方的效力，只要當事人互相意思表示一致即可（民法 §153），但這個問題在法律上需注意的，有下列三點：

　　1.由於海運公司與若萱所訂的件貨運送契約，是該公司基於他有大量同類的交易需求，為達效率化、統一化的目的，而單方製作的定型化契約，所以事實上若萱並沒有與海運公司磋商契約內容的機會；在這種狀況下，海運公司以這個約款免除或減輕本身的責任，依實際情形對消費者顯失公平，為了保護這種弱勢的相對人，

依民法第 247 條之 1 規定，該部分約定無效（消費者保護法 §12
也有類似規定，暫不討論）。

2. 又依海商法第 61 條的規定，在這樣的件貨運送契約中，如
果運送人以條款、條件或約定來免除自己在海商法上的基本義務，
或是因本身過失導致的貨物毀損、滅失、遲到的責任，是不生效力
的。這樣的立法目的就是藉著明訂運送人的強制義務不得以特約
減輕或免除，來維護運送人責任的完整性，在與上述民法的規定相
較後，由於海商法第 61 條有維護運送人強制責任完整性的特殊目
的，所以說它是民法的特別法，要優先適用。

3. 最後，運送人對貨物的喪失、毀損或滅失，應負責任，爲民
法第 634 條所規定的原則；但是在海商法第 69 條中，可能基於事
件的發生是因不可抗力因素、可歸責於託運人的事由、運送人無過
失或海商法「發展航運」政策，特別規範了許多款的運送人免責事
由，這也是在發生類似糾紛的時候不可不知的。

傳統上的商事法，包括公司法、票據法、海商法、保險法四個
學門，這四個法律分別有其獨立的規範體系，各就各種公司的成立
及關係人責任、各種票據的要件及其法律特性、海上運送的權利義
務關係及保險關係與保險組織有所規範。須注意的是，商事法規範
的對象並不是只有商人，一般人從事商業行爲，如果涉及這些法律
的規範範圍，也應該適用各該法律來規範彼此的權利義務關係。另
外，由於海商法規範的對象是以海上船舶航行中所生私法上權利義
務的關係爲主，一般人在日常生活中不太容易碰到海商法的問題，
所以本章只介紹公司法、票據法和保險法的相關問題。

## 2 公司的意義——公司的一生

### 為什麼要了解公司法

　　了解公司法的規定，除了可以了解公司設立的程序，知道自己是股東或公司的董事、監察人或經理人時應該享有的權利與應該負擔的義務外，最重要的是，當自己本身是公司負責人時，明白公司的能力有哪些法律上限制，可以避免因為違反公司法的規定，而需負擔損害賠償責任。舉例來說，為了穩定公司財務，避免公司負責人以公司名義為他人做保而導致公司資本的不安定，公司法第16條規定公司原則上不得為任何保證人，如果公司負責人違反這項規定，即使是以公司的名義為保證行為，公司負責人也要自負保證責任，並且對因此而造成的公司損害，也要負損害賠償責任。例如「阿泥食品有限公司」經營擔擔麵製造業務，公司章程中並未載明該公司得為保證，但董事長阿泥卻以公司名義擔保「凱子塑膠有限公司」向臺灣銀行借貸的 200 萬元債務，此時即違反公司法第16條的規定，這個保證行為對「阿泥食品有限公司」不生效力，董事長阿泥要自負保證責任，而如果因此造成公司的損害，阿泥也應負損害賠償責任，使他有所警惕。

### 何謂「公司」

　　依公司法第 1 條規定：「本法所稱公司，謂以營利為目的，依照本法組織、登記、成立之社團法人。」所以公司是由多數人（如股東、董事、經理等）所組成的權利主體，擁有獨立的財產和法律

上的人格，可以在法律規定的範圍內享受權利，負擔義務，性質上為民法所規定的社團法人。不過，以「營利」為目的，是公司與一般社團法人最大不同的地方，換句話說公司存續的目的，是為了把經營所獲得的盈餘或剩餘財產分配給股東。最後還要注意的是，公司必須依照本國的公司法組織、登記、成立，如果是依照外國公司法組織、登記、成立，則是公司法第 370 條以下所稱的「外國公司」，外國公司和本國公司一樣，也有法人格，可以享受權利及負擔義務，但是必須在我國先辦理分公司登記後，才能合法地在我國開始營業。

由於公司是社團法人，而不是自然人，在性質上為抽象的、法律概念上的存在，既看不見，也摸不著。所以，公司在法令限制範圍內所享有的權利能力與自然人的權利能力，就有所不同。自然人的權利能力，依民法第 6 條規定，始於出生，終於死亡。至於公司權利能力的開始和結束，簡單說明如下：

1. 權利能力的開始

公司不是自然人，不可能「出生」，所以，公司法設計了一套「登記」制度，依公司法第 6 條的規定：「公司非在中央主管機關登記後，不得成立。」也就是說，當我們依照公司法的規定，訂立章程、設置機關，使公司運作所需的萬事具備後，還需要一道於經濟部商業司登記的東風，才能使公司具有法律上的人格，可以用公司名義享受權利及負擔義務。

不但如此，登記還有下列功能：

(1) 可以使公司取得公司名稱專用權，其他公司的名稱不得與本公司相同，目的是為了維護交易安全（公司法 §18）。

(2) 使公司可以用以公司名義經營業務或為其他法律行為。也

就是說，要向經濟部商業司辦理登記後，才能以「某某股份有限公司」的姿態，從事營業；反之，在設立階段，通常都用「某某公司籌備處」的名義，以免違反公司法的規定（公司法§19）。

(3) 如果是股份有限公司的話，公司原則上非經設立登記後，不得發行股票，而且登記後，股份才能自由轉讓（公司法§161、163）。

由上可知，「登記」是公司成立非常重要的一道程序，它不但是公司取得權利能力的第一道關卡，更可藉由「登記」程序的完成，讓大家知道這家公司是合法、正派的公司。

## 2. 權利能力的結束

公司不是自然人，所以沒有「死亡」的問題。但是公司如果經營不善或有違法的行為，那麼他的「生命」就可能因為登記被主管機關撤銷或解散而結束。不過，公司的權利能力完全消滅，原則上是在公司清算完結，而且聲請法院辦清算終結登記時，也就是說，公司不是一經解散或登記被撤銷就沒了，必須經過清算程序，在結算完公司的債權債務後，才算真正地喪失權利能力（公司法§24）。這項規定，最大的目的是在保護公司股東和債權人的合法權益，因此，公司如果是因破產而人格消滅，有破產法規定的程序可保護股東和債權人，而若是因公司合併或分割程序導致人格消滅，也有公司法第73條（製作財產清冊與通知義務）及第74條（違反的法律效果）的規定可以保障上述眾人的權利，這時就不用經過清算程序。

另外，公司在清算時期只能在了結現務及便利清算目的的範圍內，從事營業行為，例如向債務人收取債權，或出清公司現有存貨等。

## 3　公司的種類──公司招牌滿滿是，路上行人霧煞煞

　　我們在街上常常看到「○○股份有限公司」、「○○有限公司」的招牌，究竟這些公司有什麼不一樣呢？依據公司法的規定，公司的種類有四種，即無限公司、有限公司、兩合公司以及股份有限公司，而且只限於這四種組織形態，任何人都不可以組成一個公司法沒有規定的公司。

　　我們先用表 7-1 來介紹公司法第 2 條對上述四種公司的規定：

表 7-1　公司分類簡表

|  | 股東人數 | 股東責任 | 責任說明 |
|---|---|---|---|
| 無限公司 | 二人以上股東。 | 連帶無限清償責任。 | 直接責任。 |
| 有限公司 | 一人以上股東。 | 以出資額為限，對公司債務負責。 | 間接責任。 |
| 兩合公司 | 一人以上無限責任股東，與一人以上有限責任股東。 | 無限責任股東對公司債務負無限清償責任；有限責任股東則以出資額為限，對公司債務負責。 | 直接責任與間接責任的綜合體。 |
| 股份有限公司 | 二人以上股東，或政府、法人股東一人所組織。 | 股東就其所認股份為限，對公司負其責任。 | 間接責任。 |

　　上面這四種公司的區分標準，是以股東責任為主。簡單地說，

公司種類以股東對公司債務是否負直接清償責任，以及所負清償責任的程度，來區分成這四種公司。舉例而言，如果「富愁者聯盟」的六名團員，想成立一家保全公司，那他們可能有幾種選擇呢？

## 無限公司形態

所謂無限公司是指由二人以上股東所組成，而這些股東必須對公司債務以自己的財產負連帶無限清償責任的公司，也就是說，「富愁者聯盟」如果選擇這種公司形態，當公司營運不佳而積欠債務時，每個人都要以自己的財產對公司債務負連帶清償責任，直到債務還清爲止。正因爲這樣的責任可能無窮無盡，所以目前很少有人會選擇這種公司形態。

## 有限公司形態

這是指由一人以上股東所組織，以其出資額爲限，對公司債務負責的公司形態，正因爲只以股東出資額爲限，對公司債務負清償責任，所以是一種有限責任，而股東出資又構成公司的財產，所以形式上直接負責的是公司這個權利主體，因此對股東而言是一種間接責任。這類公司多屬家族性中小企業，在臺灣頗爲常見，值得注意的是，依現行法只要股東一人即可成立此種公司，這是參考德國有限公司法第 1 條而來。

## 兩合公司

顧名思義，是指有兩種責任的股東所組成的公司，也就是由一人以上無限責任股東及一人以上有限責任股東所組成的綜合體，如

果「富愁者聯盟」內部對要選擇何種公司形態遲遲無法決定，又覺得非成立公司不可，可以選擇此種折衷型的公司形態，讓每個人可以選擇適合他自己的責任形態。

### 股份有限公司

　　這是最為普遍的一種公司形態，須二人以上之自然人股東或政府、法人股東一人組成，其責任與有限公司最大的不同，乃是股東所出的資本需分為股份，股東僅就其所認股份，對公司債務負其責任，所以也是一種間接有限責任。由於股份有限公司大眾化的特質，其發展健全與否，往往是一國產業狀況的指標，所以公司法無論對其設立程序、組織結構及維持其存續所可能的措施都規定得最為完備，如果「富愁者聯盟」有足夠資本，而且有意朝大企業方向發展，此種公司形態應是最合適的選擇。

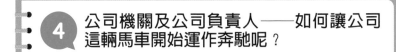

**4　公司機關及公司負責人——如何讓公司這輛馬車開始運作奔馳呢？**

　　俗話說：「萬事起頭難」，當「富愁者聯盟」決定成立一家「驚奇保全股份有限公司」，並辦完設立登記後，所需面臨的第一個問題，便是公司要怎樣運作才能上軌道？若撇開一家公司的資本條件來看，擁有數萬名股東的大企業與一家剛起步的小公司，基本的運作架構是相同的，公司要透過自然人的行為，才能為營利行為以達到營利的目的，而這些自然人的群體，就是公司的機關，依功能不同可分為意思機關、執行機關及監督機關三種，以下簡單說明

這三種機關的功能及運作方式。

## 股東會是公司的意思機關

　　股東是公司股份的持有人，基於其所持有的股份比例對公司享受權利，所以衍生出「股東平等原則」，而這裡的平等，並不是說每個股東無論持股多少，權利皆相等，而是一種股份比例上的平等；另外，基於所持有的股份價額限度內對公司負出資義務，衍生出「股東有限責任原則」，所以公司法第 154 條第 1 項規定「股東對於公司之責任，除第二項規定外，以繳清其股份之金額爲限」，就是基於這個原理而來。

　　股份有限公司既然是以股份爲資本，而股份又是由股東出資而形成，那股東自然是公司的「頭家」了，所以原則上公司的發展政策，應該是要由股東來決定，但是，因爲股份有限公司的股東人數通常較多，無法使每一位股東皆參與公司營運及管理，所以公司法創設了「股東會」這一個法定常設機關，透過多數表決方式來形成股東的總意志。

　　股東會可分爲股東常會、股東臨時會及特別股東會三種，原則上須由董事會召集，這三種股東會的進行方式，都是透過決議表決某些公司法所規定或公司內部預定的討論事項。而在表決時對於表決權數的計算，基於「股東平等原則」，所以公司法規定，原則上每股有一表決權。

## 董事會是公司的執行機關

　　董事是代表公司執行業務的必要常設機關，在早先的公司法，董事需由股東會就有行爲能力的股東中選任，認爲如此一來，董事

與公司立於利害相關、休戚與共的地位，在執行業務的時候，比較能善盡注意義務，謀求公司利益；但是因為這樣的規定違反「企業所有與經營分離」的世界潮流，而且公司是否獲利，與公司董事是否由公司股東中選任，並沒有當然的關係，所以修法刪除，現在只需要有行為能力就可擔任董事。

為避免意見紛爭，股份有限公司的董事通常會組成董事會，並且選出董事長對外代表公司，對內為股東會、董事會的主席。而董事會最重要職權就是執行公司業務，這個部分要注意的有兩點：

1. 董事會執行業務，也是要以決議為基礎，但決議時並不是公司的董事「自由心證」，想怎樣就怎樣，必須遵循法令章程及股東會的決議，如果違反的話，對公司因此所受的損害，參與決議的董事要負損害賠償責任（公司法 §193）。

2. 但是公司業務的執行很繁雜，並不是每樣都須透過股東會決議，例如經理人的委任、股東會的召集等，所以公司法特別規定除了本法或公司章程規定應由股東會決議的事項以外，都應由董事會決議來執行（公司法 §202）。

## 監察人是公司的監督機關

董事會執行業務，是否遵循股東會決議及法令章程的規定，必須有相當的監督機制，避免公司法的規定成為具文，所以另設「監察人」作為監督機關。目前除了政府或法人股東一人所組織的公司得以章程規定不設置監察人（公司法 §128-1），公司應該設監察人。

監察人的主要職權就是監督公司業務的執行以及審核公司的會計；另外，為了避免「球員兼裁判」，公司法特別規定監察人不可

兼任公司董事、經理人或其他職員，來維持他的公正客觀性。

原本公司法規定，監察人必須自具有股東資格者中選任，但是否有股東資格，與監察人的獨立性及專業性也沒有必然的關係，而且和「企業所有與經營分離」的原則和潮流違背，目前擔任監察人也不以具有股東身分為必要。

既然是公司的監督機關，監察人依法可隨時調查公司業務及財務狀況，查核簿冊文件，並得請求董事會及經理人提出報告，查核公司會計表冊，並且於董事會或董事執行業務有違反法令章程或股東會決議時，通知其停止，來保障公司股東的權益。另外，當公司與董事間有訴訟糾紛時，原則上由監察人代表公司起訴或應訴。

由上面的說明，我們知道公司的運作是採取類似三權分立的體系，股東會做出意思決定，交由董事會執行，而監察人則監督董事會是否確實執行股東會決議。

以上是就公司對內的運作模式所做的說明，若是就公司的對外關係來看，就必須對「公司負責人」這個概念有初步的了解。

## 公司負責人

公司既然是法人，就必須由自然人代表其行為，這些代表公司的自然人，就是公司負責人，而事實上，除了公司的意思機關（股東會）以外，其他機關公司法將其概稱為「公司負責人」。

依公司法第 8 條的規定，將公司負責人分為「當然負責人」以及「職務範圍內負責人」兩大類，我們簡單說明如下：

1.當然負責人，在無限公司及兩合公司指的是執行業務或代表公司的股東，因這兩種公司並沒有董事這種機關；有限公司及股份有限公司則為董事，需注意的是，股份有限公司的董事長，依公司

法第 208 條第 3 項規定，單獨代表公司。

2. 職務範圍內負責人，顧名思義，僅在其本身的職務範圍內為公司負責人，包括公司經理人、清算人；股份有限公司的發起人、監察人、檢查人、重整人或重整監督人。

公司負責人應忠實地執行業務，並且對其業務盡善良管理人注意義務，如有違反並因此致公司受損害，需對公司負損害賠償責任。若是因執行業務違反法令致他人受有損害時，對他人應與公司負連帶賠償之責（公司法 §23）。

舉例而言，善義是「雷祝股份有限公司」的採購經理，代表公司向「大正股份有限公司」訂購材料一批，但是因為事先沒做好評選作業，事後發現「大正股份有限公司」曾有消保官司的紀錄，於是在材料送達後，向該公司表示要解除契約。

這時就「大正股份有限公司」而言，因為善義是公司法第 8 條第 2 項的職務範圍內負責人，在他執行職務時並沒有正當合法的理由而任意解約，導致「大正股份有限公司」拿不到價金，且解約與價金損害間有因果關係，所以得要求善義與其公司負連帶損害賠償責任。

而就「雷祝股份有限公司」而言，由於善義為採購經理，就其職務範圍內本應慎為評選後，再與其他公司為交易行為，假設違反此一注意義務之要求，「雷祝股份有限公司」也可向善義請求因此所受的損害。所以要當公司負責人，可不是件輕鬆的事呢！

## 5　公司的能力限制 —— Trust me, you cannot make it!

　　當公司的運作能夠上軌道之後，接下來我們必須由整體面來了解，公司既然是一個法律所擬制的人格，在法令規定的範圍內，可以如同自然人般地享受權利，負擔義務，知道公司的能力究竟有哪些限制，以免動輒需負損害賠償責任，有其必要。

### 性質上的限制

　　公司法人既然是一種法律所擬制的人格，本質上自然不是自然人，所以專屬於自然人因自然性質所能享有的權利義務，如生命權、自由權、身分權、扶養義務等，公司皆不能享有。但若是與生命、身體無關的權利，如名譽權、信用權、財產權等，公司在性質上仍可享有。例如「慢煨股份有限公司」專門製造廚房用具，因經理阿威經營策略選擇錯誤，而導致破產的命運，這時代表破產公司向阿威提起損害賠償訴訟時，就不能主張公司的生命權被侵害了，因為這是專屬於自然人才有的權利；但是，如果是有人在外面到處放風聲說慢煨股份有限公司的產品品質不佳、安全設計不良等有可能貶低社會大眾對這家公司的評價的謠言，則「慢煨股份有限公司」可以主張名譽權被侵害，要求對方登報道歉。

### 法令上限制

　　1.轉投資之限制：公司法第 13 條規定公司不得為其他公司的

無限責任股東或合夥事業合夥人。公開發行股票的公司擔任其他公司的有限責任股東時，除公司本是以投資為專業或公司章程另有規定，或依規定取得股東會同意或股東會自行決議外，不得超過本公司實收股本 40%。這樣的限制是因為無限責任股東或合夥事業合夥人，對於公司或合夥事業資產不足清償債務時，需負連帶無限的清償責任，如果准許公司放手去做，恐怕會危及公司股本的穩固，進而危害到股東及債權人的權利；轉投資不得超過公司實收股本 40% 的限制，也是基於這樣的理由而來。

2. 貸與資金的限制：依公司法第 15 條第 1 項之規定，公司的資金原則上不得貸與股東或任何他人，但與他公司或行號間有業務往來，或與他公司或行號有短期融通資金的必要，才例外可以把公司的錢借給別人。這裡的「股東或任何他人」，包含自然人及法人在內。這樣規定的目的可以從積極面及消極面做觀察。積極作用在於使公司資金，能夠專注於所經營的業務，使公司業務能夠有充分的資金做發展的後盾；消極作用則是避免公司負責人濫用職權，任意把公司的資金借給別人，導致公司資金流失，造成公司損失。

例如湯婆婆是「湯屋」的負責人，如果為了招攬業務、廣結善緣而把營業所得任意借給別人的話，首先可能造成要更新設備、擴大發展時資金不足外，接下來面臨的是，如果別人不還或是沒有能力還的話，那可就得不償失了。

3. 保證的限制：公司法第 16 條規定，公司除依其他法律或章程規定得為保證者外，不得為任何保證人。禁止公司做保證行為的目的是為了穩定公司財務，避免負責人以公司名義為他人做保而生流弊，而且一旦因保證而需負賠償責任，更可能使公司資產遭查封拍賣，所以禁止的目的，也是為了維護股東權益。另根據實務見解，倘若公司提供財產為他人設定擔保物權（如提供土地設定抵押

權），就公司財務的影響，與為他人為保證人之情形並無差別，所以解釋上當然也禁止此種行為（74 臺上 703 號判例）。

## 6 票據的意義──唉！又是空頭支票！

### 使用票據的優點

最近經濟不景氣，常常聽到有人在抱怨：「夭壽，又拿到『芭樂票』！」到底什麼是「芭樂票」？其實，「芭樂票」就是一般俗稱「跳票」的支票，也就是我們將別人開的支票存進銀行，卻被銀行以「存款不足」為理由拒絕支付票款的一種票據。所以，「芭樂票」可是和水果一點關係都沒有喔！

使用票據雖然可能發生上述的風險，但是不可否認地，目前社會上還是有許多人在使用各種類型的票據。究竟使用票據有什麼好處呢？

1. 匯兌的效用：隔地交易，尤其是在國際貿易上，匯票、支票都有代替現金的功能，既方便又安全。例如傑倫住在高雄，想向住臺北的容浩購買「李白」唱片一批，這時候若考慮兩人業務繁忙，現金付款不方便，傑倫就可以向高雄某銀行購買該銀行在臺北分行付款的匯票，寄交給容浩，這時對容浩而言，不僅可以獲得與現金支付相同的效果，而且能節省費用，避免風險。

2. 支付的效用：票據可以代替現金做支付的工具，優點是可以節省現金授受的時間，避免現鈔計算的錯誤。

3. 信用的效用：簡單地說，可以使將來才能獲得的金錢，變

為現在的金錢而利用，打破金錢支付在時間上的障礙。例如當晏姿發現手頭的錢不夠給付購車貨款，而剛好下個月 11 日又會有一筆演唱會收入，此時便可開一張以下個月 20 日為到期日的本票，紓解這個月現金不足的困擾，實質上晏姿是以自己的信用發行票據，藉以代替現金，要是晏姿平時信用不好的話，開票據也是沒人會收的。

　　由上面所說的，我們可以了解，在商業上，票據是代替現金的一種支付工具，在相當程度的範圍內，票據和現金具有相同的價值，而且使用票據還有空間便利、信用擔保、時間彈性的好處。

### 何謂「票據」

　　票據就是簽發票據的人（票據法上稱為「發票人」），以自己或第三人為付款人，在一定的時間內，將票面上記載的金額，由自己、他人或金融業者無條件（不可以要求執票人做什麼，才付錢）交付給票據上記載的受款人或持有票據之人（票據法上稱為「執票人」）的一種有價證券。為了達到代替現金的功能，並且增加在市場上的流通能力，票據有下列的特色：

　　1.要式證券：發票人必須依照票據法的規定，在票據上填寫一定的事項，例如發票人、金額、發票日等，而不可以亂寫一通。這是因為執票人還可以將票據背書轉讓給別人，如果大家沒有依照規定填寫，就可能造成大家不再信賴票據的結果，而無法維持票據信用及交易安全。所以票據上要怎麼寫，必須按照票據法的規定，否則依照票據法第 11 條的規定，除票據法另有規定外，該票據無效。另外要強調的是，只要具備票據法規定的應記載事項，即使是文具店買的玩具票據也具有法律上的效力，千萬不要以為一定要銀

行所印製的票據才有效。

2. 文義證券：為了促進票據在市場上的流通，任何人只要在票據上簽名，就要依票據上記載的內容負責，例如在發票人處簽名，就要負發票人支付票款的責任；在票據背面簽名，就要負背書人的責任；在票據上寫保證人，就要負保證責任（但支票沒有保證制度），這樣規定的目的是因為票據是一種流通證券，本於「認票不認人」的原則，為了保護善意執票人，並且助長票據流通所設。

舉例而言，阿杰並沒有在銀行開立支票存款帳戶，卻簽發一張支票給小嵐，此時因為付款銀行與阿杰間並不存有受託付款的契約關係，所以小嵐提示時，銀行必會拒絕付款，但阿杰仍應依票據文義，負發票人擔保付款的責任，所以小嵐可以向阿杰行使「追索權」，向發票人阿杰請求付款。

3. 無因證券：票據關係另一個重要的特色，就是簽發票據的原因（稱為「原因關係」）與票據本身的關係並不相關。

例如，當初小虹簽發支票給阿祥為的是要支付購買「滅鬼之劍」玩偶的貨款。阿祥拿到支票後，因為生意上的往來，又將支票再背書轉讓給別人。若小虹後來以和阿祥的買賣解約為理由，宣稱她所開發的支票無效，不肯付錢，那接受阿祥轉讓支票的人不是平白受損了？

所以，為了讓一般人願意收票據，票據法才規定將原因關係與票據關係區分開來，要求小虹必須支付票款，使收受票據的人能夠安心，達到促進票據流通的目的。至於小虹與阿祥之間的買賣糾紛，則回歸民法的規定處理。

4. 提示證券：行使票據權利時，必須手上實際擁有票據，而且在法定的期間內向付款人提示或存入銀行。否則，可能會喪失追索權等票據上的權利。所以票據事實上也是一種證明自己權利的有價

證券。

如前所述，票據是當事人依票據法之規定記載特定事項，並簽名於票上，無條件約定由自己或委託他人，以支付一定金額為目的的有價證券。而我國票據法所承認的票據，只有匯票、本票以及支票三種，以下簡單說明其意義及特性：

### 匯　票

匯票是指發票人簽發一定之金額，委託付款人於指定的到期日（通常是發票人以外之人），無條件支付該筆款項給受款人或執票人的一種票據。與支票、本票相較，匯票有下列特性：

1.由於匯票是委託他人付款，所以有發票人、付款人及受款人三方當事人，與本票的當事人僅有發票人及受款人不同。而匯票的付款人並沒有資格限制，此與支票的付款人以金融業者為限亦不相同。

2.匯票是一種委託證券，由發票人委託他人付款，此點與支票相同，但與本票相異（因本票原則上須由自己付款）。

3.匯票是信用證券，原則上於將來付款，所以有到期日的記載，此點與本票相同，相較之下，支票是一種代替現金的支付證券，限於見票即付，所以沒有到期日。

4.匯票有承兌制度，這是本票與支票所沒有的。「承兌」是指

匯票付款人，承諾願意接受發票人的付款委託，而將其意思表示於票據上所為的票據行為，因為付款人不會因為發票人單方的指定而成為票據債務人，所以設立承兌制度來確定付款人的責任，付款人一旦承兌之後，就會成為主債務人，要負絕對的付款責任。

## 本　票

本票是發票人簽發一定金額，於指定的到期日，由自己無條件支付予受款人或執票人的票據。由於是約定由自己付款的票據，發票人要自負兌現的責任，所以發票人本身就是主債務人，這點與匯票付款人須經承兌後才成為主債務人的情形並不相同。

本票的運用在實務上比匯票廣泛，尤其是當雙方有借貸關係時，借人家錢的一方為求還款的保障，往往要求債務人開立本票代替借據。因為依票據法第 123 條的規定，執票人要向本票發票人行使追索權（也就是要錢）時，得聲請法院裁定後直接強制執行，而不必依一般民事訴訟程序起訴，取得法院的勝訴判決，再聲請法院實施強制執行。這是因為早期空頭支票氾濫，為了維護社會經濟的正常發展，要鼓勵使用本票來減少遠期支票的發行，因此讓本票發票人負擔較重的責任。

## 支　票

支票是指發票人簽發一定金額，委託金融業者（指財政部核准辦理支票存款業務的銀行、信用合作社、農會及漁會）於見票時，無條件支付與受款人或執票人的票據。支票的特色約有下列數點：

1.支票僅能委託金融業者付款，與匯票得委託任何第三人付款

的狀況有所不同，也與本票是由發票人自己付款而不委託第三人支付有所不同。

2. 支票是一種支付證券，主要作用在避免當事人間收受現金的繁雜與危險，與匯票、本票是信用證券，旨在爭取發票與付款間的時間利用並不相同，所以支票限於見票即付，沒有到期日、利息、利率等記載問題。

3. 支票存款戶與銀行間的關係，通說認為是民法上「消費寄託」與「委任」的混合契約，一般稱為甲種活期存款往來契約。另外，在金融實務上，有時存戶會跟銀行約定，如果存戶簽發的支票超過存款金額，銀行願在一定的金額限度內支付票面金額，稱為「信用契約」或「活期透支契約」，這個性質上是屬於民法第474條的「消費借貸契約」。

4. 由於支票是一種支付證券，銀行要見票即付，所以並沒有票據保證的適用，這點與匯票及本票並不相同，但設有保付支票制度來加強付款人的責任。

## 8 票據偽造變造的防止──咦！為什麼有人偽造我的名義開票呢？

票據是一種流通證券，可依背書及交付而轉讓權利，並促進經濟流通，但如此一來，票據債務人隨時需要面臨票據遭受偽造或變造的危險，所以對可能成為票據使用者的我們來說，了解一些基本的注意事項是有必要的，以免在享受票據使用帶給我們的便利時，卻因一時疏忽付出慘痛的代價：

1.注意妥善保管空白票據及取款印章，如果發現失竊或被盜時，立刻通知付款的金融機構，並且辦理掛失止付手續。

2.對素昧平生者，儘量不要簽發支票及本票。

3.小額交易，應注意藉故堅持要支票而不要現款者。

4.注意藉口支票破損，而要求重開同額的新支票者。

5.支票切勿互相借換使用，以免流入歹徒手中。

6.特別注意金額文字，應以楷書大寫，字字緊接，並在末尾加一「整」字。

7.平行線支票上的橫線，儘量用油質印泥畫蓋，以免遭塗改。

8.簽發票據，以簽名並蓋章為佳，但字體切忌工整，因易被模仿。

9.簽發票據時，如果印泥還沒乾，切勿摩擦，否則容易使紋路模糊不清，以免需要鑑定時難以辨識。

## 9 保險制度概說──保險？保危險？

保險，是為了可能遭受的風險，聚集大眾力量將風險分散的制度。為了讓保險不致變成賭博遊戲，保險法要求要保人或被保險人對於保險標的要具有保險利益，也就是要保人或被保險人對於保險標的的安全與否有一種利害關係，安全的話，對他有利，保險事故發生，則對其不利。

保險利益可以避免保險契約流為賭博行為，而且是決定究竟誰受有損害？以及損害需要填補的範圍的重要依據，所以可以說是保

險法的核心概念。舉例而言，火箭要為自己的保時捷名車投保，因為火箭是所有權人，所以對這輛車具有保險利益，如果火箭把名車租給格魯特，則因為格魯特對車子有租賃權，所以對這輛車也有保險利益，但是與該車毫無關係的第三人德克斯，如果想要為該車投保，他跟保險公司間的保險契約就會因為沒有保險利益而無效。

　　保險法的主要內容是規定保險契約的法律關係以及保險業的監理關係，而對我們的日常生活而言，只要了解保險契約的法律關係就夠了。

　　保險契約是要保人（想保險的人）與保險人（即保險公司）所締結的契約，其內容為：要保人應該依照契約約定給付保險費，而保險人於保險事故（亦即所承保的「危險」，例如死亡保險的保險事故是被保險人死亡）發生時，應依契約約定給付保險金。

　　保險的目的是為了填補損害，而不是把保險當成謀取暴利的工具。所以保險人為了能正確估計被保險人因保險事故發生所受損失的大小，除須藉由精算制度外，也需要被保險人或要保人適時的說明、通知等協助，作為保險人計算危險發生機率的基礎。

　　例如韋恩有心臟病，向保險公司投保意外險，以韋恩的父親為受益人時，必須在書面詢問中告訴保險公司他有心臟病（如果韋恩也知道的話），如果沒有說他有心臟病的話，就是違反「據實說明義務」。這時萬一韋恩因為心臟病發而死亡，他父親向保險公司要求給付保險金的時候，保險公司可能以韋恩違反據實說明義務為理由，解除保險契約。另外，在保險事故發生時、危險增加時，要保人或被保險人也有通知保險人的義務。

　　要保人如果和多數保險人就同一個保險事故訂立數個保險契約，而且各個保險契約時間有重疊，就會構成「複保險」，如果有這種狀況而故意不通知其他保險人或是意圖不當得利而為複保險，

因違反保險法「不當得利禁止原則」精神，所以要保人後來訂立的保險契約都無效。但是，這個原則只適用於財產保險，因為填補損害的概念只存在於財產保險中。而人身保險，由於人的生命是無價的，所以並沒有上述的限制。

另外，保險人有一項重要的權利，就是保險人的「代位權」。例如火箭將他的保時捷名車向保險公司投保汽車全險，投保後，因格魯特的故意或過失把車子撞毀了，這時，依民法第184條的規定，火箭可以向格魯特主張侵權行為損害賠償，又因為車子有保險，火箭也可以向保險公司主張給付保險金，但是，如果保險公司在理賠火箭的損失以後，仍然允許火箭向格魯特請求損害賠償，這樣一來，火箭可以取得兩次賠償，與財產保險的目的是在「填補損害」豈不是有所違背了？

所以保險法第53條規定了保險代位制度，規定一旦保險人給付保險金額後，就可以代位行使被保險人火箭對第三人格魯特的損害賠償請求權。保險代位是一種法定的債權移轉，所以火箭不可以再向格魯特主張損害賠償請求權。要特別強調的是，這種保險代位制度，也是只有在財產保險才有適用，人身保險則因為其保險標的無法做客觀估價，原則上並沒有客觀的賠償範圍，所以排除保險代位的適用。

## 10　保險的種類——保險種類多如繁星，哪一個是我要的呢？

保險依承保保險事故的內容可大致分為兩大類：財產保險以及

人身保險。除了保險法規定的類型外，現行保險實務也因應大眾需求發展出各式不同的保險種類，以下就我國保險法規定及實務發展的保險契約類型做一簡單介紹，使大家能有初步的了解：

## 財產保險

　　俗稱「產物保險」，主要是以動產、不動產等財物及其他財產利益爲保險標的。依據保險法第 13 條第 2 項規定，財產保險包括火災保險、海上保險、陸空保險、責任保險、保證保險及其他財產保險，但除了傳統的保險類型外，市場上也不斷開發新的險種。目前市場上銷售之財產保險商品，以火災保險、汽車保險爲主，另責任保險及其他財產保險亦成長快速，茲說明如下：

　　1. 火災保險：除由火災所致保險標的物毀損滅失外，爲提供建築物所有人更完整的保障，使其有多重選擇，實務上於財產損失保障方面還核准了火災保險附加地層下陷、滑動或山崩險、住宅內動產火災與竊盜保險。另爲保障居家人員身體生命，核准火災保險附加傷害保險；同時亦核准住宅綜合保險，以提供全面性保障。

　　2. 汽車保險：爲因應消費者規劃汽車保險時能做多重選擇，主管機關分別核准了汽車車體損失險或竊盜損失險附加臨時費用保險、道路救援費用保險。另外爲加強汽車駕駛人身安全之保障，先後核准多種汽（機）車保險附加駕駛人傷害保險。

　　3. 責任保險：是一種當被保險人對第三人依法應負損害賠償責任，由責任保險人代負賠償責任的制度。近來由於消費者保護意識之提升，造成他人損害而生之責任日益加重，導致近年責任保險益趨重要。責任保險之範疇十分廣泛，例如在工作場合可能有雇主意外責任保險、舉辦活動時有自主辦活動綜合責任保險、爲他人保管

東西時有受託物管理人責任保險等；另爲配合駕駛人於汽車交通事故可能承擔之責任危險，目前也已核准任意汽車第三人責任保險。

4. 其他財產保險：由於國人旅遊活動已相當普及，爲提供消費者旅遊活動期間財產、人身安全及因旅遊可能發生責任及額外費用補償之完整保障，主管機關已核准多家保險業承做旅行綜合保險、刷卡付費可提供旅遊相關保險保障之信用卡綜合保險。此外，爲提供購屋者買賣交易之保障，核准成屋買賣綜合保險。另針對我國外貿導向之經濟發展特質，核准業者開發貿易信用綜合保險，配合現行國際貿易實務運作，提供出口廠商多重保障。

上面介紹的是屬於商業性質的保險，另外有基於國家政策需要所推展的政策性財產保險，簡介如下：

1. 強制汽車責任保險：這是一個對我們日常生活相當重要的險種，政府爲使汽車交通事故之受害人迅速獲得基本保障並維護道路交通安全，特別制定強制汽車責任保險法，此部分在後面將有專節介紹。

2. 輸出保險：主要在保障國內出口廠商於從事輸出貿易時，因輸入國家或地區之政治危險及國外進口商之信用危險所致之損失，以增加出口廠商之國際競爭力，同時出口廠商亦可經由輸出保險權益轉讓之方式，向國內商業銀行申請外銷融資，增強其業務拓銷能力。但因其風險不易掌控，一般商業保險公司承辦意願不高，故目前多由中國輸出入銀行辦理。

3. 其他政策性保險：旅行業、娛樂漁船業及電子遊藝場業等的相關目的事業主管機關，爲保障該等行業消費大眾之安全，也都在個別管理法令明定應投保責任保險，因此擴大財產保險之營運空間。

## 人身保險

　　人身保險是一種以自然人為保險標的的類別。依據保險法第13 條第 3 項規定：人身保險包括人壽保險、健康保險、傷害保險及年金保險；都包含個人及團體保險契約。茲將人身保險商品簡介如下：

　　1. 人壽保險：是指保險人於被保險人在契約規定年限內死亡，或屆契約規定年限仍生存時，依照契約給付保險金額的契約類型。依其給付內容及保險期間，可分為生存保險、生死合險、定期保險及終身保險等四種基本類型。

　　2. 傷害保險：是保險人於被保險人遭受意外傷害及因此所致殘廢或死亡時，負給付保險金額責任的契約類型。傷害保險的給付內容包括意外傷害保險金、意外殘廢保險金及意外醫療、住院保險金等，大家熟悉的旅行平安保險也是屬於這類保險的範圍。

　　3. 健康保險：是指保險人在被保險人疾病、分娩及其所致殘廢或死亡時，給付保險金的契約類型。實務上可分實支實付型及日額型兩種，保險範圍依其給付內容包括住院醫療保險金、在家療養保險金、門診醫療保險金、外科手術保險金、癌症醫療保險金、病房及膳食費用保險金等。另為增進全體國民健康、提供全民醫療保健服務，政府亦開辦全民健康保險，係屬社會保險之範圍。

　　4. 年金保險：是指保險人於被保險人生存期間或特定時間內，依照契約負一次或分期給付一定金額責任的契約類型。年金保險分為遞延年金及即期年金，其給付內容可包括保證期之年金、保證金額之年金及生存年金等。為因應高齡化社會結構之來臨，部分人身保險業推出人壽保險與年金保險組合性商品，在照顧保戶老後生活的同時，也可以保障年輕時的財務風險。

　　由於保險業引進國外商品設計新觀念，及全民健康保險之實施，社會大眾對健康保險愈來愈重視。另為因應高齡化社會的來臨，年金保險已成為人身保險的重要商品。實務上人身保險新商品開發的趨勢有下列幾種：

　　1.信用保障保險：這種保險主要是針對消費借貸契約而設計的，於其消費借貸的金額範圍內，如被保險人發生殘廢或死亡時，人身保險業依照契約約定之保險金額給付予債權人，使得被保險人無須再負擔返還消費借貸之債務，對消費者而言，得藉此減除經濟上的負擔。

　　2.婦女暨嬰兒健康保險：為使父母安心迎接新生命的來臨，人身保險業還推出保障婦女及嬰兒的健康保險。其內容主要是保障嬰兒出生的先天疾病，而婦女則有住院醫療、身故、全殘之保障。

　　3.年金給付型養老保險：為因應高齡化社會的來臨及針對一般人在退休前後不同的保障需求，以年金保險結合人壽保險方式設計的單一主契約保險類型。在繳費期間內享有身故保險金給付人壽保險保障，繳費期滿後不論被保險人是否仍生存，保證給付年金十年，其金額為投保金額的 10%。

　　4.特定傷病終身保險：原本重大疾病保險承保之疾病，包括心肌梗塞、冠狀動脈繞道手術、腦中風、慢性腎衰竭、癌症、癱瘓、重大器官移植手術等七項，為符合社會需求，使被保險人得到更多的保障，人身保險業陸續增加嚴重阿茲海默氏症、嚴重巴金森氏症、嚴重全身性紅斑性狼瘡腎病變、嚴重運動神經元疾病、嚴重第三度燒燙傷等特定傷病給付等項目。

　　5.特定傷害事故加倍給付：人身保險業亦針對特定傷害事故提供加倍給付附加條款，如海外傷害事故、公共場所傷害事故、大眾運輸工具傷害事故等項，依契約約定加倍給付。

## 11　強制汽車責任保險法簡介──不信正義喚不回！

民國 78 年間，柯媽媽的兒子柯重宇就讀東海大學企管研究所的時候，因車禍意外死亡，面對著肇事者的惡劣態度，促使她發現臺灣還有許多不合理、不周全的法律和制度需要改造，因而收拾起自憐，憑著一股傻勁及滿腔熱血，奉獻了八年的歲月與精神，終於在民國 85 年催生了「強制汽車保險法」的通過。

所以事實上，在這樣一個重要的民生法案通過的背後，隱含了許多不為人知的故事，也使得我們了解「強制汽車責任保險法」，變得格外有意義。

更因為現代汽機車等交通工具使用頻繁，再加上臺灣地狹人稠，所以可能發生事故的機率相對提高，在這樣的前提下，了解國家在這樣的「困境」之下給我們的基本保障是有必要的，因為我們每個人都可能成為受害人，也有可能是潛在的加害人。

### 什麼是強制汽車責任保險

政府為了保護車禍受害人的權益，於民國 85 年通過「強制汽車責任保險法」，並強制規定汽車所有人都要投保強制汽車責任保險，不論驗車換照或路邊臨檢都要出示強制保險證，一旦被舉發未投保強制責任險者，將處罰鍰並吊扣牌照；未投保而肇事者，將處更高之罰鍰。本法的目的是在使因汽車交通事故受到身體傷害的被害人，能迅速獲得最基本的保障，並藉此維護道路交通安全（強制汽車責任保險法 §1）。

　　值得注意的是，強制汽車責任保險對於僅涉及一輛汽車的交通事故之駕駛人不賠償，而且只是提供對人身傷亡一最基本理賠給付，並不包括因本身過失需賠付對方的修車費用或財物損失。例如狄索因開車技術不熟練，撞倒路邊電線桿而導致自己受傷，就不能主張受強制汽車責任保險法的保障。

## 強制汽車責任保險之保障範圍

　　1.所有汽車交通事故受害人（包括駕駛人、乘客及第三人），但僅涉及一輛汽（機）車交通事故所致駕駛人之體傷、殘廢或死亡不在承保範圍。

　　2.受害人可以直接向保險公司請求給付保險金（跳過加害人，不必先與加害人和解即可直接申請理賠）。

　　3.兩輛車以上發生事故時，各自向所投保之保險公司提出理賠申請，如其中有未投保車輛，（駕駛人須確定完全無責任後）其乘客則可向另一有投保車輛之保險公司提出理賠申請。而強制汽車責任保險法為保障肇事汽車非被保險汽車、肇事汽車無法探究或肇事汽車的保險人無支付能力等情形，特別設立了「特別補償基金」制度，使受害人不至於求償無門。

## 強制汽車責任保險之特色

　　1.採限額無過失責任，迅速理賠。亦即在強制汽車責任保險法所定的基本保障額範圍內，加害人不論有無過失，受害人都能請求保險給付；但若超過本法基本賠償範圍，則回歸過失責任法理。

　　2.擴大受害人範圍。是指因汽車交通事故遭致體傷、殘廢或死

亡之人，受害人原則上為保險金之受益人，但若受害人死亡時，受益人則為其繼承人或汽車交通事故特別補償基金。

3. 設置特別補償基金，使受害人都能獲得基本保障。

4. 車禍受害人有保險金給付之直接請求權。

5. 理賠給付含死亡、殘廢及醫療費用等人身傷害，但並不包含財物的損失。

6. 死亡車禍，受害人家屬可申請給付暫時性保險金，保險人應立即給付。

## 事故發生時的處理程序

1. 被保險人或加害人應立即報請當地警、憲機關處理，並應於五日以內以書面通知保險人。受害人或受益人亦得直接以書面通知保險人。

2. 被保險人或加害人及受益人應與保險人合作，提供人證、物證有關資料及文件。

3. 被保險人或加害人應自行，或請他人立即將受害人護送至當地或附近之醫療院所急救。但因交通事故喪失急救他人之能力者，不在此限。

## 重點說明

倫哥等五人所合資成立的有限公司，是臺灣最普遍的中小企業形態。在這間公司裡，出資的五人全都是股東，小侯、老賴是執行業務的董事，又依公司法第 109 條的規定，不執行業務之股東，都能行使監察權，所以仍是符合公司運作的基本模式；而倫哥是董事

長，對外可代表公司，所以在代表公司行爲時，要特別注意公司法對公司的能力有哪些限制，避免誤觸法網而吃上官司。

倫哥以「愛臺灣貨運有限公司」董事長名義簽發支票給「馬力強辦公用品有限公司」，而應要求在那張支票背面爲保證行爲。這時要注意的是，票據法上規定的三種票據的特性並不相同，有些制度不能通用，例如支票就沒有保證制度，所以在支票背面加寫「保證人」字樣，依票據法第 12 條的規定，不生票據上保證的效力，所以倫哥不用負票據的保證責任。但是，該票據仍是符合票據法規定合法有效的支票。

阿燦不幸被小昌撞傷，此時依強制汽車責任保險法的規定，阿燦可以直接向保險公司請求給付保險金，範圍則限於因此受傷的醫療給付，即使倫哥的公司沒有幫肇事的車輛保強制責任險，阿燦也可以向特別補償基金請求補償，所以絕對可以獲得最基本的保障。

但是，就機車被撞毀的部分，因爲是屬於財物損失，並不在強制汽車責任保險法保障的範圍，所以阿燦要依照民法侵權行爲的規定，向小昌還有「愛臺灣貨運有限公司」請求負連帶損害賠償責任。

## 實況演練

1. 拜燈最近當選「阿麥瑞肯股份有限公司」董事長，深知責任重大，心中十分忐忑，爲免觸犯公司法令，他應該注意哪些公司能力上的限制呢？

2. 乙豪是社會新鮮人，在一次的買賣過程中，決定學習如何使用票據，結果發現票據原來不只一種，特地前來請教你（妳）各種票據的差別，你（妳）能告訴他嗎？

3.瑤瑤大學畢業後，在「辣妹有限公司」找到一份秘書的工作，辛苦工作了一個月後，終於拿到生平第一份薪水，薪水袋中是一張支票，支票是由公司簽發，由「酷哥銀行」無條件付款。這時，瑤瑤要如何拿到這筆錢呢？

4.彩英向「泰山人壽保險公司」投保，之前並先到當地衛生機關做健康檢查，發現有高血壓，但在保險公司書面詢問時並沒有據實告知。後來彩英因車禍死亡，請問保險公司可否以彩英違反據實說明義務而解除契約？

# 第八章

# 智慧財產權（一）

## Case 1

　　古靈精怪的禰豆子從小就與眾不同，喜歡胡思亂想，發明創造，也因此學得一身電腦與機械之專長。有一天，禰豆子看到雜誌裡女明星們千變萬化的髮型，覺得非常好奇，但又不好意思一直麻煩開美髮店的媽媽幫自己做頭髮，於是搬出美髮店的舊器材，結合電腦及掃描器，發明了一臺只要把雜誌照片放進去掃描，就可以剪出同樣髮型的「萬能美髮機」。測試成功的隔天，找來班上的幾個好姐妹試驗，大家都興奮地讚美：「禰豆子，這真是太神奇了！」禰豆子本想私藏這部「萬能美髮機」當作好姐妹們的美髮獨門絕招，不過在同學的勸說與鼓勵下，決定去申請專利。

　　取得「萬能美髮機」的專利後不久，禰豆子就藉著與製造廠商合作生產，使掛著「神奇 Nezuko」商標的迷你型「萬能美髮機」立刻成為美容市場上的年度最熱門商品。不久禰豆子又將媽媽開的傳統美髮店改頭換面，加裝數臺豪華型的「萬能美髮機」，改稱為「神奇美髮小鋪」，並將該字樣的獨特標誌印在所有廣告、贈品與名片等物品上。「神奇美髮小鋪」一年間就吸引了不少有興趣的合作夥伴，開了 10 幾家加盟店。

　　不過，禰豆子的成功很快就引起不肖廠商及店家的覬覦，市場上很快就出現一大批仿冒「神奇 Nezuko」商標的同型「萬能美髮機」，許多店家也在未經加盟授權的情況下，就擅自在相關物品上仿印與「神奇美髮小鋪」相似的圖樣，意圖造成消費者的混淆。古靈精怪的禰豆子這次要怎樣出擊，才能反制這些只知道抄襲別人的不肖競爭對手呢？

Case 2

　　炭治郎是個不折不扣的 Z 世代青年，最喜歡從網路學習新知，沉浸在各大網站的虛擬世界中。有一回，他在某著名網站上看到一篇不錯的文章，一時興起，就把這篇文章從網路上下載（download）下來，供自己存檔參考之用。就這樣經過了一段時間後，炭治郎所蒐集的資料愈來愈豐富。他心裡盤算著：「這些資料的相關性及可讀性都很高，如果能編輯成書，一定能蟬聯各大書店排行榜第一名，超有賺頭！」於是「心動不如行動」，炭治郎立即把所有打算放在新書裡的文章重新繕打了一遍並重新編輯，同時為了增加新書的可看性，加入許多網路上下載的精美插圖及照片，除此之外，更隨書附贈「線上串流影音平臺的一年免費使用帳號」，從影音平臺可以直接觀賞最新流行音樂及音樂錄影帶（MV），滿足讀者之「視聽雙重享受」。經過三個月的時間，終於把這本自認為是「嘔心瀝血」的「曠世鉅著」完成了。同時，為了怕被人認出這些文章都是從網路上下載的，炭治郎還在每一篇文章前面冠上了自己的名字，以便掩人耳目。沒想到，人算不如天算，這本圖文並「冒」的「曠世鉅著」才剛上市三天，就被人檢舉侵害著作權，將炭治郎扭送到警察局，新書也被要求下架銷燬，真是「賠了夫人又折兵」！

## 1 智慧財產權與智慧財產權法——點亮智慧之光

前　言

　　近幾年來，隨著國內經濟實力的快速成長，再加上受到政府推動臺灣成為「綠色矽島」的政策目標的鼓勵，我國高科技產業（特別是資訊產業）的發展可以說是一日千里，展現出驚人的實力與潛力。然而，伴隨著高科技產業發展成就而來的，卻是各種與智慧財產權（intellectual property rights, IPR）有關的挑戰，例如在競爭日益激烈的國際商業環境中，我國資訊產業是否具備必要的智慧財產權作為競爭利器、是否因為保護觀念不足而不慎侵害智慧財產權，以至於成為外商請求損害賠償的對象等問題。我國能否有效回應這些挑戰，不但影響到個別公司的興衰榮枯，也與我國整體經濟發展與產業結構是否能有效提升，息息相關。

　　不僅如此，了解與智慧財產權有關的法律，從個人的角度來看，也有它的重要性。首先，就消極面而言，了解智慧財產權法可以避免個人因不慎侵害他人權利而必須負擔民事損害賠償，甚至於刑事法律責任；其次，從積極面來說，對智慧財產權法的了解則是使得個人可以利用現行體制，保護並主張自己的權利，從中獲得法律所賦予的合法利益（特別是指經濟上的利益，例如向他人請求專利或商標的授權金，或於發生侵害事實時請求法律的救濟），更可以藉由對「無形資產」的保護，達成鼓勵發明及創作、促進人類整體精神文明及技術進步的目的。

　　基於以上的說明，近幾年來，智慧財產權法不但在法律學的研

究上有逐漸成為「顯學」的趨勢，周延的智慧財產權管理也成為高科技產業與個人必修的課題，了解智慧財產權法的重要性也就不言而喻了。

## 智慧財產權法的意義、範圍與內容

　　所謂智慧財產權法，顧名思義，自然是指有關保護智慧財產權的法律。在探討智慧財產權法的意義、範圍與內容前，首先要向大家說明兩件事情。第一，在我國，智慧財產權法並不是某一部特定法律的名稱，而僅僅是一個法律學理上的名詞或概念而已。換句話說，現行有效的法律中並沒有找到一部名為「智慧財產權法」的成文法典，因此，為了界定「智慧財產權法」的意義與範圍，必須透過學術研究的努力，以「智慧財產權法」的中心思想：「保護人類的智慧結晶」為主軸，在不同法律中找出與智慧財產權有關的規定，加以比較歸納，才能明確地界定它的意義、範圍與內容。第二，為了達到前述目的，我們必須對智慧財產權的意涵有基本的認識才行。

　　就一般人的最簡單的認知而言，凡是透過人類心智活動所創作出來的具體成果（或稱為「智慧結晶」），例如發明、設計、圖案標誌、電腦軟體、小說，甚至是杜撰的人物造型如米老鼠、皮卡丘、海綿寶寶等，都可以成為智慧財產權保護的對象。不過，就國際間對智慧財產權的共同了解來看，智慧財產權的範圍顯然要比一般人的認知更為廣泛。以 1967 年國際間簽訂的「建立世界智慧財產權組織公約」（*Convention Establishing the World Intellectual Property Organization*）第 2 條第 8 款為例，智慧財產權的概念就已經包括了以下各種權利：

1. 文學、藝術及科學上之創作。

2. 演藝人員之表演、錄音與廣播。

3. 人類之發明。

4. 科學上之發現。

5. 產業上之設計。

6. 製造業、商業以及服務業所使用之標章、商業名稱及營業標記。

7. 不公平競爭之防止。

8. 其他於產業、科學、文學及藝術領域範圍內，由人類智慧所產生之權利。

而世界貿易組織（World Trade Organization, WTO）——前身即關稅暨貿易總協定（*General Agreement on Tariffs and Trade*, GATT）——於 1993 年 12 月 15 日所通過的「與貿易有關的智慧財產權協定」（*Agreement on Trade-Related Aspects of Intellectual Property Rights*, TRIPS），進一步將營業秘密、地理標示、積體電路電路布局、植物新品種、菌種等新興的人類智慧結晶一併納入智慧財產權的保護範圍，甚至為了維持產業秩序，對於不公平競爭行為以特別的法律加以規範，使得智慧財產權的範圍廣泛地涵蓋了人類文化及產業發展所需的必要保護機制，也更進一步釐清了智慧財產權的定義及法律地位，讓大家更加了解並重視智慧財產權。

前述國際趨勢對我國智慧財產權法制當然有深遠的影響。為了貫徹我國加入 WTO 的既定政策，政府除了積極地倡導保護智慧財產權的觀念外，另外，為了遵守加入 WTO 必須符合 TRIPS 所定智慧財產權保護的最低標準，政府也根據上述原則，先後完成專利法、商標法與著作權法的修正，並根據對美國的談判承諾，完成了積體電路電路布局保護法與營業秘密法的立法，使得許多新興的智

慧財產權也可以受到法律的保護。

智慧財產權的範圍雖廣，但根據以上所述，我們可以將智慧財產權的範圍依其規範上的目的大致歸類如下：

1. 以文化發展的促進為目的：例如著作權、產業設計等。

2. 以技術進步的促進為目的：例如專利、實用新型等。

3. 以產業競爭秩序的維護為目的：例如商標、地理標示、不公平競爭的防止等。

為簡化篇幅，謹製作我國依據智慧財產權的類型而制定的各種相關法律關聯圖，請讀者自行參閱圖 8-1。本章是以一般大家較為熟悉也較為重要的智慧財產權法 —— 即專利法、商標法與著作權法 —— 為說明對象（這三部法律的基本內容與比較，請參閱表 8-1），至於其他重要的新興智慧財產權法部分，則留到第九章說明。

表 8-1　專利法、商標法與著作權法的基本內容與比較

| | 專利法 | 商標法 | 著作權法 |
|---|---|---|---|
| 保護標的 | 具產業利用價值的新觀念、新發明。 | 商譽與商品服務。 | 觀念的表達方式。 |
| 保護種類 | 1. 發明。<br>2. 新型。<br>3. 設計。 | 1. 商標。<br>2. 證明標章。<br>3. 團體標章。<br>4. 團體商標。 | 1. 著作人格權。<br>2. 著作財產權。 |
| 保護要件 | 1. 新穎性。<br>2. 進步性。<br>3. 產業上可利用性。 | 1. 識別性。<br>2. 具有使用意思。<br>3. 指定所適用之商品。 | 原創性。 |
| 保護期間 | 1. 發明：二十年。<br>2. 新型：十年。<br>3. 設計：十五年。 | 十年（但得無限制申請延展）。 | 1. 著作財產權：<br>(1) 自然人：終身加五十年。 |

表 8-1　專利法、商標法與著作權法的基本內容與比較（續）

|  | 專利法 | 商標法 | 著作權法 |
|---|---|---|---|
|  |  |  | (2) 法人：發行後五十年。<br>2. 著作人格權：無保護期間的限制。 |
| 取得保護的方法 | 1. 註冊主義。<br>2. 先申請主義。 | 1. 註冊主義。<br>2. 先申請主義。 | 創作完成主義。 |
| 可否延展 | 1. 原則不可。<br>2. 例外：醫藥品與農藥品。 | 1. 可無限期展延。<br>2. 每次展延十年。 | 不可。 |

資料來源：筆者整理。

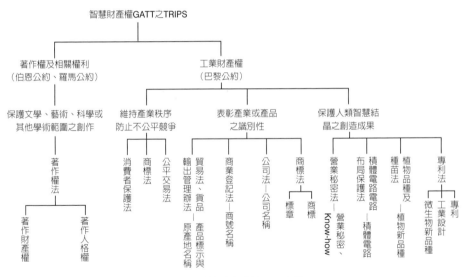

圖 8-1　智慧財產權相關法律

資料來源：筆者整理。

## 2 專利法──獨門絕招大公開

### 專利的意義及種類

　　大家一定常常在小說或電視劇中，看到過去社會中有許多標榜「獨門絕招」、「獨門祕笈」的藥方、練功法，或機關之類的東西。這些東西的秘密通常僅有個人或少數家族成員知道，而且「傳子不傳女」，絕不洩漏給外人知道。為什麼呢？理由在於知道的人可以從這些秘密中獲得幾乎所有的利益。一旦秘密公開，變成「公共財產」後，這些秘密可能就不再具有任何價值了，原來知道的人將因此而蒙受重大的損失。

　　標榜「獨家」的事物固然有它神祕浪漫的色彩，但同時也造成了社會的莫大損失。一來這些秘密可能在少數人代代相傳的過程中不慎失傳，二來同時代的社會大眾也無法利用、改進，使這些秘密的內容及應用更加進步，實在相當可惜！到底有沒有一種制度，可以「一魚兩吃」，一方面保護知悉秘密之人的利益，二方面又可以讓社會大眾了解秘密的內容，進而促使文明技術進步呢？這就不得不提到大家時常聽到的「專利」了。

　　所謂「專利」，就是指法律賦予某人（法律上稱為「專利權人」）的「專有利益」，也就是專利法所規定「專有排除他人未經其同意而實施該發明之權」或其他類似的權利（專利法§58、120、136）。

　　依照專利法第1條規定，國家為了鼓勵、保護、利用發明、新型及設計之創作，特別創設專利制度，一方面使創作人就創作物

的「私人利益」，於取得專利後獲得充分保障；另一方面，賦予創作人專利，對社會大眾也有好處，因為創作人就其創作物如果想要取得專利，必須充分揭露創作物的內容，向主管機關提出申請，經審查通過後，才可以取得專利。社會大眾透過創作人充分揭露的內容，可以了解如何完成創作物的祕訣，並在不妨害創作人專利權的前提下加以改進，使技術更加進步、產業更加繁榮，社會大眾也可同時獲得利益（「公共利益」因此而提升）。因此，專利制度對創作人與社會大眾來說，可說是互蒙其利，相輔相成！

專利制度最原始的目的，是鼓勵並保護人類在技術上的進步與創新。不過要注意的是，不是任何稍帶新奇意味的東西都可以申請專利。根據專利法的規定，申請專利的事物，必須具有「新穎性」、「進步性」等特質。簡單地說，特定的技術內容如果在申請前曾經公開發表於任何刊物或已經公開實施，或者已經有相同的發明或新型申請在先並經核准專利，既然其技術內容已經被社會大眾知悉而不是未公開的「獨門招數」，已經不具備「新穎性」，自然不用再特別給予保護。或者，雖然沒有前面所列的情形，但進步的程度太小，任何熟悉該項技術的人運用申請前既有的技術及知識，都可以輕易完成時，也會因為欠缺「進步性」而無法取得專利（專利法 §22、120、122）。

至於專利的種類，依申請標的技術層次和目的不同，可以分為三大類，每一類受到的保護內容也各有不同，謹列表說明如表8-2：

表 8-2　不同專利內容比較表

|  | 發明專利 | 新型專利 | 設計專利 |
|---|---|---|---|
| 專利內涵 | 利用自然法則之技術思想的創作。 | 對物品之形狀、構造或組合之創作。 | 對物品之全部或部分之形狀、花紋、色彩或其結合，透過視覺訴求的創作。 |
| 專利年限 | 自申請日起算二十年屆滿。 | 自申請日起算十年屆滿。 | 自申請日起算十五年屆滿。 |
| 保護形態 | 發明專利權人：專有排除他人未經其同意而實施該發明之權。發明之實施又分為下列兩種：<br>1. 物之發明之實施：指製造、為販賣之要約、販賣、使用或為上述目的而進口該物之行為。<br>2. 方法發明之實施：指使用該方法及使用、為販賣之要約、販賣或為上述目的而進口該方法直接製成之物。 | 新型專利權人：準用關於發明專利權人的規定（但方法發明之實施未準用）。 | 設計專利權人：專有排除他人未經同意而實施該設計或近似該設計之權。 |
| 備註 | 專利法第 58 條 | 專利法第 120 條 | 專利法第 136 條 |

資料來源：筆者整理。

　　就以上三種專利種類而言，「發明專利」是創新程度最高的一種，所受到的保護也最廣，但不見得每項創新的事物都適合申請「發明專利」。專利申請權人應斟酌所申請專利標的的性質及進步程度，申請不同種類的專利。

## 專利的申請、審查與實施

不管是發明專利、新型專利或是設計專利，都必須經過經濟部智慧財產局（以下簡稱「智財局」）申請與審查的程序核准確定後，才可以正式取得專利。就如前面所說的，專利申請權人在申請的時候，有義務準備申請書、說明書、申請專利範圍、摘要必要圖式等文件，並對專利的技術內容、方法等祕訣「充分揭露」。依專利法的規定，專利申請的「說明書」應明確且充分揭露，使該發明所屬技術領域中具有通常知識者，能了解其內容並可據以實現（專利法 §26、120、126），以使社會大眾能夠充分了解專利的內容，促進相關領域技術的進步。以本章 case 1 的「萬能美髮機」為例，禰豆子在申請專利的時候，就必須詳細說明「萬能美髮機」的功效和祕訣等事項，說明的程度要明白到讓有和禰豆子相近的電腦、機械專長的人看了就能了解「萬能美髮機」是如何做出來的。

智財局於接到發明專利申請文件後，經審查如果認為程式都符合規定，且沒有應予公開的理由時，自申請日起十八個月後，應該將該申請案公開。此時，專利的內容成為公開的資訊，與該專利相關的產業可以盡早得知哪些相關技術的專利已經被申請，以避免就相同的發明重複投資或研發，形成時間與資源的浪費。

而專利申請權人的申請，經過審查委員審查過，認為沒有不給予專利的理由時，就應該給予申請人專利，並且應該將申請專利的範圍和圖式公告（以發明專利為例，其審查及行政救濟的流程，可參考圖 8-2）。而專利權人取得專利後，在其專利年限內，可享有排除他人未經其同意而實施該專利的權利。

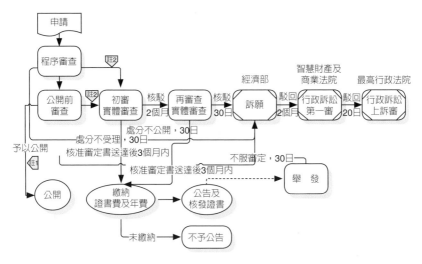

圖 8-2 發明專利審查及行政救濟流程圖

註：1. 發明專利申請案，經審查認無不合規定程式且無應不予公開之情事
者，自申請日（有主張優先權者，自最早優先權之次日）起十八個月
後公開之。
2. 發明專利申請案，自申請日起三年內，任何人都能申請實體審查，始
進入實體審查。
資料來源：智財局網站https://www.tipo.gov.tw/tw/cp-56-802499-1c58f-1.html及
筆者整理。

　　專利權的賦予，給了專利權人很大的權利，智財局在審查時都
極為慎重。然而，基於時間及人力的侷限，智財局實在不可能詳細
看過每一個國內外所有已經存在的專利或技術，因此有可能不小心
核准了不符合專利要件的技術成為專利，而影響到已經在使用該技
術的個人或企業。因此，為了彌補此一可能的缺失，專利法設計了
「專利舉發制度」，讓社會大眾共同輔助專利的審查，如果認為核
准的專利不具備專利法所規定的要件時，可以依法向智財局提出舉
發，並且提出資料說明為何這個專利不應該核准，由智財局重新判

斷一次，期望能藉由此一制度，使專利的核准更加正確無誤。

## 專利的保護

　　雖然專利法明訂專利權人在一定年限內專有某些特定利益，但如果還是有些人執意要侵害，專利法可以提供專利權人什麼樣的保護，以確保專利權人的合法權益呢？

　　首先，專利權人可以向民事法院起訴，請求判決侵害專利者以金錢或其他方式賠償專利權人的損害（即「損害賠償」的請求），或者由法院以判決禁止侵害專利者繼續從事侵害專利的行為（即「排除侵害」的請求）。在有被侵害的可能或危險時，也可以預先請求法院以判決防止。另外，發明人的「姓名表示權」（具名或不具名的權利）受到侵害時，也可以向法院請求判決表示發明人的姓名，或為其他回復名譽的必要處分。

**3　商標法──牌子老，品質好！**

## 商標的意義

　　大家在日常生活中都必須接觸、購買許多商品。面對不同的商品，個人會有不同的品牌偏好，例如會覺得礦泉水是哪一種品牌比較好，衣服或背包是哪一個牌子的最「正點」，手機更是非某一個明星廣告的不買。「品牌」就像一個人的名字，有它的獨特性，讓大家看到、提到的時候就會直接產生關於價格、品質、風格等方面

的聯想。例如，當大家提到「賓士」及「Hello Kitty」時，是不是就直接聯想到風格完全不同的二種商品呢？

而所謂「商標」，其實就是「商品或服務的品牌標誌」。商品或服務附上「商標」後，最直接的作用就是可以產生「辨識的功能」，也就是可以辨認出商品製造或出售的來源，並且可以和其他廠商所出產的商品相區別。從這項最基本的辨識功能出發，商標還可以衍生出以下三種功能：

1. 表彰商品或服務來源的功能：藉由商標的標記，表示使用該商標的一切商品都出自某一特定來源（或受該特定來源的品質控管），以資和其他業者生產、製作或販賣的商品或服務相區別。例如，看見標示黃色 M 形商標的漢堡跟薯條，便聯想到是麥當勞的商品。

2. 表示品質、信譽的功能：即商標可以表示使用該商標的一切商品，都具有某種它所標榜的特殊品質，構成「品質」及「信譽」的聯想，舉個例子來說，A 公司的廣告標語為「品質保證、世界第一嚇嚇叫」，以後社會大眾看到標示 A 公司商標的商品，就可能會覺得其產品應該具備「嚇嚇叫」的品質。

3. 促銷、廣告功能：即商標可以作為一種符號，生產商品的廠商可以藉由該商標的使用，使消費者對於商標所附商品的風格及品質產生特定聯想，進而達到促銷商品的目的，舉例來說，假設某商譽良好的知名服飾公司將來打算進軍「汽車產業」，消費者看到標示該公司商標的汽車，可能會連結到自身對該商標的好印象，進而考慮購買該汽車。

商品一旦附上商標後，為了發揮它潛在的經濟效益，生產的廠商都會盡全力維護、使用及推廣此一商標，消費者也會在熟悉後，對此一商標的品質、風格等產生信賴的感覺。因此，商標如果發生

相同、相似的情形，或為人惡意仿冒，消費者可能買到品質不佳的仿冒品或劣質品，並且因為品質上的瑕疵受到損害（例如吃到過期的食物吃壞肚子、買到不堅固的椅子導致跌倒受傷等），導致對此一品牌喪失信心而不願再購買其商品。換句話說，對生產商品的廠商或消費者而言，可能造成極大的困擾，並造成雙方權利或利益的重大損失；對於社會整體而言，也可能導致市場競爭秩序的混亂！因此，我國特別制定商標法，以規範關於商標的相關法律事項，並於第 1 條明訂「為保障商標權、證明標章權、團體標章權、團體商標權及消費者利益，維護市場公平競爭，促進工商企業正常發展，特制定本法」，明白揭示了商標制度的三大重要功能：「保護消費者」、「保障商標權益」以及「促進產業之正常發展」。

## 商標的要件與種類

　　商標必須是一種有形的標誌。在設計這項標誌時，可以使用文字、圖形、記號、顏色、立體形狀、動態、全像圖、聲音等的組合，或上述元素組成的聯合形式，因此，除了一般大家印象中的「文字」、「圖形」跟「記號」外，「聲音」（例如：綠油精）及「立體形狀」（例如：可樂曲線瓶）也是可以登記為商標的形式呢！不過前面曾經說過，商標最基本而重要的功能就是「辨識功能」，為了能夠讓社會大眾輕易進行辨識，商標應該具備「識別性」。所謂「識別性」，指的是「足以使商品或服務之相關消費者認識為指示商品或服務來源，並得與他人之商品或服務相區別者」。也就是說，單純一條直線或一個圈圈等這種太過普通，無法讓人認識它是一種商標的圖樣，除了經過長時間的反覆使用，已經產生商譽而在交易上具備識別功能的例外情形外，都不具備「識別

性」；或是跟別人的商標太過相似，無法區別它和別人的商標有什麼不同的設計，因為無法達成區別與辨識的功能，都不能註冊成為商標。

至於商標法中所保護的商標種類，除了一般人最熟悉的「商品商標」外，還包括下列三種類型：

1.「證明標章」，是指證明標章權人用以證明他人商品或服務之特定品質、精密度、原料、製造方法、產地或其他事項，並藉以與未經證明之商品或服務相區別的標識，它的主要功能是提供商品品質之保證，使消費者信賴標有該證明標章的商品。一般我們常見的「ST安全玩具標誌」以及「CAS臺灣優良農產品標章」，就是證明標章的一種。不過，因為證明標章的性質比較特殊，必須真正具備該證明標章所保證品質的商品或服務，才能夠標示該證明標章，因此，必須具有證明他人商品或服務能力的法人、團體或政府機關才有資格申請。

2.「團體標章」，指公會、協會或其他團體為了表彰其會員之會籍，並藉以與非該團體會員相區別的標識。我們常見的獅子會、扶輪社等標誌，就是屬於「團體標章」。

3.「團體商標」，指公會、協會或其他團體為了指示其會員所提供的商品或服務，且得以之與非該團體會員所提供的商品或服務相區別的標識。我們常見的各縣市農會，就常申請註冊使用團體商標，來達到區別商品及服務的目的。

## 商標的申請、審查與註冊

商標並不是在設計出來後，就當然取得保護。依商標法的規定，必須依商標法規定「申請註冊」並經智財局核准後，才可以取

得商標的專用權（商標法 §2）。

如果想要申請商標註冊，必須檢附商標圖樣，載明申請人、指定使用商標的商品或服務，填具申請書向智財局申請。智財局會指定審查人員對於申請的商標進行審查。如果在審查後沒有不得註冊的情形時，商標主管機關即應核准商標的申請，並在審定書送達後二個月內，由申請人繳納註冊費用後，進行註冊公告。跟專利法相同，為了使審查的結果更為正確完善，商標法上也有由公眾或利害關係人協助審查的「公眾審查制度」，包括商標的「異議」及「評定」兩種制度，由公眾共同協助商標的審查，以彌補智財局審查時可能的不足。

商標在註冊公告後，註冊人即已取得商標專用權，可以開始使用商標了。商標權人擁有在指定的商品上標示商標圖樣，表彰自己的商品或服務的權利，並且可以禁止其他人未經同意使用與自己的註冊商標相同或類似的圖案。商標專用的期間是從註冊公告之日起算十年，但如果有繼續延展的需要，可以依商標法的規定申請延展，每次可延展十年，就算你經營的是歷史悠久的「百年老店」也不用擔心，因為延展並沒有次數的限制！

## 商標的保護

商標專用權人依商標法雖然有就其所註冊的商品或服務使用其商標的權利，也可以將其權利的全部或一部授權他人。不過在現實生活中，仍然常看到很多投機分子，未經商標專用權人同意或授權，攀附其他人辛辛苦苦建立起來的良好商譽，以「偷吃步」的方式仿冒、使用他人商標或標章，為了杜絕此一情形，商標法對此類情形也有明確規範，讓商標權人可以向法院請求判決商標侵害者賠

償商標權人所受到的損害（即「損害賠償」的請求），亦可請求法院以判決排除商標侵害者的侵害行為（即「排除侵害」的請求），有被侵害的可能或危險時，也可以請求法院以判決防止。

而侵害商標權的人如果意圖欺騙他人，有「於同一商品或服務或類似商品或服務，使用相同或近似於他人註冊商標或團體商標之商標」、「販賣上述商品，或意圖販賣而持有、陳列、輸出或輸入者」等情形時，甚至必須接受刑事制裁，最重可能被課以三年以下有期徒刑、拘役或併科新臺幣 20 萬元以下罰金（請參考商標法第四章），侵害商標權的物品不論是不是侵權人的，也會被沒收，希望能夠藉由較嚴厲的手段，達到遏止不當侵害他人商標行為的目的。

## 4 著作權法——開玩笑！我又沒有寫過書，怎麼會有著作呢？

前 言

一般人或許覺得自己不是「金庸」或「村上春樹」，能夠文思泉湧常常寫出好文章，也從來沒有正式寫過一本書，所以總認為自己這輩子註定和「著作」這兩個字沾不上邊，更不會想到「著作權」這一回事。其實，不管我們的教育程度或所完成著作的形式、內容如何，我們每一個人都曾經扮演過「著作人」這個角色，而我們的「著作」也都自動受到著作權法的保護，只是我們沒有察覺到這個事實而已！

### 「著作」的意義

　　依照我國著作權法第3條第1項第1款對「著作」的定義，「著作」的範圍很廣泛，包含了「文學、科學、藝術或其他學術範圍的創作」。如果用一個比較簡單的方式來說明，所謂「著作」，指的就是「透過人類心智或精神上的活動所創作出來，而能以人類感官加以認知的具體成果」。

　　綜合以上的定義與說明，我們可以歸納出著作權法上的著作（以下簡稱「著作」）必須具備以下的要件：

　　1.著作必須是屬於文化層面的創作，而非屬於技術層面的創作；也就是說，技術層面的創作並不在著作權法的保護範圍內，而是專利法或其他法律的保護領域。

　　2.著作必須是透過人類的「創作行為」而產生出來的具體成果。換句話說，著作必須是經過思考後「獨立創作」出來的成果，而具備「原創性」，而不是坐享其成，以模仿或抄襲的方式，或由例如電腦的人工智慧所「製造」出來的內容。例如本章case 2中炭治郎的例子，其出版的書籍無論多麼精彩絕倫，由於並不是炭治郎自己創作的，並不是「著作」，自然是不受著作權法保護的！相反地，如果確實沒有抄襲他人著作，卻非常恰巧地跟別人的著作「似曾相似」時，由於仍然是作者獨立思考所產生的成果而具原創性，當然還是受到著作權法的保護。

　　3.著作必須能表現出著作人（即「作者」）的獨特個性，也就是說，著作人所創作出來的成果，在表現形式上必須「與眾不同」，因此如果是填寫制式的表格或是電話號碼簿、帳冊之類的文件，無法看出作者的個性，就不會受到著作權法的保護。

　　4.著作必須有一定的「表現形式」而可由人類感官加以認知，

換句話說，著作的內容不但必須具體，而且必須是可以藉著有形或無形的媒介，例如電腦、紙張、畫布等，加以表達，使人類的感官可以認識到它的存在才行；如果著作的內容是虛無縹緲，「既看不見，也聽不到，只能用空想的」，就不能稱為「著作」了！我國著作權法第 10 條之 1 提到：「依本法取得之著作權，其保護僅及於該著作之表達，而不及於其所表達之思想、程序、製程、系統、操作方法、概念、原理、發現」，就是在說明這個道理。

## 「著作」的種類

符合上述要件而受到著作權法保護的著作非常多，依著作權法第 5 條規定，著作原則上可以分為 10 類，這 10 種著作類別，只是「例示」的性質，並不具有限制的作用。如果一項創作具備著作的特徵，縱使不在這 10 種著作類別中，仍然會受到著作權法的保護。這 10 類的內容，依智財局頒布的「著作權法第 5 條第 1 項各款著作內容例示」，包括：

1. 語文著作：包括詩、詞、散文、小說、劇本、學術論述、演講等。

2. 音樂著作：包括曲譜、歌詞等。

3. 戲劇、舞蹈著作：包括舞蹈、默劇、歌劇、話劇等。

4. 美術著作：包括繪畫、版畫、漫畫、連環圖（卡通）、素描、法書（書法）、字型繪畫、雕塑、美術工藝品等。

5. 攝影著作：包括照片、幻燈片等。

6. 圖形著作：包括地圖、圖表、科技或工程設計圖等。

7. 視聽著作：包括電影、錄影、碟影、電腦螢幕上顯示的影像等。

8. 錄音著作：指錄音於錄音帶、唱片等著作。

9. 建築著作：包括建築設計圖、建築模型、建築物等。

10. 電腦程式著作：例如電腦套裝軟體等。

## 著作權的意義與限制

透過以上的說明，我們了解到，著作是著作人創作出來的智慧結晶，對於國家文化的發展，有相當重要的意義。因此，對於著作人，國家應該給予以相當的鼓勵與保障，賦予他們管理著作的積極權利（創造經濟利益）與消極權利（防止他人侵害），使他們願意繼續發揮所長，對國家文化做出更大的貢獻。這些管理著作的積極與消極權利，就是我們所熟知的名詞：「著作權」，而享有著作權的人，我們就稱為「著作權人」。

另外，依我國著作權法的規定，著作人於著作完成時享有著作權。換句話說，從著作完成時起，著作人的著作就「自動」地受到著作權法的保護，不需要向智財局登記或註冊。因此，通常來說，著作人與著作權人會是同一人。但由於著作權在法律上具有「無體財產權」的性質，著作人當然可以經由授權或轉讓的方式，把他的著作財產權授權他人代為行使，或乾脆「賣斷」給他人，自己只要坐收權利金即可。因此，如果著作權曾經被著作人授權他人使用或將此權利轉讓他人，著作人與著作權人就不一定是同一人了。

值得一提的是，除了保障著作權人的權益外，如果不能對別人的著作進行任何程度的利用，社會文化的發展很有可能停滯不前，因此為了兼顧社會大眾的利益，我國著作權法特別規定在特定目的下，可以對著作財產權加以限制（著作財產權的定義，請參閱本節「著作權的內容」），允許他人在一定的範圍內能夠合理地使用受著作權法保護的著作，不需要事先經過著作權人的同意。其中包括

了為使國家機關正常運作、教育、學術研究、文化保存、資訊自由流通、社交公益活動、商品流通以及個人非營利使用等目的所設之限制。我們舉「社交公益活動」的限制為例，如果某校為了配合颱風賑災活動，而在舉辦表演活動時，在表演場地公開播送茄子蛋的歌曲「浪流連」作為背景音樂，依著作權法第 55 條規定，只要未對觀眾或聽眾直接或間接收取任何費用，也沒有支付表演者報酬，就可以合法利用「浪流連」這首歌曲，不需要事先經過著作權人的同意，而利用這首歌曲的結果，依著作權法規定也不會構成對著作財產權的侵害。

### 著作權的內容：「著作人格權」及「著作財產權」

有關著作人所可以享受的權利，我國著作權法採用「二元制」將它分成兩個部分，一是著作人格權，二是著作財產權：「著作人格權」與著作人的人格具有不可分離的密切關係，因此，著作人格權不可以轉讓給他人，著作人死後也不可以由他人繼承；至於「著作財產權」則是一種具有市場價格的經濟性權利，透過著作財產權的行使，可以獲取並實現著作的經濟價值，性質上是可以轉讓，也可以繼承的。以下分別說明它們的內容。

我國著作權法規定的著作人格權有三類：

1. 公開發表權：著作權人有權決定是否要以著作權法規定的方式，例如印製成書、展覽等，向社會大眾展示著作內容。

2. 姓名表示權：著作人於著作原件（例如一本英文小說書的原稿）、重製物（例如出版社印刷出版的複製品）及衍生著作（例如該英文小說的中文譯本）上，都有表示本名、別名或不具名的權利。

3.禁止不當刪改權：著作人享有禁止他人以歪曲、割裂、竄改或其他方法改變著作內容、形式或名目，造成著作人名譽損害的權利。舉例來說，報社對於投稿的內容加以修飾，或是刪減部分內容以符合篇幅的需要，由於不至於損害著作人的名譽，所以通常不能算是侵害著作人的禁止變更權；但是如果竄改投稿者意見，將投稿者表示反對興建美濃水庫的意見故意變更為支持興建美濃水庫，完全變更了作者的原意，則報社的行為明顯侵害了投稿者的禁止變更權。

著作財產權的種類與類型，比著作人格權要複雜許多。總括來看，著作權人享有的著作財產權大致可以分為以下三大類：

1.有形利用的權利：包括重製權（以印刷、複印等方式再現著作的同一內容）、公開展示權（公開展覽美術著作或攝影著作的權利）、出租權以及散布權。

2.無形傳達的權利：包括公開口述權（例如朗誦語文著作）、公開播送權（例如以有線電視的方式，向收視戶發送視聽著作的影像或聲音）、公開上映權（例如在戲院裡放映視聽著作）、公開演出權（例如以彈奏樂器的方式表演音樂著作）以及公開傳輸權。

3.改作、編輯的權利：包括改作成衍生著作（例如把英文著作翻譯成中文）及編輯成編輯著作（例如把所有和「藍色」有關的歌曲收錄在一張新的專輯中）的權利。

### 侵害著作權的責任

前述「著作權的內容」說明的各項權利，都是專屬於著作權人所享有的。也就是說，這些權利只有著作權人才可以行使，其他人如果想行使這些權利而不致侵害著作權，只有兩條路可以走。第

一條路就是確定自己的利用行為符合著作權法上所規定的「合理使用」（即前述著作財產權的限制，請參考著作權法§44～66）；第二條路則為在利用著作前，先向著作權人「打聲招呼」，取得他的同意，這樣就「萬無一失」了。在此，本書要提醒讀者，侵害著作權可能負擔的民事與刑事責任是相當嚴重的（請參考著作權法第六章、第七章），「賠錢了事」、「花錢消災」事小，如果因此吃上官司，那就茲事體大了。另外，隨著科技、網路的發展，近年來出現各式各樣新興的數位侵權方式，例如：提供電腦程式協助一般人方便連至網站收看沒有經過授權的影音內容，這也是侵害著作權的行為，大家一定要謹慎。

## 著作權與出版界的影響

「版權所有，翻印必究」是大家耳熟能詳的八個字，究竟版權與著作權有何關係呢？許多人一想到著作權，很自然地就會和出版界聯想在一起，事實也是如此。目前出版界發行的著作花樣繁多，從無聲的平面圖書（以平面的文字或圖畫為內容的書籍）到有聲的「立體書籍」（例如錄音（影）帶、CD、DVD或線上串流影音等），可以說是應有盡有。然而，在出版界發行各種類型的著作之前，必然需要先與著作權人接洽，確立二者間的權利義務關係，才能順利地完成發行程序。因此，將出版界與著作權人間的關係描述成「十分密切」，並不為過。

舉例來說，國內某出版商想要發行金庸先生的著作「神雕俠侶」，首先，該出版商必須取得金庸先生的授權，同意其「重製」神雕俠侶的內容，然後雙方訂立授權契約，決定出版條件（例如出版商應付給金庸先生的報酬、每次出版的數量等）後，才有權出版

神雕俠侶。目前由於出版商與著作權人間已經習慣於在訂約的時候約定出版商每次發行的數量，並且以「第幾版」相稱，久而久之，大家也就習慣於「版權」這個稱呼了。因此，習慣上所謂的「版權」，其實就是「特定版次的重製權」的意思。

## 著作權與其他相關行業

對於非出版界的其他相關行業來說，著作權法和它們關係最密切的部分，就是關於著作完成時，著作權到底應該歸屬於誰的條文。目前產業界，特別是電腦軟體業，有一個現象十分普遍，就是雇主或出資人常常以「金主」的身分雇用或聘用專業人士來完成著作。那麼，在著作完成時，著作權究竟應該「花落誰家」，牽涉到可能的經濟利益，對於雇主或出資人以及受雇用或聘用的專業人士間的權益，有著莫大的影響。

表 8-3　著作權歸屬

| | 性質 | 著作人 | 著作財產權歸屬 | 當事人可否另為約定 | 法規依據 |
|---|---|---|---|---|---|
| 僱傭關係 | 職務上完成的創作 | 受雇人（員工） | 雇用人（老闆） | √ | 著作權法第 11 條 |
| | 非職務上完成的創作 | 受雇人（員工） | 受雇人（員工） | × | |
| 出資聘用關係 | 契約中有約定著作財產權歸屬 | 受聘人 | 依契約約定 | √ | 著作權法第 12 條 |
| | 契約中未約定著作財產權歸屬 | | 受聘人（但出資人可以利用該著作） | | |

資料來源：筆者整理。

　　有鑑於此，我國著作權法第 11 條與第 12 條特別就這個問題加以規定，原則上，著作人與著作財產權的歸屬應依雙方所定的契約內容來決定，如果契約中沒有約定時，以「受雇用或聘用之人」為著作人；「著作財產權」的歸屬則必須要區分雙方間是「僱傭關係」或是「出資聘用關係」決定（請參考表 8-3）。

## 重點說明

Case 1

　　禰豆子所發明的「萬能美髮機」，如果具備新穎性、進步性與產業利用性等專利要件而為「利用自然法則之技術思想之創作」，可以依照專利法第 25 條等規定申請，由智財局審查通過並繳納相關費用後，就可以取得發明專利，享有專利法賦予專利權人的排他性權利。他人未經禰豆子同意仿冒「萬能美髮機」（即未經同意而製造、販賣、使用或進口「萬能美髮機」），是屬於侵害禰豆子發明專利的行為，禰豆子可依專利法相關規定向民事法院請求判決侵害專利者賠償損害，也可以請求法院判決排除他人的侵害。

　　而禰豆子的「神奇 Nezuko」及「神奇美髮小鋪」標誌如果具備識別性，可以申請註冊為「商標」，標示於「萬能美髮機」產品及店面招牌上。在向智財局取得註冊後，禰豆子可以授權製造商或其他人於特定的商品或服務上使用「神奇 Nezuko」及「神奇美髮小鋪」的商標，對於沒有得到禰豆子同意就侵害她商標專用權（即未經同意而使用「神奇 Nezuko」與「神奇美髮小鋪」標誌）的人，禰豆子可以向民事法院請求判決侵害商標的人負擔損害賠償責任，或由法院以判決排除侵害商標者的侵害行為，甚至，禰豆子可以向

刑事法院提起告訴，使侵害商標者受到刑罰的制裁，以遏止他人持續使用她的商標招搖撞騙、欺騙消費者。

## Case 2

本案例中，包括文章（語文著作）、插圖（圖形著作）、照片（攝影著作）、音樂（音樂著作）、影音檔案（視聽著作）在內，都是著作權法所定義的「著作」而受到著作權法的保護。炭治郎如果只是把在網站上看到的文章、音樂等下載下來，單純供自己使用，在著作權法上是屬於「合理使用」的範圍。問題就出在炭治郎基於營利的目的，編輯、出版所蒐集到的各類著作，並且在每一篇文章前冠上自己的名字。從著作權法的觀點來看，炭治郎的行為侵害了這些文章原作者的姓名表示權（著作人格權）、重製權及編輯權（著作財產權），必須受到著作權法的處罰。

### 實況演練

1.發明「螢光粉筆」的超級筆一筆公司想要以一個等號（＝）向智財局申請成為「螢光粉筆」的商標。如果你是審查人員，會同意超級筆一筆公司的申請嗎？為什麼？

2.家裡賣照明設備的聖利有一天突發奇想，把彩色玻璃紙貼在日光燈管外面，製成了「七彩霓虹燈管」，於是興沖沖地向智財局申請發明專利。如果你是審查人員，會同意聖利的申請嗎？為什麼？

3.阿雅開設的紅豆美容塑身中心生意奇佳無比，全省廣開分店，並且已經向智財局申請註冊核准，取得商標專用權，阿妹如果也想要參與經營，應該怎麼辦才最安全？

4.伊之助參加四川地震賑災活動時，在南投縣政府大禮堂公開高歌茄子蛋的成名曲「浪子回頭」，伊之助的行為會不會受到著作權法的處罰呢？

# 第九章

# 智慧財產權（二）

## Case 1

派大星原本任職於蟹老闆所經營的「蟹堡王速食餐廳」擔任烹調主廚，在他跟餐廳的聘用合約中，有一個條款約定：「派大星不得竊取蟹堡王速食餐廳的營業秘密，並且在離職後，二年內不得於比奇堡地區從事與蟹堡王速食餐廳營業項目相同或類似之行業，否則應賠償蟹堡王相當於其離職當月薪津 24 倍之金額。」由於蟹老闆天生小氣，一直不願給員工加薪，派大星決定離職轉往由蟹老闆的死對頭皮老闆所開設，一樣是以販賣速食為主的「海之霸美式餐廳」服務，並且偷偷把蟹老闆最得意的「蟹堡獨門醬料」提供給「海之霸」餐廳的皮老闆。蟹老闆知道後氣得火冒三丈，決定以派大星違背合約所約定的不競業義務以及侵害「蟹堡王」的營業秘密為理由，向法院提起訴訟，請求損害賠償；派大星則向法院反駁說，這個條款限制了他的工作權，而且違背公序良俗，應該無效，並且蟹老闆也沒有要求員工不可以告訴別人獨門醬料是怎麼做成的。

似乎兩邊說的都有些道理，究竟此場「派蟹之爭」，法院會如何認定呢？

除了前一章提到的專利法、商標法及著作權法以外，由於時代的進步，新形態的智慧財產權糾紛也隨之產生，這些權利雖然各有特色，但卻同樣地有加以保護的必要。因此，本章就是要為讀者介紹幾個有別於傳統智慧財產權領域的權利，包括營業秘密、積體電路電路布局權以及網域名稱的爭議等，希望能使大家對智慧財產權的法律有進一步的體認。

## 1　營業秘密法──有些話是不能說，有些事是不能做

**概　說**

　　近年來由於科技進步快速，連帶地也帶動產業間的激烈競爭，在這樣激烈的工商環境下，一個產業要脫穎而出，勢必要有一些別人所沒有的「優勢」。這些優勢可能是已經取得專利保護的發明，也有可能是受著作權法保障的創作；但是，這兩個法律所保障的都是「公開」的東西，而一個產業致勝的關鍵，有的時候可能必須仰賴具有秘密性、不適合公開，而且具有產業價值的技術或資訊，這也就是我們說的「營業秘密」（trade secret）。

　　營業秘密法就是在體認到保護營業秘密的重要性後，所制定的一部法律。所以營業秘密法的立法目的，就是要藉著保護營業秘密，來維護產業間的倫理與競爭秩序，並且進而調和社會公共利益，以避免產業間以不正當之方法相互挖取營業秘密，造成不公平競爭的現象。

　　例如「飛龍武術班」是國內首屈一指的武術教練補習班，專門傳授降龍十八掌，學習一掌收取 10 萬元。由於降龍十八掌有特別的心法，非經掌門人親自傳授是無法學成的，所以旁人一直難窺堂奧；這時假如他的死對頭「飛虎武術班」派美女小英臥底去學習心法，然後也開班教授降龍十八掌，學習一掌只收取 5 萬元，這樣表面上看來是對降龍十八掌的傳承以及發揚光大，但是如果掌門人閉關十八年才想出來的絕招，被對手偷學之後拿去輕鬆賣錢或研究破解，將來可能沒有人願意繼續鑽研武術了，對飛龍武術班來說，的

確非常不公平。因此，我們必須針對這種不公平競爭的行為加以適當的規範。

## 營業秘密的概念

接下來我們要了解，營業秘密到底是什麼？公司董事長的愛犬失蹤了，讓他每天茶不思、飯不想而無心上班，這是營業秘密嗎？根據我國營業秘密法第 2 條規定，營業秘密是指方法、技術、製程、配方、程式、設計或其他可以用於生產、銷售或經營的資訊，而且必須符合下列要件：

1. 非一般涉及該類資訊的人所知悉。
2. 因其秘密性而具有實際或潛在的經濟價值。
3. 所有人已採取合理的保密措施。

由此可知，營業秘密除了須是可用於生產、銷售或經營的資訊外，營業秘密受保護之要件，還包括以下四點：

1. 必須具有秘密性：既然是「秘密」，當然是「你知，我知，但其他人都不知」，也就是說，知道這個秘密的人只能限於特定而封閉的範圍，例如公司內部或是簽訂保密條款的特定人之間。如果已經成為公開事實的話，就不再是秘密了，自然不應再受到營業秘密法的保護，例如已經在電視或報章雜誌上發表過的技術或其他資訊等。

2. 非一般涉及該類資訊的人所知悉：如果一項資訊雖然沒有公開於社會大眾，但卻是一般涉及該類資訊的人知道的資訊，就算實際知道的人有限，在未取得權利保護（例如專利權）之前，任何知道該類資訊的人都可以自由使用，該資訊並不受到營業秘密法的保護。例如，汽車製造業者雖然都知道製造引擎的基本原理，但是卻

不一定能自行生產 V6 引擎，因為 V6 引擎可能有一些特別的生產技術或製造方法，而不是所有汽車製造業者都知道的資訊，這時，V6 引擎的製造技術就「可能」是一種營業秘密。

　　3. 因其秘密性而具有實際或潛在的經濟價值：保護正當的競爭秩序是營業秘密法的目的之一，然而，如果這個秘密在客觀上，絲毫不具備「競爭能力」，就沒有加以保護的必要了。

　　所謂實際或潛在之經濟價值，是指保守該秘密，對於事業的競爭能力具有正向的助益，一旦該秘密被公開，將會影響自身以及其他相關事業的競爭能力。例如許多傳統餐飲店的生意能一枝獨秀，靠的就是口味獨特的「祖傳祕方」，祕方的調配方式一旦被同業知悉，這些店可能就失去他原有的競爭優勢了。

　　4. 所有人已採取合理的保密措施：是指營業秘密的所有人，在客觀上有一定的行為，使人了解他有把這個資訊當成秘密加以保護的意思。一般可能採用的保密措施，例如妥善保管、存放公司文件，在文件或往來信件上標示「機密」、「限閱」或其他類似的字樣；或建立良好的文件管理制度，對於能夠接觸到秘密的人加以規範，例如於聘僱員工時，和員工簽訂保密條款，就是方法之一。

　　至於採取的保密措施是否「合理」而能達到受營業秘密法保護的門檻，要考量的因素很多，一般認為可以參考營業秘密之性質、重要性、事業間彼此的競爭狀況，以及社會大眾的通常認知而定。

　　基於以上對營業秘密要件的了解，通常可能被認為屬於營業秘密的態樣，包括了顧客名單、樣品書、財務報表、已經締結或將來欲締結的契約、行銷計畫、合作備忘錄、構造複雜的機器、電腦程式等，大家可以先有一個概括的了解。

## 營業秘密的性質

　　當一個技術或資訊已經符合營業秘密法的保護要件以後，我們接下來想知道的是，營業秘密既然也是一個無體財產，那他是一種權利嗎？營業秘密法是以什麼樣的角度來對營業秘密加以保護呢？

　　通常我們將智慧財產權法分為三類：

　　1. 與鼓勵技術創新有關的智慧財產權法，如專利法。

　　2. 與促進文化發展有關的智慧財產權法，如著作權法。

　　3. 與維持交易秩序有關的智慧財產權法，如商標法。而除了商標法之外，公平交易法與營業秘密法也都具備維持交易秩序的功能，所以也包括在內。

　　營業秘密法是對符合本法規定的「營業秘密」給予一個最低程度的保護。所謂最低程度的保護，指的是營業秘密所有人可以禁止他人「運用不正當的方法」來取得其營業秘密，但是如果他人是用正當手段來取得相同的技術內容，例如以「還原工程」（reverse engineering）的方法分析競爭對手的最終成品，而發現其秘密製程時，營業秘密法並不能禁止他人使用該技術。這點跟專利一經申請取得後，別人就不能以相同的技術取得專利，就算別人是自行研發出來的，只是恰巧與專利技術相同，專利權人也能禁止其使用的狀況不同。

　　因此，營業秘密屬於一種無體財產，擁有營業秘密的人所享有的是一個「受保護的地位」，不算是一個法律上的「排他性權利」，但是它跟大部分的財產權很類似，不但具有財產的價值，可以成為交易以及繼承的客體，並且可以與他人共有；不過也有些地方是不甚相同的，例如，營業秘密不能像一般財產一樣，成為強制執行的標的，因為強制執行的結果，會將營業秘密公諸於世而破壞

了營業秘密最重要的特質——秘密性，因此本法特別規定營業秘密不得為質權及強制執行的標的，就是因應營業秘密的特性所做的調整。

## 營業秘密的歸屬與使用

1. 營業秘密的歸屬：如果營業秘密是一個人「自產自用」，誰是營業秘密的所有人當然不會有爭議；但是如果牽涉到兩個人以上時，例如營業秘密的產生可能是由事業內部的人員所完成，也可能是由事業出錢委請事業以外的人完成，這時該營業秘密究竟應該歸屬於雇主或受雇人，或者歸屬於出資人或受聘人，容易引起爭議，如果雙方在契約中也沒有明文約定，可能會有疑問，就有研究的必要了。

(1) 僱傭關係：營業秘密通常都是提供企業經營使用，所以通常它是在企業運作時所產生，或透過研發而成的。無論是透過內部研發人員所發展的技術或是公司員工在企業運作時取得的資訊，員工與企業間的關係大多為民法第 482 條的「僱傭契約」，所以我們可以在這個基礎上探討權利的歸屬。

員工職務上研究或開發所產生的營業秘密，原則上歸屬於雇主，但這個原則可以用契約另外約定，也就是說，可以在契約中約定歸屬於員工。至於非職務上研究或開發所產生的營業秘密，則歸屬於員工所有，但是如果這個營業秘密是利用雇用人的資源或經驗才產生的，雇用人可以在支付合理報酬後，使用這個營業秘密。

所以，假設宗謀剛從國外深造回國，受聘在國內某知名半導體製造公司工作，剛進入公司，就被要求簽署含有「員工在職期間之發明創作權益都屬公司所有」這樣條款的合約。在這個時候，宗謀

應該注意的是，要先確定自己的「職務範圍」爲何？例如未來工作的性質、範圍及所需技能等，這樣才能確定是不是屬於「職務內」的創作發明。

(2) 出資聘人完成：如果是企業出資，請人來研究或開發的話，這樣的關係可能是民法上的「委任契約」或「承攬契約」。營業秘密法規定原則上應該依照雙方契約的約定決定其歸屬；如果沒有約定的話，則歸受聘人所有，但出資人可以在業務上使用這個營業秘密。

關於兩種情況的比較，請進一步參酌表 9-1。

表 9-1　營業秘密歸屬說明

| | 性質 | 營業秘密歸屬 | 備註 | 法規依據 |
|---|---|---|---|---|
| 僱傭關係 | 職務上研究或開發的營業秘密 | 雇用人（老闆） | 當事人可以用契約另爲約定 | 營業秘密法第 3 條 |
| | 非職務上研究或開發的營業秘密 | 受雇人（員工） | 如是利用雇用人的之資源或經驗，雇主若支付合理報酬，可於該事業使用 | |
| 出資聘用關係 | 契約中有約定營業秘密的歸屬 | 依契約約定 | 當事人可以用契約另爲約定 | 營業秘密法第 4 條 |
| | 契約中未約定營業秘密的歸屬 | 受聘人（但出資人可以於業務上使用） | | |

資料來源：筆者整理。

2. 營業秘密的讓與及授權：由於營業秘密具有財產價值，所以可以成爲交易的客體。它的所有人可以將營業秘密的全部或部分讓與他人或與他人共有，也可以授權他人使用。但「物以稀爲貴」，

為了避免讓太多人知道而降低了它的潛在經濟價值，當事人可以想一些方法來限制營業秘密的使用範圍，例如授權他人使用的時候，可以就授權使用的地域、時間、內容、使用方法等加以約定，而且除非經過營業秘密所有人同意，被授權人原則上不得再授權其他人使用。

3.特定身分者的保密義務：為了確保營業秘密的秘密性，營業秘密法特別針對因承辦公務或司法訴訟程序可能知道他人營業秘密的人，例如公務員、法官、檢察官、律師、證人等，都要求不得擅自使用或洩漏該營業秘密。此外，「智慧財產案件審理法」也為了保障訴訟當事人的營業秘密，特別創設了「秘密保持命令」的制度，對於涉及營業秘密的訴訟案件，以核發「秘密保持命令」的方式，提供更進一步的保護，以免當事人為了避免營業秘密被對方得知，有所忌憚而不敢提出有利的證據。而在刑事訴訟程序中，營業秘密法有「偵查保密令」的規定，也是類似的功能。

## 營業秘密的侵害態樣與救濟

這部分是營業秘密法的規範重點，因為當確定營業秘密是一個法律上所保障的財產後，我們便要知道當這個財產被侵害時，能夠循什麼法律途徑救濟，否則無法遏止不肖業者竊取營業秘密的不正當競爭行為。由於侵害營業秘密的態樣千變萬化，為了確定哪些行為是對營業秘密的侵害，營業秘密法第 10 條第 1 項列舉了五種常見的侵害類型：

1.以不正當方法取得營業秘密：所謂「不正當方法」是指竊盜、詐欺、脅迫、賄賂、擅自重製、違反保密義務、引誘他人違反保密義務或其他類似的違法行為而言。

　　第 1 款所涵蓋的範圍相當廣，只要是以不正當方法取得營業秘密，不管你是毫無關係的第三人，或是與營業秘密所有人有法律關係的人（例如授權使用人、公司員工等），都屬該條所規範的對象，例如公司員工竊取非屬其職掌範圍內的營業秘密。

　　但是，如果是以正當的方法取得營業秘密，例如經由對他人營業秘密所附著的產品的分析研究，而得知其秘密，則並不構成營業秘密的侵害，這就是一般通稱的「還原工程」。因為這時的行為，是自行研究開發所取得的成果，所以並不是一種不正當的行為，營業秘密法既然是在維持正當的產業競爭秩序，如果是正當的行為，自然就沒有禁止的必要了。

　　2. 知悉或因重大過失而不知其為本法的營業秘密，而取得、使用或洩漏：第 2 款所指的對象是營業秘密的「轉得人」。所謂「轉得人」指的是非以自己的行為直接取得營業秘密，而是透過別人取得營業秘密的人。例如馬蓋先慫恿「夥計公司」的員工李麥克竊取該公司神奇跑車的製造藍圖，然後以 1,000 萬元的代價向他購買，這時馬蓋先就是「轉得人」。

　　營業秘密的轉得人本身雖未以不正當方法取得營業秘密，但其既然事先明知或因重大過失而不知該營業秘密的來源不正當，卻仍然取得、使用或洩漏該營業秘密，這種行為若不予禁止，將使不正當取得之營業秘密得以繼續被流傳出去，對於營業秘密的所有人相當不利，對其保護亦有欠周全，所以也是屬於侵害類型的一種。

　　3. 取得營業秘密後，知悉或因重大過失而不知其為第 1 款的營業秘密，而使用或洩漏：前款所規定的狀況，是營業秘密的轉得人於「事先」就知道該營業秘密為不正當取得；而第 3 款所規定的情形，則是於一開始取得營業秘密時沒有惡意，但「嗣後」知悉或因重大過失而不知該營業秘密的不正當性後，仍然為使用或洩漏的

情形。爲了貫徹前款保障營業秘密之意旨，對於這種嗣後惡意之行爲，亦應予以禁止。

4.因法律行爲取得營業秘密，而以不正當方法使用或洩漏：假如是因爲僱傭、委任、承攬、授權等關係而取得營業秘密的人，其取得的方式既然是根據這些法律關係，自無不正當可言。但是這種正當取得的營業秘密，卻可能嗣後被不正當地使用或洩漏。例如員工於在職期間或離職後，違反保密義務，擅自使用該營業秘密或洩漏給他人，此種行爲由於對營業秘密所有人可能造成的損害甚至比前述各項行爲更大，所以也有禁止的必要，以確保營業秘密所有人的利益。

5.依法令有守營業秘密之義務，而擅自使用或無故洩漏：這種情形是指依法有保密之義務，但卻沒有使用的權利的情形。除了前面所提到的特定身分者外，如會計師、醫師及建築師等，依法也有保密義務，此時仍應禁止這些特定人士擅自使用或洩漏該營業秘密，以保障營業秘密所有人的利益。

一旦營業秘密受侵害時，依營業秘密法的規定，被害人可以依民事救濟途徑受到保護。又，營業秘密法於民國 102 年 1 月 30 日增訂侵害營業秘密的刑事責任，針對以竊取、侵占、詐術、脅迫、擅自重製或其他不正方法取得營業秘密，或取得後進而使用、洩漏的行爲加以處罰。此外，對於持有營業秘密，經營業秘密所有人告知應刪除、銷毀後，不爲刪除、銷毀或隱匿該營業秘密者，也加以處罰。上述行爲最重可處五年以下有期徒刑，這樣的刑度比早期只能用刑法第 317 條洩漏工商祕密罪處罰（最重處一年以下有期徒刑），可說是大幅加重。

營業秘密法所規定的民事救濟方法，與一般智慧財產權受侵害

所得主張者大致相同。被害人得請求排除侵害，有被侵害的可能或危險時，得預先請求防止，如果加害人有故意或過失不法侵害的行為，被害人尚可請求損害賠償，在故意侵害的情形，為了懲罰侵害人，被害人甚至可請求法院酌定損害額以上的賠償，但不得超過已證明損害額的三倍。

## 業者如何有效管理營業秘密

　　就事業而言，如何做好營業秘密的管理，以避免因為營業秘密「走漏風聲」而喪失競爭上的優勢，極為重要，否則不僅給予競爭對手可乘之機，而且對公司之利益與未來發展將造成相當不利之影響。通常業者可以採取的營業秘密管理方法可分三個方向：

　　1. 在資訊管理方面：公司應將其所有公司的資料根據其重要性分等加密，對不同重要等級的資料採不同管理措施，且機密資料應該徹底銷毀，以防外流。另外，特別要注意的是，現在駭客入侵電腦竊取資料的事件時有所聞，對於儲存於電腦內的營業秘密以及與秘密相關的資訊流通更須特別注意，例如定期更改密碼、設計網路工作站的使用者權限與管理系統、設置專人管理、控制電腦病毒、設計機密資訊的處理程序、限制得進入不同等級資料的權限及人員資格等。

　　2. 在員工管理方面：公司應與員工簽訂保密契約，約定員工在職期間不得有任何侵害公司營業秘密的行為，而為了達到徹底的保護，也可約定員工離職後，其保密義務仍繼續存在。

　　通常，營業秘密的洩漏發生在員工跳槽或自行創業的比例相當高，因此公司可以考慮在僱傭契約中適度訂定離職後的競業禁止條款，這種條款可以有效降低離職員工利用公司營業秘密對公司造成的損害。

3. 在交易對象的管理方面：公司有時因交易行為的必要，必須將營業秘密提供給他人知悉，此時雙方最好能於合約中簽訂保密條款，以降低營業秘密日後被不當利用的風險。可能簽訂保密合約的對象包括委託加工廠商、被授權人、技術合作人與供應商等。在保密合約中，並應就保密期間及可使用秘密的範圍、方法、地區、對象做出明確限定，以杜絕可能的爭議。

## 2 積體電路電路布局保護法——一項新的智慧財產權的誕生

### 積體電路電路布局保護的意義及重要性

「積體電路」（integrated circuit, IC），又稱半導體晶片，指的是在半導體的基本材料「電路板」上，透過一連串的物理及化學製造過程改變半導體上的材料特性，並將所需的電晶體及元件相互連接而成為具有電子電路功能的成品或半成品。而完成積體電路有一個重要的步驟，是根據電路的大小及連接關係，將電子電路轉換成各層的光罩圖形，其過程以及最後完成的平面或立體設計，就稱為「電路布局」（layout）。

從 1960 年發展到現在，半導體積體電路工業已快速蓬勃發展，這些聽起來很專業的設計，已經廣泛應用在我們日常生活中的許多電子產品之中，例如音響、電腦、手機等，此外，國防上所必要的飛彈、戰機等，也都使用了積體電路產品，成為各國爭相發展的重點工業類型，因而對半導體晶片的保護就成了刻不容緩的課題。

　　對於這種重要的技術，現有的智慧財產權法制能否提供足夠的保護？傳統專利法可保護晶片中有創意的電路設計以及製造晶片的製程，但申請專利常常曠日廢時，積體電路的產品生命週期又不長，可能還沒拿到專利就已經失去市場上的重要性；至於著作權法雖可保護晶片中 ROM 所含的程式或微碼，但並不能保護電路布局設計此一晶片產生過程中的重要步驟，加上晶片的布局設計又極易拷貝或以還原工程的方式來獲知，所以也不適合以營業秘密的方式來保護，但是它還是有受到保護的必要性，因此，包括美國在內的許多先進國家，紛紛針對半導體積體電路的電路布局設計訂立特別法加以保護，因而形成了傳統智慧財產權領域外的另一種智慧財產權，稱為電路布局權，也因積體電路的製造涉及光罩的設計，也稱為光罩權（mask work right）。我國為了順應世界潮流，也於民國 84 年制定了積體電路電路布局保護法，以促進國家科技及經濟的健全發展。

## 積體電路電路布局保護法的重要內容

　　我國積體電路電路布局保護法於民國 84 年 8 月 11 日公布，其中除了就何謂「積體電路」及「電路布局」予以明確定義外（請參酌本節「積體電路電路布局保護的意義及其重要性」的介紹），也在法條中就電路布局權的保護要件、權利歸屬、權利範圍、救濟程序等做了必要的規範，讓相關產業人士能夠充分了解並遵循。

### 1. 保護要件

　　根據積體電路電路布局保護法第 16 條的規定，受保護的電路布局權，要具備原創性及非普遍性兩個要件。所謂「原創性」，指的是由創作人的智慧努力完成而非抄襲的結果；「非普遍性」則是

指在創作時，該電路布局對整個積體電路產業及從事電路布局設計工作者而言，非屬平凡、普通或習知。符合上述要件，才有受到保護的價值。電路布局權一般是歸屬於申請人，電路布局的創作人可以向主管機關（經濟部）提出申請，創作人如果不只一人時，則應該共同申請登記。

如果電路布局符合前述要件，並不是自動地取得保護，因為我國積體電路電路布局保護法是採「登記保護主義」，須向經濟部登記完成後，才能主張電路布局權的保護，並自登記之申請日或首次商業利用日起，享有十年的保護。然而，為了鼓勵創作人申請登記並儘早將電路布局從事商業利用，促進相關產業的發展，本法另規定電路布局在首次商業利用後逾二年，即不得再申請登記取得保護。

### 2. 權利歸屬

關於電路布局權的歸屬，根據積體電路電路布局保護法第 7 條規定，不論是公司聘僱的研發人員（受雇人）在職務上完成的電路布局創作，或是公司出資聘人完成的電路布局創作，都是由公司申請登記，取得電路布局權。但是前述的受雇人及受聘人就算沒有功勞也有苦勞，因此就其創作事實，則享有姓名表示權。

### 3. 權利範圍

電路布局權人享有的權利，是可以排除他人：

(1) 未經其同意的複製行為：禁止他人未經權利人同意，以光學、電子或其他方式，重複製作電路布局或含該電路布局的積體電路。

(2) 未經其同意而輸入、散布電路布局或包含該布局之積體電

路的行為：禁止他人未經權利人同意，而以商業為目的輸入、散布電路布局或包含該布局之積體電路。

但是為了調和社會公共利益，積體電路電路布局保護法也對電路布局權做了一些行使上的限制，除了以研究、教學或還原工程目的所為的複製行為係電路布局權所不及外，本法並明文規定，在「合法取得電路布局或積體電路」或「善意不知取得的是侵害他人電路布局權的積體電路」兩種情況下所為之輸入或散布的行為，或者是自行創作而非仿製的創作行為，都不會被認為是侵害電路布局權。

### 4. 侵害之救濟

基於「有權利，有救濟」的法理，積體電路電路布局保護法既將電路布局權當成一種權利，則必須予以適當保障。因此，電路布局權被侵害時，權利人可以循民事救濟程序主張，除了就他人已造成的侵害，可以請求損害賠償外，如果有受到侵害的可能性，也可以請求排除或防止侵害。

看完上述的簡單介紹，大家有沒有似曾相識的感覺呢？有些規定，跟著作權法的規範方式很近似，因為電路布局權所保護的，一樣是創作人對積體電路及電路布局的心血投注，所以在某種程度上會沿用相類似的規範方式，但基於電路布局權的特殊性，還是有一些不同，大家如果有興趣可以參考兩個法律的相關條文，也希望經由以上的介紹，能讓各位對於電路布局這個未來很有潛力的智慧財產權有一些概略的了解。

**3** 網域名稱爭議──想用別人公司的名字當你的網址嗎？

Case 2

　　美商第凡內公司（Tiffany & Co.）爲全球知名的珠寶精品商，在世界各國包括我國申請多件商標獲准，經我國經濟部智慧財產局依據商標法規定，核准審定註冊公告，申訴人取得「TIFFANY」、「TIFFANY & CO.」等相關多件註冊商標，而且經濟部智慧財產局和我國法院也肯認它所有的商標爲著名商標，並以「tiffany」作爲全球網域名稱的主要部分。未料到，Tiffany & Co. 於 2020 年 10 月發現有 A 公司以「tiffany-co.com.tw」註冊網域名稱，且網站上販賣的商品也相當雷同，這樣可能會造成一般消費者聯想以爲是 Tiffany & Co.。事實上，自 2021 年 7 月起，Tiffany & Co. 已陸續接獲許多客戶提出相關疑惑和投訴。因此，Tiffany & Co. 認爲 A 公司似乎有利用 Tiffany & Co. 的國際知名度，使消費者產生混淆，誤導網路使用者瀏覽 A 公司的網站，並獲取不當利益的嫌疑。Tiffany & Co. 的主張是否有理由呢？

### 網域名稱的基本概念

　　網路世界四通八達，爲了避免混淆，在網際網路架構中必須要有一種機制，將每臺連上網路的電腦給予一個名稱，作爲其網路上的獨特身分，其他電腦在郵件寄送、檔案傳輸時，可以鎖定該專

屬網路號碼,把資料寄送至正確的電腦中。因此每臺電腦都有一個指定的位址(IP address),透過如 TCP/IP 通訊協定,與其他電腦相互聯絡,但因為 IP 位址是以單純數字所組成,並不利於記憶,所以才有「網域名稱」(domain name)的出現,可直接輸入較易記憶的名稱或縮寫,透過 DNS 的轉換,輕易搜尋到所欲找尋的網址。簡單地說,網域名稱就是網路上一個類似地址的專屬門牌號碼。

網域名稱會發生爭議的原因,主要是因為容易記憶、或具有識別性及代表性的網域名稱,有著潛在的經濟價值,例如汽車業可能都很想註冊到「car.com.tw」的網域名稱,或是一家叫作「可愛狗」的寵物店可能想註冊「cutedog.com.tw」,因為這些名稱可以讓一般人在上網時不需要另外查詢,以聯想的方式直接輸入網址即可參觀該網站,大大增加了網站的點閱率,也因此達到宣傳與促銷的效果。可惜特定的網域名稱只有一個,但是想要使用同一網域名稱的可能有數個人或數個事業,他們之間的事業名稱可能相同,營業領域可能也有重疊,在便於記憶、事業關聯性以及宣傳廣告效益等各種考量下,大家都想用同一個網域名稱,也就很容易發生爭議了。

## 網域名稱的取得及法律地位

申請網域名稱,需透過登記程序,取得與網際網路連線的網址名稱後,才能使其網址為其他電腦所知悉,網站也才能正式運作,而且原則上是先搶先贏,先登記的人,可優先取得網域名稱專用權。而網路上網域名稱的分配,是由網際網路資訊中心(Internet Network Information Center, INIC)統籌,並將各國地區網址名稱的分配權下放給個別的網路資訊中心,如臺灣地區由台灣網路資

訊中心（TWNIC）負責，實際上的申請業務則另授權相關單位辦理，如「.edu.tw」由教育部負責，「.gov.tw」由行政院國家發展委員會負責，其他可以申請的網域名稱種類有很多種，例如公司行號使用的「.com.tw」，如果自己想要經營專門網站也沒問題，可以申請「.idv.tw」的網域名稱來使用，這些其他的網域名稱則是由TWNIC授權另外八家受理註冊機構，由其負責網域名稱申請登記的業務。

　　跟前面討論的智慧財產權很不一樣的地方是，網域名稱的註冊人雖然就這個網域名稱有使用的權利，然而這個地位並不是法律所賦予的，而是由上述的網域名稱管理機構透過私法上的契約關係所賦予的，所以註冊人享有的，是一種僅僅具有「債權」效力的權利，與商標權、專利權等有排他效力的狀況並不相同。但若是以商標或事業名稱申請取得網域名稱，則可能會產生「強化」網域名稱地位的效果，甚至產生排他效力，只是這種效力的來源並不是基於網域名稱使用權本身，而是因為該網域名稱符合其他法律規範的保護要件而受到保護（如商標法、公平交易法），網域名稱使用權的債權性質並未因此改變。

## 網域名稱所衍生的法律問題

　　我國目前尚無一套正式的法律可以規範網域名稱的保護問題。不過，TWNIC已在民國90年3月通過了「財團法人台灣網路資訊中心網域名稱爭議處理辦法（以下簡稱「爭議處理辦法」），作為救濟申訴的管道，另外由於網域名稱的問題常牽涉到商標法跟公平交易法的問題，因此目前實務上也常以商標法及公平交易法來處理網域名稱所生的爭議，下面我們就來看看這三種解決機制的運作方式：

1. 網域名稱與爭議處理辦法

　　根據爭議處理辦法第 5 條的規定，公司註冊的網域名稱，如果符合：(1) 網域名稱與他人的商標、標章、姓名、事業名稱或其他標識相同或近似而產生混淆者；(2) 註冊人就其網域名稱無權利或正當利益；且 (3) 註冊人惡意註冊或使用網域名稱，則被侵害權益的人就可以向爭議處理機構提出申訴，由專家小組依其專業判斷是否眞的有上述的情形。目前 TWNIC 已正式與財團法人資訊工業策進會科技法律中心及臺北律師公會簽約，由這兩個機構進行 .tw 網域名稱爭議問題的處理，而根據爭議處理辦法第 9 條的規定，申訴人可以請求的救濟有兩種，一是取消註冊人的網域名稱，二是移轉該網域名稱給申訴人。但透過此一申訴管道，尙無法請求民事損害賠償，如果申訴後仍然認爲自己的權利受到侵害，只能根據公平交易法以及商標法的規定，向法院起訴請求法院判斷（請見下述 2、3 的說明）。

2. 網域名稱與商標法

　　網域名稱的概念與商標的概念並不相同，網域名稱只是網路上的一個位址或地址，所以他的目的只在於提供如何去進入及接觸架設網站者的資訊，而不是去表彰商品或服務，因此單純的網域名稱並不受商標法的保護。但是網域名稱的使用，如果已足使一般消費者認識其爲表彰商品或服務來源的標識，而且申請人於其所營業的商品或服務上有專用該標識的意思，並使用於所欲表彰的網路資訊等相關商品或服務，自得依商標法的規定申請註冊保護。

　　實務上經常發生以他人商標的文字登記爲網域名稱的問題，甚至有人是惡意搶先註冊很多公司的名稱，並以此作爲勒索知名公司的工具，這種人我們通常稱爲網路蟑螂（cybersquatters），如臺

灣的家樂福、雅虎，中國的搜狐、上海東方網等公司，都曾面臨被他人搶先註冊網域名稱或使用類似網域名稱的困擾。

由於近年來前述以註冊商標中的文字作為自己公司網域名稱，因而產生的侵害商標權糾紛愈來愈多，因此，現行的商標法已經明確規定 (1) 明知為他人著名的註冊商標，而以該著名商標中的文字作為網域名稱，有致減損著名商標的識別性或信譽之虞；或 (2) 明知為他人著名的註冊商標，而以該著名商標中的文字作為網域名稱，有造成相關消費者混淆誤認之虞者，都視為侵害商標權。

## 3. 網域名稱與公平交易法

網域名稱的使用或標示，即使不是作為商標使用，但如果有造成與他人商品混淆或與他人營業或服務混淆的情況時，那麼公平交易法的規範即有適用的可能。

依據公平交易法第 22 條第 1 項的規定，事業就其營業所提供的商品或服務，不得以著名的他人姓名、商號或公司名稱、商標或各種顯示他人商品的表徵，為相同或近似的使用，造成他人商品混淆，或販賣、運送或輸入使用該項表徵之商品（以防止商品的仿冒），或與他人營業或服務的設施或活動混淆（以防止服務的仿冒）。

從這個規定看來，公司的網域名稱如果符合公平交易法中表徵的要件，且符合公平交易法第 22 條其他要件，也就是：(1) 網域名稱為著名；(2) 相同或類似的使用；(3) 商品或服務已發生混淆，公司就可以依公平交易法第 22 條加以主張，排除他人使用與公司相同的網域名稱。

除公平交易法第 22 條規定外，若有襲用他人著名的商品或服務表徵，雖然尚未到達混淆的程度，但有積極攀附他人商譽等不正

當競爭的情事時，還是可以主張適用公平交易法第 25 條的概括規定：「事業亦不得爲其他足以影響交易秩序之欺罔或顯失公平之行爲」的可能性。例如著名的量販店家樂福股份有限公司原計畫以「carrefour」作爲網域名稱，向 TWNIC 申請登記，卻發現該名稱已爲奕昕電腦有限公司搶先註冊，故向公平交易委員會檢舉該公司是利用家樂福知名的商標與服務標章，有不正競爭之嫌疑，其後公平交易委員會於民國 89 年 2 月 23 日第 433 次委員會議就該案做成決議，認爲奕昕公司擁有該網域名稱，雖然並未使用，但家樂福公司卻因而無法使用其原已擁有的「carrefour」表徵爲網域名稱，進而喪失以消費者熟悉的名稱進入網路市場爭取交易的機會，所以奕昕公司的行爲已影響公平競爭及交易秩序，違反公平交易法第 25 條的規定，進而要求奕昕公司停止此一行爲，就是一個積極攀附他人商譽而成功主張的例子。

以上是遇到網域爭議時可能尋求的救濟途徑的簡單說明，各位如果有興趣或想要獲得更進一步的資訊，甚至想要自己註冊一個網址，體驗當網站站長的感覺，可以上網連結至 TWNIC 的網站（網址：https://www.twnic.net.tw），上面有很多相關資訊可供參考。

## 重點說明

### Case 1

關於派大星的案例可分爲「竊取營業秘密」及「禁止競業條款」兩部分來討論：

1. 關於派大星將蟹老闆的「蟹堡獨門醬料」帶走提供給皮老闆的行爲，首先要先判斷這個醬料是不是營業秘密，如果蟹老闆從

來沒有跟大家公開醬料的製造方法，也有採取一些保密的措施，加上獨門醬料是吸引饕客上門的祕訣而有潛在的經濟價值，應該確實是營業秘密。派大星的行為已經違反了雙方的契約約定，也構成了營業秘密法所規定的營業秘密的侵害態樣，因此蟹老闆主張受到損害而請求損害賠償是有理由的。

2. 至於在契約中常見的離職後競業禁止條款，是企業內部用來保護營業秘密的方法之一，雖然對公司是多了一層保障，但卻也對員工造成不便，到底孰是孰非，通常法院都是在不同的個案中斟酌判斷。

一般而言，從派大星（員工）的立場來看，面臨蟹堡王速食餐廳（公司）對自己提起這樣的訴訟時，通常可以主張：

(1) 公司並沒有受法律保障的營業秘密或合法利益存在。

(2) 員工本身並未接觸該營業秘密，或是屬於層級較低的人員，離職後並不會造成公司營業秘密的流失以及經營的危機。

(3) 競業禁止條款的內容太廣泛，造成不合理的限制（如期間太長、限制範圍太大），有違公序良俗。

但目前實務上採取的立場並不一致，所以有些判決認為像派大星的例子，雙方簽訂的聘用合約書，只有限制派大星於離職後二年內不得從事與蟹堡王速食餐廳營業項目相同或類似的行業，時間並不長，且不是所有的行業都不能從事，並且限於特定地區（比奇堡地區）而未限制太大的範圍（例如約定不得於整個「海底世界」工作），所以並沒有嚴重地剝奪派大星的工作權及生存權，也沒有違背公共秩序或善良風俗。另外該競業禁止約定的目的除保護營業秘密外，也在防止員工任意跳槽到具競爭關係的公司（例如海之霸），造成原公司的不利或傷害，且是為了保護公司的正當利益，自然有其正當性，因此與憲法保障人民工作權的精神不相違背，也

不違反其他強制規定，具有法律上的效力。

## Case 2

這是個網域名稱爭議處理程序的實際案例，結果爲 Tiffany & Co. 勝訴，前面提到的「tiffany-co.com.tw」網址應移轉由 Tiffany & Co. 使用。

由於網域名稱的爭議常常與商標法以及公平交易法有關，在爭議處理判斷上，通常可以參考國內外報章、雜誌或電視等大眾媒體廣告資料、銷售管道、營業狀況等資料，先判斷「TIFFANY & CO.」商標是否爲註冊商標，以及是不是被一般消費者普遍認知。實際上，「tiffany-co.com.tw」與「TIFFANY & CO.」除大小寫的區別外，幾乎完全相同，依據一般網路使用者的使用習慣，英文大小寫經常可以互換且毫無區別，因此可認定 A 公司的網域名稱確實與 TIFFANY & CO. 商標近似而產生混淆，這部分視具體狀況，可能侵害商標專用權。

但假設今天「TIFFANY & CO.」不是註冊商標，只是一個著名商標，那麼 A 公司於其網頁上，銷售了相同或類似的商品，諸如項鏈、鏈墜、手鏈、手環、耳環等，因爲有近似或造成混淆的可能，網路使用者可能因此被引誘、誤導瀏覽 A 公司的網站，因此這部分可能有公平交易法第 22 條的「仿冒」或有第 25 條「搭便車」的嫌疑。

### 實況演練

1. 茹萱是高科技公司的主管，因爲近來同業間競爭激烈，彼此剽竊商業機密的狀況相當嚴重，便想建構一套公司保密分類制度，

但在這之前想先知道常見的客戶名單、廠房設計或人事管理系統是不是營業秘密，你（妳）能告訴他嗎？

2. 周小倫原任職於「牛仔很忙」公司，離職後轉任「功夫牛仔」公司，從事與原公司性質相近的經紀人業務。假如周小倫因他在「牛仔很忙」公司並沒有簽署「競業禁止條款」，就放心地使用該公司的營業秘密，如此一來，「牛仔很忙」公司有沒有可能認定周小倫或「功夫牛仔」公司侵害了它的營業秘密？

3. 賈不妙是科技大學的研究生，為了增加實務經驗並且賺點小錢，便到附近的高科技公司打工。某次因緣際會，看到了工程師小宅所設計的電路圖，覺得真是件藝術品，便私下拷貝了一份，想帶回去好好研究。小宅可否主張賈不妙侵害了他的電路布局權？

4. 紀社長年輕時就出來創業，成立「魔法靈清潔用品公司」，經過多年奮鬥，終於讓公司的主打商品「超魔法清潔劑」在清潔用品界取得一席之地。為了因應資訊化時代來臨，紀社長決定要為公司製作網頁，但申請登記時發現，他想要用的網址名稱「magiclean.com.tw」已經有另一家名不見經傳的清潔用品公司搶先註冊，這時紀社長可不可以主張法律上的保護？

第十章

# 經濟生活的法律

## Case

醬太從小就在父親經營的巴壽司店裡幫忙。為了將巴壽司的美味發揚光大，醬太自食品營養系畢業後，即毅然整裝前往日本進修壽司技藝。三年後，醬太通過層層考驗，榮獲全日本壽司大賽的冠軍。醬太返國後，經媒體報導宣傳，巴壽司即成為全臺灣最著名的壽司店，生意鼎盛。

不料醬太的成功，引起全臺灣規模最大的壽司龍頭連鎖店柿壽司老闆武雄的不滿。武雄嫉妒醬太出盡風頭，又搶了柿壽司的生意，於是決定要利用柿壽司龐大的勢力打垮醬太及巴壽司。武雄先是威脅所有魚貨供應商不得供貨給巴壽司，否則以後柿壽司即不再向其採購；又命令所有柿壽司連鎖店進行一個月不計血本的「100元吃到飽」活動。此外，武雄還想出一套柿壽司VIP制度，宣稱民眾只要交2,000元的會費，就可以享有用餐九折優待，而且每招攬一人加入會員，還可以獲得柿壽司發給的1,500元獎金，招攬愈多會員加入，VIP等級就愈高，獎金也愈多。並在網路上大肆宣傳巴壽司經衛生署檢查衛生不及格，即將停業的不實消息，使得巴壽司生意因此一落千丈。

巴壽司的生意愈來愈差，武雄得意揚揚，某日又於網路上大登廣告，表示為「慶祝柿壽司重奪臺灣壽司店龍頭寶座，特推出美味日式燒肉壽司便當，內有高級松阪牛肉，只要50元」。消費者風聞搶購，卻發現便當內只有小小薄薄的豬肉片，向柿壽司抗議，武雄雙手一攤說：「廣告本來就只是隨便說說的，我的便當盒上又沒這樣寫。」更糟糕的是，便當衛生不佳，不少消費者食用後立即出現上吐下瀉的症狀。武雄對此僅表示：「壽司便當本來就容易壞，吃壞肚子請自認倒楣，小店恕不負責。」

　　此外，貪心不足的武雄，為了多賺點錢，還想盡辦法逃稅。他通令所有柿壽司連鎖店，除非客人要求，否則一律不開發票。各柿壽司連鎖店皆製作二本帳本，且在給稅務機關查帳的假帳本中，各柿壽司連鎖店的收入皆以「填得愈少愈好」為原則。

## 1　前言──經濟生活的遊戲規則！

　　古人說：「一日之所需，百工斯為備。」每個人一天中看似平凡無奇的日常需要，其實都是社會成員分工合作，才能提供出來。大家一起組成經濟體制、參與經濟生活，社會才有辦法繼續運作。過去數十年間，工商業迅速發展，為配合經濟自由化與國際化的趨勢，必須建立公平合理的交易規則，消除有礙市場自由競爭的阻力，才能維護市場的正常運作。

　　在現代的自由經濟制度下，既然是以「競爭」作為基本原則，每家商店或是公司、企業想要成功賺大錢，就要想辦法推出比其他人更有利的價格、更好的品質或服務，才能吸引到顧客。但是競爭的結果，可能就會產生獨占市場或不公平競爭的現象，反而妨害了自由經濟市場的競爭秩序。像是在交易的過程中，不想藉由合理正當的手段來爭取生意，反而故意用不正當的卑劣手段，例如：限制供貨、低價傾銷、損害名譽等方式來打擊競爭對手，以達到賺大錢的目的。這種情形，一般消費者相形之下，更顯得勢單力薄，像是待宰羔羊，變成最可憐的受害者。

　　所以，法律介入規範來防止這類破壞經濟生活合理秩序的行為，以維持自由而公平的競爭與消費者的權益，使所有的參與者都遵守法律規範，才能讓經濟體制爲所有的人創造最大的利益。而現行法律可以提供我們什麼樣的保護呢？以下我們主要介紹公平交易法、消費者保護法以及一些稅法的相關概念，以了解經濟生活的基本遊戲規則。

 **2　公平交易法──君子愛財，取之有道**

### 立法目的及適用範圍

　　公平交易法（以下簡稱「公平法」）第1條就宣示立法目的爲：「維護交易秩序與消費者利益，確保自由與公平競爭，促進經濟之安定與繁榮。」公平法規範的對象爲「事業」，包括以下四種：公司、獨資或合夥的工商行號、其他提供商品或服務從事交易之人或團體，以及事業所組成之同業公會或其他依法設立、促進成員利益之團體（公平法§2）。從而所謂「事業」，不分國籍、行業，不問是否爲營利性質，法人、或非法人，只要是獨立並持續地從事生產、商品交易或提供服務的行爲，在市場上進行「競爭」活動的，原則上都是公平法規範的對象。

　　所以，依照這個概念，一般消費者，雖然每天進行日常生活所需的交易行爲，但是這種消費行爲在本質上並非與他人進行營業上的競爭，所以並不是公平法所要規範的對象。

## 規範行為

公平法所規範的行為可分為兩大部分：一是事業獨占、結合、聯合、與其他限制競爭的行為；另一是不公平競爭行為，以下分別簡單說明。

1. 獨占、結合、聯合、與其他限制競爭的行為

(1) 獨占：公平法對「獨占」的定義是，事業在相關市場處於無競爭狀態，或具有壓倒性地位，可以排除競爭的能力。另外，二個以上的事業，實際上不做價格競爭，而他們全體的對外關係，已經具有前面所說的市場力時，也是獨占（公平法 §7）。而公平法如何認定事業是獨占事業呢？原則來說，如果一個事業的市場占有率達到公平法規定的比例，或是幾個事業的市場占有率合計達到公平法規定的比例，這一個或數個事業就會被認為是獨占事業。所以，公平法上的「獨占」，其實還包括「寡占」。

那麼是否只要被認為是獨占事業，就是違法呢？依公平法的規定，獨占本身並不違法，但獨占事業如果一有濫用獨占力的行為時，就會受到處罰。有獨占地位的事業，因為沒有人有能力和它競爭，有時是不知不覺中，有時是刻意為了維持獨占的好處，很容易利用各種不合理的藉口剝削供應商或客戶，或用不公平的方法排除其他人和它競爭。例如：本章 case 中的柿壽司，因為有強大的市場地位，資本又雄厚，如果武雄對商品的售價不當地維持低價（例如將原本合理價格 150 元的燒肉便當，降價成為 10 元），企圖短時間內用低價打垮其他小壽司店；或者沒有正當理由逼迫供應商給它特別優惠（例如威脅所有原料供應商都必須以批發價的五折，將壽司原料賣給柿壽司，否則柿壽司就永遠不向它們採買），這些都

是濫用獨占力的行為。

公平法規定獨占事業不可以做的行為，有下列幾種：

①以不公平的方法，直接或間接阻礙其他事業參與競爭。

②對商品價格或服務報酬，為不當的決定、維持或變更。

③無正當理由，使交易相對人給予特別優惠。

④其他濫用市場地位的行為。（公平法 §9）

如果違反以上的規範而有濫用市場地位行為，獨占事業依法會有損害賠償責任、被公平交易委員會（以下簡稱「公平會」）處以很高的罰鍰；如果行為人不遵守公平會的停止、改正命令，還會有刑事責任。所以身為獨占事業，市場力大固然可喜，但一定要時時謹言慎行，以免被認為是濫用市場地位，並限制了市場的競爭。

(2) 結合、聯合：與獨占有點類似效果的是「結合」及「聯合」行為。「結合」行為包括事業之間的合併、某事業與其他事業經常共同經營、或某事業取得其他事業三分之一以上的股份等情形。例如：本章 case 中，武雄所開柿壽司雖說已是全臺灣規模最大的連鎖店，但武雄為了再提高市場占有率，決定與第二大規模的桃太郎迴轉壽司連鎖店合併，這樣的合併就是一個結合行為。

大事業之間結合的發展結果，可能導致限制市場競爭，但為了顧及中小企業間的結合常常可以產生規模經濟等經濟效益，為市場帶來好處，公平法只對達到一定規模的事業結合加以規範，規定結合前須向公平會申報，這就是結合的「事前申報」制度。

如果事業結合應該申報而沒有申報，或申報後被禁止結合而仍然結合，參加結合的事業會被公平會處以各式各樣的處罰（結果都是回復原狀），有時可能還有損害賠償責任。所以身為有一定規模的企業，市場力大固然可喜，但結合前一定要記得先向公平會報告，以免受罰，又白忙一場。

「聯合」行為就是競爭者之間，用契約或任何方式的合意，共同決定商品或服務的價格、數量、技術、交易對象等或做其他約束，以避免互相競爭的行為。例如：本章 case 中的武雄，為了要在春節時「大撈一筆」，跟臺灣第二大規模的桃太郎迴轉壽司約定，自除夕日起至元宵節止，兩家所有店內壽司的價格一律同步漲二成，就是聯合行為。

依公平法的規定，事業不可以為聯合行為。因為競爭者之間聯合行為的發展結果，往往導致限制市場競爭。只有在符合公平法規定的少數幾種行為類型，可能有益於整體經濟與公共利益，並事前經公平會許可的，才例外不受限制（公平法 §15）。

競爭者從事聯合行為，其後果在全世界都是非常嚴重的。在我國除了依法會有損害賠償責任、被公平會處以很高的罰鍰外，如果行為人不遵守公平會的停止、改正命令，或停止後再為相同的違法行為，行為人會有很嚴重的刑事責任。所以競爭者之間，一定要避免交換彼此的重要資訊，以免被認為是有聯合行為，並限制了市場的競爭。

(3) 其他限制競爭的行為：例如公平法規定，事業對於其交易相對人，就供給的商品轉售給第三人或第三人再轉售時，不可以限制交易相對人轉售的價格（公平法 §19 前段）。事業不可以從事杯葛行為；不可以無正當理由差別待遇；不可以用低價利誘或其他不正當方法從事競爭；不可以用脅迫、利誘或其他不正當方法使其他人不為競爭；不可以不正當限制交易相對人之事業活動為條件來進行交易等（公平法 §20）。

以上舉例的行為都可能會造成限制競爭的效果，如果違反而被認為有限制競爭時，事業依法會有損害賠償責任，並被公平會處罰，所以事業應該盡力避免。

2. 不公平競爭行為

(1) 行為樣態：事業間不公平競爭的手法繁多，以下五種行為，可能直接或間接妨礙公平競爭，影響競爭者的權益，所以公平法明文禁止。以下分別簡單說明：

①不實廣告：事業不得在商品或其廣告上，或以其他使公眾可以得知的方法，對於與商品相關而足以影響交易決定的事項，為虛偽不實或引人錯誤的表示或表徵。

另外，廣告代理業在明知或可得而知情況下，仍製作或設計有引人錯誤的廣告，與廣告主負連帶損害賠償責任。廣告媒體業在明知或可得而知其所傳播或刊載的廣告有可能引人錯誤，仍予傳播或刊載，也須與廣告主負連帶損害賠償責任。而原則上，如果廣告薦證者明知或可得而知其所從事的薦證有引人錯誤之虞，仍為薦證者，也要和廣告主負連帶賠償責任。（公平法 §21）

②仿冒：「仿冒」是政府一直以來致力取締的非法行為，除了商標法、專利法、著作權法及公司法有所規範，在公平法也有所規定，以彌補前面法律的不足。事業所提供的商品或服務，不可以有下列的仿冒行為：

A. 仿冒著名之他人姓名，例如：「王永慶塑膠公司」、「張忠謀電子公司」。

B. 仿冒著名之商號或公司名稱，例如：「金石堂書局」。

C. 仿冒未經註冊之著名商標，例如：仿冒知名運動品牌的商標，標示在自己的產品上。

D. 仿冒著名之商品容器，例如：仿冒 XO 的酒瓶裝酒。

E. 仿冒著名之包裝，例如：仿冒知名品牌的飲料包裝。

F. 仿冒著名之外觀，例如：仿冒大英百科全書的封面。

G. 仿冒著名之其他的商品表徵。

只要上述的行為，會導致與他人同一或類似的商品、服務、營業，發生混淆，就會構成仿冒行為。但為顧及實際上商業運作，公平法規定下列各款行為，例外地不構成仿冒行為：

A. 以普通使用方法，使用商品或服務本身習慣上所通用的名稱，例如：使用「小象牌檯燈」的名稱，「非利牌檯燈」則不可以主張其仿冒「檯燈」兩字。因為「檯燈」兩字，是這類商品習慣上會標示使用的名稱。

B. 善意使用自己姓名的行為。

C. 商品或表徵，在未著名前，為善意的使用。（公平法 §22）

③以不當提供贈品、贈獎的方式進行促銷：事業不可以用不當提供贈品、贈獎的方法，來爭取交易機會。贈品、贈獎的額度和想促銷的商品本身，不能顯不相當，要符合公平會所定的合理比例。（公平法 §23）

④損害他人營業信譽：事業不可以為了競爭的目的，陳述或散布足以損害他人營業信譽的不實情事。例如：本章 case 中的武雄在網路上大肆宣傳巴壽司經衛生署檢查衛生不及格，即將停業的不實消息，就已經「構成損害他人信譽」的行為。（公平法 §24）

⑤其他足以影響交易次序的欺罔或顯失公平的行為：由於不公平競爭行為的態樣繁多，又日新月異，所以公平法規定，除本法另有規定者外，事業也不可以為其他足以影響交易秩序的欺罔或顯失公平的行為，也就是「概括條款」。（公平法 §25）

如果違反以上的規定而被認為有不公平競爭的行為，事業依法會有損害賠償責任、被公平會處以高低不等的罰鍰，有時還會有刑事責任，所以事業也應該盡力避免。

公平會於民國 81 年 1 月成立，隸屬於行政院。公平會為我國公平交易政策及公平法的中央主管機關，職掌事項包括：擬訂關於公平交易政策及法規、審議本法有關公平交易的事項、調查事業活動及經濟情況、調查或處分違反本法案件以及關於公平交易的其他事項。公平會對於違反公平法規定，有危害公共利益的情事，得依檢舉或職權調查處理。為了貫徹此調查權，公平會依規定進行調查時，受調查者於期限內如無正當理由拒絕調查或拒不提出有關帳冊等資料或證物，可處以罰鍰。

## 3　消費者保護法——消費者的護身符

### 立法目的及適用範圍

大家每天都必須進行各種不同的「消費」行為，以換取日常生活所需的商品或服務。隨著時代的演進，「消費者」和商家間的關係，也逐漸不再像以往農村社會，屬於比較平等的交換關係，而是在地位和勢力上差距愈來愈大。一間龐大的企業，例如本章 case 中的柿壽司，可能有數十家分店、上千名員工、上億元資產。如果因為產品或服務問題發生糾紛，而企業沒有誠意解決時，勢單力薄的消費者可能因為沒有時間和金錢，無法以訴訟或其他方式向該企業主張應有的權利。因此，消費者保護法（以下簡稱「消保法」）的誕生，提供了消費者特別的保護。

　　至於消保法與前面的公平法究竟是何種關係呢？公平法雖然也有保護消費者的功用，但是它的重點是保護公平競爭的交易秩序。消保法則側重規範企業經營者提供的商品或服務是否有損害消費者權益。這並不意味這兩種法律是互斥的，反而是相輔相成，但從保護消費者的立場來說，消保法可說是最基本的法律依據。

　　消保法的目的即在保障消費者權益，促進國民消費生活安全，提升國民消費生活品質。而消保法規範「消費者」（指以消費為目的而為交易、使用商品或接受服務之人）與「企業經營者」（指以設計、生產、製造、輸入、經銷商品或提供服務為營業之人）間，就商品或服務所發生的法律關係為「消費關係」；兩者間因商品或服務所生的爭議，稱為「消費爭議」；如果因消費關係而向法院提起的訴訟，稱作「消費訴訟」（消保法 §2 ①～⑤）。

　　而企業經營者的基本義務是對其所提供的商品或服務，重視消費者的健康與安全，並向消費者說明商品或服務的使用方法，維護交易的公平，提供消費者充分與正確的資訊，及實施其他必要的消費者保護措施（消保法 §4）。由此可知，企業經營者在賺錢獲利之外，「維護消費者權益」是企業責無旁貸的責任，也是永續經營的基礎。

### 保障消費者權益

　　有關消費者權益的保障，以下分為健康與安全保障、定型化契約、特種交易及消費資訊的內容真實等四方面來說明，消保法中並且明定企業經營者應負的義務與懲罰性賠償金制度。

　　1.健康與安全保障：依消保法規定，企業經營者不管是從事設計、生產、製造商品或提供服務，都應確保其所提供的商品或服

務，符合當時科技或專業水準可合理期待的安全性。如果商品或服務具有危害消費者生命、身體、健康、財產的可能時，企業經營者應於明顯的地方註明警告標示及緊急處理的方法（消保法§7Ⅰ、Ⅱ）。例如：一般常見在商品標示上，會註明「請放置在小孩不能觸及之處所」、「若誤食，請儘速送醫」、「若誤觸眼睛，請大量沖水後儘速送醫」等，都是符合這裡所說的「警告標示及緊急處理的方法」。而原本僅從事經銷的企業經營者若有改裝、分裝商品的行為以及輸入商品的企業經營者，都是包括在前述的企業經營者範圍（消保法§8、9）。

如果企業經營者提供有安全或衛生危險的商品或服務，或對於可能有危險的商品或服務，沒有做前述的警告標示及緊急處理方法，縱使能證明其完全無任何過失，法院也僅能減輕企業經營者應賠償給消費者的損害（消保法§7Ⅲ）。而若商品可能會危害消費者安全與健康，或者沒有為前述的警告標示及緊急處理方法，除非企業經營者有做必要處理，否則就應該立刻回收那批商品（消保法§10）。企業經營者若未依法處理，除了要賠償消費者的損害，可被處以罰鍰，並可以按次處罰（消保法§58）。而且企業經營者違反本法規定情節重大，可命其停止營業（消保法§60）。

2.定型化契約：是指企業經營者為了與多數人訂立契約的用途，預先擬定的契約條款。而且定型化契約不以書面為限，可以用放映字幕、張貼、牌示、網際網路或其他方法表示（消保法§2⑦、⑨）。

目前定型化契約被各行各業使用的情形日益普遍，儼然已成為現代交易的常見形態。定型化契約的根本問題在於，企業經營者經常利用優越的經濟地位，訂定有利於己而不利於消費者的契約條款，基於此不平等的地位，消費者可說無從討價還價。所以消保法

就定型化契約的內容做出一些限制，以保障消費者的權益。

首先，由於定型化契約是由企業經營者預先擬定的，為了保護消費者，定型化契約的條款如有疑義時，應做有利於消費者的解釋（消保法 §11）。

其次，定型化契約條款未經記載於定型化契約中，而依正常情形顯非消費者可以預見，該條款不構成契約的內容（消保法 §14）。此即一般所稱的「異常條款」。異常條款縱使已經記載在定型化契約中，消費者還是可以主張該條款不構成契約內容，例如：企業經營者在定型化契約書的背面用超小的字體，寫了一連串不利於消費者的條款，消費者可以依法主張該條款無效。也就是說，不論是否已經記載於定型化契約中，如因字體、印刷或其他情事，導致消費者難以注意其存在或辨識其意義，該條款仍不構成契約的內容。但消費者如果覺得該條款有利於己，仍可以主張該條款構成契約的內容。

3. 特種交易：有鑑於現代社會交易方式日益多樣化，消保法規定有四種特別的交易方式，不同於一般的買賣契約，就是通訊交易、訪問交易、現物要約買賣（無要約寄送買賣）及分期付款買賣。

「通訊交易」，是指企業經營者以廣播、電視、電話、傳真、型錄、報紙、雜誌、網際網路、傳單或其他類似之方法，來進行商品買賣的交易形態，例如：一般常見的信用卡會員郵購型錄、電話訂購化妝品、網路訂購保養品等；「訪問交易」，則是指企業經營者未經邀約而在消費者的住居所、工作場所、公共場所或其他場所訂立的契約，例如：推銷員到家裡販售商品、在公共場所任意向路人推銷商品（消保法 §2⑩、⑪）。

企業經營者透過通訊交易或訪問交易的方式訂立契約時，應將

消費者能夠迅速有效聯絡的企業經營者通訊資料、商品或服務的內容、消費者得依法解除契約的行使期限及方式，並消費申訴的受理方式等資訊，以清楚易懂的文句記載於書面，提供給消費者（消保法 §18）。通訊或訪問交易的消費者，可以有「七天的猶豫期」，如果對所收受的商品不願買受時，可以在收受商品後七天內，退回商品或以書面通知企業經營者解除買賣契約，無須說明理由及負擔任何費用或價款。就算通訊交易或訪問交易有違反上述規定的約定，該約定也是無效的（消保法 §19）。

現物要約買賣（無要約寄送買賣），是指未經消費者要約而郵寄或投遞商品，例如：書商未經消費者同意就寄來一套百科全書，上面說給予七天的試閱期，若消費者不想購買，必須在十天內寄回，否則就視同購買，消費者必須付錢買下這套書。這種不請自來的商品，等於強迫中獎，對消費者未必有利，甚至是種困擾。所以消保法規定此種情形，「消費者並不負有保管商品的義務，也無義務將此商品寄回」。物品的寄送人，經消費者定相當期限通知取回而未取回，或無法通知者，視為拋棄其寄投的商品。雖未經通知，但在寄送後超過一個月，未經消費者表示承諾買受該商品，而仍不取回其商品者，也視為拋棄寄投的商品。消費者還可以請求償還因寄送物所受的損害，及處理寄送物所支出的必要費用，例如：保管費用、郵寄費用（消保法 §20）。

分期付款買賣，是指買賣契約約定消費者支付頭期款後，餘款以分期支付，而企業經營者於收受頭期款時，交付標的物予消費者的交易形態。這種分期付款買賣契約應以書面方式為之，且應載明下列事項：(1) 頭期款；(2) 各期價款與其他附加費用合計的總價款與現金交易價格的差額；(3) 利率。企業經營者未依前項規定記載利率者，其利率按現金交易價格週年利率 5% 計算。如果企業經營

者沒有在契約上記載第 (1)、(2) 項，消費者並無給付現金交易價格以外價款的義務（消保法 §21）。

4. 消費資訊的內容真實：所謂消費資訊，指的就是廣告、商品或服務的標示說明、品質保證書，以及必要與誠實的包裝等。為了保護消費者的利益，消保法要求企業經營者應確保廣告內容的真實，而且企業經營者對消費者所負的義務不得低於廣告的內容；契約成立後，應確實履行（消保法 §22）。例如：本章 case 中的武雄，在報上大登廣告，表示「推出美味日式燒肉壽司便當，內有高級松阪牛肉，只要 50 元」。消費者買了卻發現便當內只有小小薄薄的豬肉片，這就是虛偽不實的廣告。武雄必須提供符合廣告的商品，否則就是違法。企業經營者更應依照商品標示法等相關法令，在其商品包裝上正確詳實的標示商品內容、成分、重量等事項。自國外輸入的商品，也要有完整中文標示說明，不可以比原產地的標示說明簡略（消保法 §24 II）。

企業經營者對消費者保證商品或服務的品質時，應該要主動出具「書面保證書」。所以保證可不能隨口說說就罷了，保證書應載明商品或服務的名稱、種類、數量、保證的內容、保證期間及其起算方法、製造商的名稱地址、交易日期等事項（消保法 §25）。企業經營者對於所提供的商品，應該依據其性質及交易習慣，為防震、防潮、防塵或其他保存商品所必要的包裝，以確保商品的品質與消費者的安全。但不得誇張其內容或為過大的包裝（消保法 §26）。違反以上規定，經通知改正而逾期不改正者，可處以罰鍰（消保法 §56）。

## 消費者保護團體與行政監督

　　消費者保護團體，是指以保護消費者為目的而依法設立登記的社團或財團法人（消保法 §2 ⑥）。消費者保護團體以保護消費者權益、推行消費者教育為宗旨，可以調查、比較、研究、發表商品或服務的價格或品質、接受消費者申訴、調解消費爭議、處理消費爭議、提起消費訴訟或是其他保護消費者權益的事項等。像是大家比較常聽到的「財團法人中華民國消費者文教基金會」，就是此種消費者保護團體。

　　為了落實保護消費者的權益，消保法規定關於行政監督的事項，像是主管機關（直轄市政府及縣（市）政府）的調查權與緊急處置權；由行政院負責消費者保護基本政策研擬、審議及監督；另外在直轄市政府及縣（市）政府設有消費者服務中心、消費爭議調解委員會及消費者保護官，以作為申訴機關及調解機關。

## 消費爭議的處理

　　消費爭議的處理，有二種方式：

　　1. 申訴與調解：發生消費爭議時，消費者可以向企業經營者、消費者保護團體或直轄市或縣（市）政府的消費者服務中心申訴。企業經營者應該於十五日內妥適處理，否則消費者可以向直轄市或縣（市）政府的消費者保護官申訴（消保法 §43）。如果申訴未能獲得妥適處理時，消費者可以向直轄市或縣（市）消費爭議調解委員會申請調解（消保法 §44）。

　　2. 消費訴訟：消費者除得依消保法提出申訴及調解外，也可以向法院提起消費訴訟。消費者可以自行或委託消費者保護團體來提

起訴訟以便請求相關的賠償。如同一消費關係而被害人爲多數時，並得提起消費者集體訴訟，以討回公道（消保法 §50）。對企業經營者故意所致的損害，消費者可以請求損害額五倍以下的懲罰性賠償金；對因重大過失所致之損害，得請求三倍以下的懲罰性賠償金；對因過失所致的損害，可以請求損害額一倍以下的懲罰性賠償金（消保法 §51）。

 **稅法──天下沒有白吃的午餐！**

　　政府爲了要從事內政、外交、國防、治安、教育、文化、衛生、環保、司法、交通、經濟和社會等各種建設，來保障人民生命財產的安全、促進人民生活的安和樂利以及提高人民的公共福利，就必須籌措財源。政府向人民籌集施政財源，有各種不同的方式，例如：課徵租稅、舉借公債等。而現代國家的財政來源，最主要就是租稅收入。

　　我國憲法第 19 條明文規定：「人民有依法律納稅之義務」，此即「租稅法定主義」的依據。由於人民繳納租稅，是一種經濟上的負擔，會影響到人民的生活，所以必須要透過民主的討論，制定法律作爲政府徵稅和人民納稅的共同依據。如此不但尊重人民的公意，能使稅法公平、合理，更可以約束政府不能濫用課稅的權力。

　　依財政收支劃分法第 8 條及第 12 條，可將稅目依稅收歸屬的政府單位，分爲國稅和地方稅。前者包括：所得稅、遺產及贈與

稅、關稅、營業稅、貨物稅、菸酒稅、證券交易稅、期貨交易稅及
礦區稅；後者則包括：地價稅、田賦、土地增值稅、房屋稅、使用
牌照稅、契稅、印花稅、娛樂稅及特別稅課。而以上的各個稅收都
有各自獨立的法律規定，分別清楚規範各種稅收的納稅義務人、課
稅範圍、稅率、租稅減免、稅額計算等事項。因為前述的各種稅法
分別獨立，所以後來又制定稅捐稽徵法，就稅捐稽徵程序做統一的
規定，以利於稅捐的稽徵及繳納。

像本章 case 中武雄開的柿壽司極盡可能地逃稅，依稅捐稽徵
法，稅捐稽徵機關對涉嫌逃漏稅的公司行號，可以依照法定程序進
行搜索。涉及重大欠稅或重大逃漏稅的案件，經調查確定後，還可
以公告欠稅或逃漏稅人的名稱，並強制執行其財產，其負責人甚至
還可能被判處有期徒刑、拘役、罰金等刑罰。至於個人或公司行號
實際應繳納的稅捐，種類相當多，分別規定在不同的法律中，包括
所得稅法、加值型及非加值型營業稅法、土地稅法、遺產及贈與稅
法等，規定頗為複雜。就以最基本的所得稅法為例，所得稅分為
「個人」應繳納的「綜合所得稅」及「營利事業」應繳納的「營利
事業所得稅」，課稅的內容及原則並不相同。不過，不論是個人或
營利事業，皆應了解自己所應負的稅捐種類，依法繳稅。

## 重點說明

本章中武雄所經營的柿壽司以不正當的手段打擊醫太所經營巴
壽司的生意，有公平法所禁止的「限制或妨礙公平競爭」、「虛偽
不實的標示或廣告」、「損害他人營業信譽」等行為，如其在臺灣
的壽司市場中已占有獨占地位，可能被定位為進行「濫用市場獨占
地位」的行為。依公平法規定，醫太可以請求除去或防止這些不合

法的侵害行為；因柿壽司的行為而受損害的醫太，也可以要求柿壽司賠償。

　　至於柿壽司為虛偽廣告並造成消費者食物中毒事件，已經違反了消保法的規定。顧客可以要求柿壽司提供和廣告內容相同的壽司便當；對於食物中毒部分，柿壽司必須賠償食物中毒的顧客，並回收所有賣出去的壽司便當。柿壽司若因本事件與消費者產生爭議無法解決，消費者可向消費者保護團體或消費者服務中心申訴。若仍無法解決，可向政府部門的消費者保護官申訴，或再向消費爭議調解委員會申請調解。如有訴訟的必要，更可集合 20 個以上同一事件的受害者，依法定程序委託消費者保護團體對柿壽司提起消費訴訟。

　　至於柿壽司逃漏稅的部分，稅捐稽徵機關可以依照法定程序搜索。經調查確定後，可以公告柿壽司的名稱，並就它的財產強制執行，柿壽司的負責人武雄還可能被判處徒刑。

## 實況演練

　　1.百貨公司每年在固定的時間，都會舉行週年慶活動或換季特賣。若今年 SOGO、微風、新光三越和遠東百貨公司約定在一定的期間內進行這些活動，是否會構成公平法上的聯合行為呢？

　　2.家家福大賣場，在商品宣傳單上，列出許多超級特價商品，由於價格非常低廉，所以吸引許多消費者特地趕去賣場。可是到了現場才發現，所有的特價商品限量販售而且大多早已賣完，經向賣場抗議，賣場負責人只表示：「早起的鳥兒有蟲吃」。這樣的商品宣傳廣告是否為不實廣告呢？

　　3.艾美在電視購物頻道中，看見主持人介紹國外進口最新的戰

痘產品，保證三十六小時內青春痘全部都會消失，而且一點疤痕都不會留下。艾美非常心動，就打電話去訂購。沒想到用了之後，不但本來的痘痘一點都沒改善，還引起皮膚過敏，艾美很生氣打電話給購物頻道，服務小姐僅表示，標籤上有寫「個人體質不同，若引起過敏，本公司概不負責」。艾美要自認倒楣算了嗎？

　　4.洋衝今年滿 20 歲，剛成為大學新鮮人。為了因應世界化潮流，洋衝決定加強自己的外語能力。某天洋衝上課途中，路過福利社前面時，忽然有位美眉拿了一本德語教材，熱心地跟他講解推銷。洋衝一時心動，就付了 2,000 元現金，也答應之後用信用卡分 30 期付完剩下的 3 萬元，購買整套 20 本書及 30 片 CD 的產品。洋衝很高興地把那套教材拿給剛從德國留學回來的朋友山姆看，山姆發現其中錯誤百出，根本沒有研讀學習的價值。洋衝知道後，很後悔買了這套教材，隔天又回到福利社前的攤位想退書，美眉立刻擺出晚娘面孔說：「貨物既出，概不退還」。這時洋衝該怎麼辦？

# 第十一章

# 勞動法與勞工權利的保障

## Case

　　大學畢業後，珂妮好不容易在銀行找到了一個「金飯碗」，擔任櫃檯服務人員的工作，親友都羨慕不已，只是一看到與銀行簽訂的勞動契約，珂妮心裡又有滿腹的牢騷。因為契約中明訂以三個月為試用期，試用期不但薪水打八折，而且還無法享受勞保、健保及與一般員工相同的福利。此外，在試用期間如果表現不佳，銀行有權不附任何理由解僱，珂妮不得異議。且言明如果在成為正式員工後，沒有做滿一年，就要賠償銀行六個月的薪水當作違約金。應徵當時，因為自認是社會新鮮人，所以對銀行所提的各項苛刻條件都未加爭執，一一答應。

　　好不容易撐過了試用期間的三個月，珂妮卻發現，同一時期進來銀行的櫃檯服務人員，女生的薪水都比男生少了 2,000 元，而且銀行裏理老是對她們女同事說一些黃色笑話。大家私底下抱怨連連，但是看在「金飯碗」的份上，只能忍氣吞聲，暗自「怨嘆」男尊女「悲」啊！

　　上禮拜，珂妮交往多年的男友阿傑，在浪漫的燭光晚餐後，拿出鑽戒向她求婚，珂妮也喜孜孜地答應了。但是想到將來，會不會就像同事君寧一樣，結婚懷孕後，反而「剛剛好」被調到工作繁重的業務部門。沒多久君寧顧及自己和肚子裡寶寶的健康，只好辭職回家吃老本。珂妮的心裡又不禁擔心這「金飯碗」是不是也快保不住了呢？

　　阿傑好不容易 101 次求婚成功，卻也有新煩惱。他在好好玩電腦軟體公司擔任助理工程師已經三年了，最近想跳槽到另一家福利更棒、升遷更快的霹靂讚網路遊戲公司。此時阿傑才想到，當初進好好玩電腦軟體公司時簽了一個競業禁止契約，說是

離職後五年內不可以從事與好好玩電腦軟體公司營業項目相同或類似的電腦軟體相關行業，不然就要賠償好好玩公司相當於離職時的月薪 25 倍的金額。阿傑實在擔心，這要是真賠下去，不就沒錢辦婚事了嗎？

## 1 前言——各位親愛的勞工朋友，你們是創造臺灣經濟奇蹟的無名英雄啊！福氣啦！

在最早的上古時代（巴比倫及希臘），因為完全依賴奴隸提供勞動力，是「不自由的勞動時代」。後來「勞動租賃契約」、「僱傭契約」的法理先後被提出，但至 18 世紀及 19 世紀前半時的勞動關係，仍然純粹是一種經濟上的交易行為，勞工提供勞務後，雇主就支付薪資。除此之外，雇主對勞工並無其他額外的任何責任或義務。不過，基於勞動關係的特殊性質，勞工提供勞動力無法像販賣一般商品，其人格在工作時不可避免地受到雇主的支配與影響。所以勞動契約的觀念，從過去民法僱傭契約中獨立出來，自 19 世紀末 20 世紀初便進入具有社會色彩的「勞動契約時代」。

此時，國家制定勞動保護法規，使雇主必須負擔公法上的義務，藉以保護勞動者。利用團體協約使勞資雙方由對立變成合作，來處理勞資問題，希望達到雙贏的局面。另外實行社會保險制度，將雇主必須負責保護或賠償勞工的制度，轉化成一種強制分擔風險的保險制度。而進入現代的資訊社會，在經貿全球化及資訊化的衝擊下，我國加入世界貿易組織（World Trade Organization, WTO）

後，可預期未來的勞動關係會更國際化、多樣性。以「合作」為本質的勞資關係，取代過去的「鬥爭」狀態；而解決勞動問題的手段，也從過去單純以勞動法為範疇，漸漸轉為藉由社會法所建立的社會安全制度為基礎。

勞動法，依其規範對象與目的的不同，可分為「個別勞動法」與「集體勞動法」兩種。前者包括勞動基準法，主要規範雇主與個別勞工間基於勞動契約所產生的權利義務關係；後者則包括工會法、勞資爭議處理法、團體協約法等，使勞工以團體的力量，藉由工會組織的運作，與雇主就勞動條件進行團體協商，也可使勞雇雙方自主自治解決勞動關係上的問題。此外，還有勞工保險、職業災害保險、就業保險作為保障勞工的社會安全制度；職業訓練法、就業服務法來促進勞動市場；以及保障工作環境的職業安全衛生法、勞動檢查法。因為有這一連串相關法律的保障，勞工的權利，比過去「福氣」多啦！我們在本章僅介紹工作生涯中比較可能碰到的問題及法律規定。

## 2 勞動基準法——勞工的避難所和力量

### 立法目的與適用範圍

在勞動關係中，是以勞動契約來規範雇主與勞工雙方的權利義務。這類契約，原本屬於私法契約，應該由當事人雙方依其自由意志決定契約內容。但是基於勞動關係的特殊性質（即雇主與勞工間具有「從屬關係」），大多數的勞工處於弱勢，不容易與雇主商

訂平等的契約，勢必無法充分地保障勞工的合法權益。我國政府有鑑於此，以國家公權力介入干預勞動條件，制定勞動基準法（以下簡稱「勞基法」）。立法目的即在規定勞動條件的最低標準，保障勞工權益，加強勞僱關係，進而促進社會與經濟發展（勞基法§1Ⅰ）。並且規定雇主與勞工所訂勞動條件，不得低於勞基法所定的最低標準。因此，勞動契約上記載的勞動條件，必須等於或優於勞基法規定，才屬合法、有效。

至於適用勞基法的行業，依該法第 3 條第 1 項規定，包括：

1. 農、林、漁、牧業。
2. 礦業及土石採取業。
3. 製造業。
4. 營造業。
5. 水電、煤氣業。
6. 運輸、倉儲及通信業。
7. 大眾傳播業。
8. 其他經中央主管機關指定的事業。

為了擴大保護範圍，在同條第 3 項規定，勞基法適用於一切勞僱關係，除非因經營型態、管理制度及工作特性等因素適用勞基法確實窒礙難行。所以除了勞動部公告指定不適用的行業或工作者之外，勞基法即適用於一切勞僱關係。目前這些不適用的行業及工作者有：

1. 不適用的行業

   (1) 農田水利會。
   (2) 國際組織及外國機構。
   (3) 未分類其他餐飲業。

(4) 家事服務業。

2. 不適用的各業工作者

(1) 公立醫療院所（技工、工友、駕駛人、臨時人員除外）的工作者。

(2) 公立社會福利機構（技工、工友、駕駛人、臨時人員除外）的工作者。

(3) 公立或私立的各級學校、公立幼稚園、特殊教育事業、社會教育業、職業訓練事業、藝文業等（技工、工友、駕駛人、臨時人員除外）的工作者。

(4) 公立學術研究及服務業（公立機關的技工、工友、駕駛人、臨時人員除外）的工作者。

(5) 私立各級校之編制內教師、職員及編制外僅從事教學工作之教師。

(6) 職業運動業的教練、球員、裁判人員。

(7) 公務機構的工作者（不含公部門各業非依公務人員法制進用的臨時人員，例如技工、工友、駕駛人、臨時人員、清潔隊員、停車場收費員、國會助理、地方民意代表助理）。

(8) 國防事業（非軍職人員除外）的工作者。

(9) 醫療保健服務業的醫師。

(10) 未分類其他組織（國際交流基金會、教育文化基金會、社會團體、地方民意代表聘（遴）、僱用之助理人員、依立法院通過之組織條例所設立基金會之工作者及大廈管理委員會除外）的工作者。

## 勞動關係

1.勞動契約的締結與終止：勞動契約，是指約定勞雇關係而具有從屬性的契約。勞動契約本質上屬私法契約，它的締結成立原則上與一般契約相同，只要當事人雙方合意即可，不一定要有書面契約。

勞動契約成立生效後，勞工開始工作提供勞動力，雇主則定期給付工資。持續進行一段期間後，勞動契約可能因下列情形而終止。且依情形的不同，而規定雇主與勞工的相關權利與義務：

(1) 當事人雙方合意終止勞動契約：因爲屬於「你情我願」、「各走各的」，所以勞工沒有任何義務負擔，雇主也不用發給資遣費。

(2) 雇主單方地終止勞動契約，又可分爲雇主須預告與不須預告兩種：

①雇主須先行預告，且需發給勞工資遣費：雇主如果因爲下列四種事業經營上的狀況，而想要終止勞動契約，爲顧及勞工權益，所以規定雇主必須先行預告，並且發給勞工資遣費（勞基法§11）：

A. 歇業或轉讓。

B. 虧損或業務緊縮。

C. 不可抗力暫停工作在一個月以上，例如：因納莉颱風來襲，工廠機器設備淹水而損壞無法運作。

D. 業務性質變更，有減少勞工的必要，又無適當工作可供安置。

另外，勞基法第 11 條也規定，如果「勞工確實不能勝任所擔任的工作」，雇主欲終止勞動契約，也必須先行預告，並且發給資

遣費。以避免雇主以此為由，任意資遣勞工。

所謂的「預告」時間，依勞基法第16條規定，依勞工的工作年資長短而有不同：

A.工作三個月以上未滿一年，須於十日前預告。

B.工作一年以上未滿三年，須於二十日前預告。

C.工作三年以上，須於三十日前預告。

勞工接到預告通知後，還可以因為另謀工作，於工作時間請假外出謀職。請假時數，每星期不得超過二日，請假期間的工資照給。雇主如果未依規定期間預告而終止契約，則應該給付預告期間的工資給勞工。

②雇主不須預告，也無須發給勞工資遣費：勞工如果有下列的行為，可能嚴重影響到雇主的事業經營利益，甚至造成損害或危險，所以雇主可以單方終止勞動契約，且不須預告及發給勞工資遣費（勞基法§12）：

A.於訂立勞動契約時為虛偽假造的意思表示，使雇主誤信而可能遭受損害，例如：假稱自己是有證照的專門職業技術人員，事實上並未通過證照檢核。

B.對於雇主、雇主家屬、雇主代理人或其他共同工作的勞工，實施暴行或有重大侮辱行為。

C.受有期徒刑以上的徒刑宣告確定，而未諭知緩刑或未准易科罰金。這是因為勞工被送進監獄後，當然無法繼續工作，所以勞動契約終止。

D.違反勞動契約或工作規則，情節重大。

E.故意損耗機器、工具、原料、產品，或其他雇主所有物品，或故意洩漏雇主技術上、營業上秘密，致雇主受有損害。

F.無正當理由連續曠工三日，或一個月內曠工達六日。

　　除了上述①、②的情形，雇主不可以任意終止勞動契約。雇主如有違反上述規定，勞工可依勞基法第 74 條規定，向主管機關或檢查機構申訴，雇主也不可以因勞工申訴，而將其解僱、降調、減薪、損害其依法令、契約或習慣上所應享的權益，或為其他不利的處分。

　　③例外禁止雇主終止勞動契約：為貫徹保護勞工的目的，勞基法第 13 條特別規定，勞工在第 50 條「產假停止工作期間」及第 59 條「職業災害的醫療期間」，雇主不可以終止勞動契約。

　　(3) 勞工無須預告終止，還可以請求雇主發給資遣費：為了保護勞工權益，如果有下列的情形發生時，可能造成勞工的損害或危險，所以勞工可以單方終止勞動契約，且請求雇主發給資遣費（勞基法 §14）：

　　①雇主於訂立勞動契約時為虛偽假造的意思表示，使勞工誤信而可能遭受損害。

　　②雇主、雇主家屬、雇主代理人對於勞工，實施暴行或有重大侮辱行為。

　　③契約所訂的工作，可能危害勞工健康，經通知雇主改善而無效果。

　　④雇主、雇主代理人或其他勞工患有法定傳染病，且可能會傳染並重大危害勞工的健康。

　　⑤雇主不依勞動契約給付工作報酬，或對於按件計酬的勞工不供給充分的工作。

　　⑥雇主違反勞動契約或勞工法令，可能損害勞工權益。

　　(4) 勞工經預告終止勞動契約：在一般不定期契約的情形，勞工可以隨時終止契約，但應準用前述的預告期間預先通知雇主。勞基法第 15 條規定，特定性定期契約期限超過三年者，於屆滿三年

期限後，勞工可以終止契約，但應於三十日前預告雇主。

　　另外像是勞工退休、勞工死亡或是定期勞動契約期限屆滿，都會使勞動契約終止。在勞動契約終止時，勞工可請求發給「服務證明書」，雇主不可以拒絕，否則會被處以罰鍰（勞基法 §19、79）。

2. 勞動關係的種類

　　(1) 定期契約與不定期契約：勞基法第 9 條第 1 項，依是否「定有一定期間」，將勞動契約分為「定期契約」及「不定期契約」。

　　①定期契約：依勞基法第 9 條規定只有四種類型，即臨時性、短期性、季節性及特定性。

　　②不定期契約：勞動契約所約定的內容只要有繼續性的工作，都應屬不定期契約。一般而言，由於勞動關係多具有繼續性，因此，勞動契約以「不定期為原則，定期為例外」。為防止雇主利用連續簽訂短期的定期契約，來規避勞基法的義務，所以勞基法第 9 條第 2 項規定，定期契約屆滿後，有下列情形，則視為不定期契約：

　　A. 勞工繼續工作，而雇主不即時表示反對的意思。

　　B. 雖然已經另訂新約，但是前、後勞動契約的工作期間共計超過九十日，前後契約間斷期間未超過三十日。但不適用在特定性或季節性的定期工作。

　　③約定最低服務期限，若提前離職，是否依約賠償違約金？目前許多公司或企業，在僱用員工時，常常都會簽訂一個「最低服務年限契約」，並附有違約金條款。這使得新進員工必須服務一定時間後，才可以終止勞動契約，否則可能就必須賠償違約金。像在本章 case 中的珂妮，就與銀行簽訂最少要工作一年，否則要賠償

六個月的薪水當作違約金。雇主與勞工簽訂這樣的契約及違約金條款，是否合法有效呢？

依勞基法第 15 條之 1 規定，如果雇主沒有「為勞工進行專業技術培訓，並提供該項培訓費用」或「提供合理補償」，不得與勞工為最低服務年限的約定。最低服務年限的約定，必須綜合考量「雇主為勞工進行專業技術培訓的期間及成本」、「從事相同或類似職務的勞工，人力替補可能性」、「雇主提供勞工補償的額度及範圍」及「其他影響最低服務年限合理性的事項」等事項，且不得逾合理範圍。如果違反上述要件，最低服務年限的約定無效。此外，若約定的違約金額過高或顯不合理，依民法第 252 條，可以向法院請求減至相當的數額。另外，依民法第 251 條規定，勞工受訓後若已工作一段時間，法院也可比照雇主已經所獲得的利益，減少違約金。即透過上述「酌減違約金」的方式控制此類約定的合理性。

(2) 技術生：技術生、事業單位的養成工、見習生、建教合作的學生等與雇主間，具有「一邊學習、一邊工作」訓練性質的勞動契約，雖然他們也可以因提供勞務而獲得薪資，但依勞基法第 69 條規定，只可以準用同法第四章（工作時間、休息、休假）、第五章（童工、女工）、第七章（職業災害補償）及其他勞工保險的規定，以保障他們的勞動條件及權益。

(3) 試用期間的勞動關係：是指勞工於試用期間與雇主建立的勞動關係。目前勞基法已刪除試用期間的規定，所以試用期間的勞動條件、期間長短，可由勞雇雙方依工作特性，在不違背契約誠信原則的前提下，合意訂定。試用期間的勞動關係仍為合法、有效的勞動關係，只是試用期間的勞動關係較容易終止。雇主在試用期間仍應該遵守相關規定，為勞工辦理勞工保險、全民健保。試用期間

內或屆期時，雇主欲終止勞動契約，亦應依勞基法規定預告終止、
發給資遣費等。

3. 勞動關係的內容

　　(1) 工資：指勞工因工作而獲得的報酬。工資得由勞雇雙方自
由訂定，但不得低於勞動部公告的最低基本工資。本於男女同工同
酬的原則，雇主對勞工不可以因性別而有差別待遇。工作相同、效
率相同者，就要給付同等的工資（勞基法 §25）。給付工資，需以
法定通用貨幣（但基於習慣或業務性質，可以約定部分以實物給
付）、全額、直接、定期支付給勞工（勞基法 §22、23）。雇主延
長工作時間，應依規定加給加班工資（勞基法 §24）。

　　雇主亦不可以在違約、賠償等事實未發生前，預先扣留勞工工
資作為違約金或賠償金，例如：老闆毛五郎覺得他新僱用的員工柯
男粗手粗腳，可能會弄壞機器設備，所以先預扣柯男第一個月的工
資，當作將來萬一發生損害的賠償金，這是不合法的「預扣工資」
行為（勞基法 §26）；但是如果該事實已經發生且損害的責任、範
圍、金額都已確定，勞雇雙方約定，自工資中扣除違約金或賠償
金則是合法，例如：員工柯男弄壞老闆毛五郎的機器設備，造成
毛五郎受有 3 萬元的損害，柯男與毛五郎約定，每個月從工資中扣
3,000 元，連續扣十個月，當作賠償金。

　　(2) 工作時間、休息以及休假：為保障勞工的生理健康及參與
家庭生活、社會生活的心理健康，勞基法限制勞工每日正常工作時
間不可以超過八小時，每週不得超過四十小時（勞基法 §30）。但
雇主經工會同意後，或如果沒有工會的話，經勞資會議同意後可以
依勞基法規定實施彈性工時（勞基法 §30、30-1）。

　　勞工連續工作四小時，至少應有三十分鐘的休息時間。但實行

輪班制或其工作有連續性或緊急性者，雇主可以在工作時間內，另行調配其休息時間。勞工每七日中至少應有一日的休息日及一日例假。內政部所定應放假的紀念日、節日、勞動節及其他由中央主管機關規定應放假之日，均應休假（勞基法§35、36、37）。並規定勞工在同一雇主或事業單位繼續工作滿一定期間者，雇主應按年度給予特別休假（勞基法§38）；勞工因婚、喪、疾病或有其他正當理由，勞工皆有請假的權利（勞基法§43，勞工請假規則）。

(3) 工作地點與調動：勞基法施行細則第 7 條規定，工作場所及從事工作的有關事項，應於勞動契約中由勞雇雙方自行約定，所以其變更亦應由雙方自行商議決定。依勞基法第 10 條之 1 規定，如雇主確實有調動勞工工作的必要，應該依下列原則辦理調動事項：

①基於企業經營上所必須，且不得有不當動機及目的。

②不可以違反勞動契約。

③對勞工薪資及其他勞動條件，未做不利的變更，例如：減薪、增長工作時間。

④調動後的工作，勞工的體能及技術可以勝任。

⑤調動工作地點過遠，雇主應予以必要的協助，例如：以交通車接送或加發交通津貼。

⑥須考量勞工及其家庭的生活利益，例如：勞工的父母年事已高，經常需要往返醫院，因此勞工需要就近照顧。

(4) 童工、女性勞工：為保障童工、女性勞工的權益，勞基法就其工作性質、工作時間、產假及哺乳時間（限於女性勞工）都有詳細的保障規定。限制童工不得從事繁重及危險性的工作、每天工作不得超過八小時以及夜間不可以工作；規定雇主不可以使在懷孕或哺乳期間的女性勞工於夜間工作（勞基法§49）。

　　基於對母性的保護，女性勞工分娩前後，應停止工作，給予產假八星期；懷孕三個月以上流產者，應停止工作，給予產假四星期。分娩或流產的女性勞工受僱工作在六個月以上，停止工作期間工資照給；未滿六個月則減半發給（勞基法 §50）。女性勞工在懷孕期間，如有較為輕易的工作，可以申請改調，雇主不得拒絕，並不可以減少其工資（勞基法 §51）。子女未滿 2 歲須女性勞工親自哺（集）乳，在勞基第 35 條規定的休息時間外，雇主應每日另給哺（集）乳時間六十分鐘；如女性勞工當日延長工作時間達一小時以上者，雇主並應另外給予哺（集）乳時間三十分鐘。前項哺（集）乳時間，視為工作時間（性別工作平等法 §18）。關於性別工作平等法就「母性保護規定」的進一步說明，請見本章第 7 節。

　　(5) 退休：勞工辛苦工作至老，從職場功成身退時，為了保障退休勞工的權益，並照顧其退休以後的生活，勞基法特別就退休條件（分為自請退休與強制退休兩種）、退休金給與標準以及勞工退休準備金制度加以規定，要求雇主應按月提撥勞工退休準備金，專戶儲存，於勞工退休後，給付與退休的勞工。

　　①自請退休：工作十五年以上且年滿 55 歲、工作二十五年以上或工作十年以上年滿 60 歲者（勞基法 §53）。

　　②強制退休：雇主可強制年滿 65 歲、身心障礙不堪勝任工作的勞工退休（勞基法 §54）。

　　勞工退休金的給與標準，依勞基法第 55 條規定：

　　①按其工作年資，每滿一年給與兩個基數。但超過十五年的工作年資，每滿一年給與一個基數，最高總數以 45 個基數為限。未滿半年者以半年計；滿半年者以一年計（所謂基數，是指核准退休時一個月平均工資）。

　　②強制退休身心障礙不堪勝任工作的勞工，是因為執行職務所

致者,依①的規定加給 20%。

雇主應於勞工退休日起三十日內給付退休金,如無法一次發給時,可以報經主管機關核定後分期給付。

又為更周全保障勞工的退休權益,我國自民國 94 年 7 月 1 日起施行了勞工退休金條例(以下簡稱「勞退條例」),相較於以上依照勞基法辦理的勞工退休金制度(以下簡稱「勞退舊制」),勞退條例的勞工退休金制度(以下簡稱「勞退新制」)提供了月領退休金的選擇,並規定雇主須將勞工退休金存放於勞工保險局為勞工設立的個人專戶,使勞工不受工作轉換、事業單位歇業等情形影響請領退休金的權益。

勞退新制的勞工退休金給予標準,依勞退條例的規定為:雇主應每月提撥勞工 6% 以上工資至勞工退休金個人專戶。此外,僱用勞工人數 200 人以上的事業單位,也可以經過工會或勞資會議同意後為選擇投保年金保險的勞工投保年金保險,而不提繳勞工退休金。

舊制與新制的區別,主要包括提撥比率、請領年紀及方式、退休金計算及給與標準、領一次退休金或月退等。需注意的是,勞工請領舊制退休金的權利,必須在退休的次月起五年內行使(勞基法 §58)。所以千萬別讓自己的權利睡著囉!

(6) 雇主的職業災害補償責任:勞工在工作職場上發生不幸事故的情形非常多,「斷手斷腳」的消息時有所聞。為維護勞工的權益,並照顧其受災以後的生活甚至幫助重返職場或轉業,而有「職業災害補償制度」。過去職業災害補償制度以雇主責任為主,保險責任為輔;現在則以社會保險為主,雇主責任為輔,甚至有脫離雇主責任而為純社會保險的趨勢。

勞基法僅就雇主的職業災害補償方法及受領順位等詳加規定,

要求雇主對勞工因遭受職業災害而致死亡、失能、傷害或疾病時予以補償。而職業災害保險則規定在勞工保險條例及勞工職業災害保險及保護法，請見本章第 3 節的說明。勞基法第 59 條規定的補償方式有：

①勞工受傷或罹患職業病時，雇主應補償勞工必需的「醫療費用」。

②勞工在醫療中不能工作時，雇主應補償其原本可領得的「工資」。但醫療期間屆滿二年仍未能痊癒，經醫院診斷，審定爲喪失原有工作能力，且不合第③款失能給付標準者，雇主可以一次給付四十個月的平均工資後，免除此項工資補償責任。

③勞工經治療終止後，經指定醫院的診斷，審定其身體仍遺存障礙者，雇主應按其平均工資及其失能程度，一次給予「失能補償」。

④勞工遭遇職業傷害或罹患職業病而死亡時，雇主除給與五個月平均工資的喪葬費外，並應一次給與勞工遺屬四十個月平均工資的「死亡補償」。

如果就同一次職業災害事件，雇主依勞工保險或其他法令規定已經支付費用補償的話，雇主可以主張抵消前述雇主的職業災害補償責任（勞基法 §59、60）。另外受領補償權自可以受領之日起，必須在二年間行使請求（勞基法 §61）。

除此之外，民國 90 年 10 月通過的「職業災害勞工保護法」，擴大了職業災害勞工的保障範圍。針對未加入勞工保險而遭遇職業災害的勞工，雇主未依勞基法規定予以補償時，得比照勞工保險條例的標準，按最低投保薪資申請職業災害失能、死亡補助。以免此等勞工或其遺屬，在勞工遭遇職業災害事故之後，因爲沒有勞工保險給付，雇主又不願補償而陷入經濟困境。也規定了加強職業

災害的預防及職業災害勞工的重建、促進就業，使遭受職業災害的
勞工，可以向勞工保險局申請補助，例如：生活津貼、失能生活津
貼、身體障害輔助器具、看護補助、遺屬必要的補助等。

## 3 勞工保險──世事難料，保險重要

　　勞工保險是政府為了保障勞工生活、推行社會政策及促進社會
安全，應用保險技術，採用強制加入保險的方式，對於多數勞工，
遭遇到生、老、病、死、傷、殘等事故時，提供保險給付，以保障
最低經濟安全為目的的一種社會保險。制定勞工保險條例（以下簡
稱「勞保條例」），規定勞工的雇主，應於勞工到職、入會或到訓
時，即應該為勞工加入勞工保險。若逾期未投保，將對投保單位處
以罰鍰。此外，勞保條例對於保險費的計算與負擔比例、保險給付
的內容與方式，也都有規定。

### 勞工保險種類

　　1. 普通事故保險：被保險人（通常為勞工）非因職業災害而產
生保險給付事由，為普通事故保險。其保險費依不同的職業別有不
同負擔比例；給付項目則分為生育、傷病、失能、老年及死亡五種
給付。

　　2. 職業災害保險：在保障被保險人因執行職務，而發生職業災
害所產生的損失。由於職業災害保險所分攤的風險，實際上為雇主
經營企業的風險，所以其保險費完全由雇主負擔，勞工無須負擔；

其給付項目則分為傷病、醫療、失能及死亡四種給付。職業災害保險的給付原因以發生職業災害為限，且給付金額較普通事故為高。

值得一提的是，為將勞保條例的職業災害保險及職業災害勞工保護法的規定予以整合，「勞工職業災害保險及保護法」（以下簡稱「職保法」）已於民國 110 年 4 月 30 日經總統制定公布並經行政院核定自民國 111 年 5 月 1 日起施行。職保法的重點主要如下：(1) 擴大納保使受僱勞工到職即有保障，勞工一旦發生職災，政府也有給付保證；(2) 各項給付的金額全面提升，使勞工發生職業災害後生活更有保障；(3) 雇主得透過繳納少許保費，讓勞工獲得更大的保障，並藉此更有效分攤補償責任；及 (4) 整合職業災害預防與重建業務，使整體職業災害保障制度更完善。

## 4 工會──是「工會」，不是「公會」啦！

本章第 2 節曾經提到，工會法、勞資爭議處理法、團體協約法等，是集體勞動法，以勞工集體形成的力量，以及工會與雇主就勞動條件所展開的團體協商為規範對象。像我們常在新聞報導中看到，國外出現「航空業大罷工」、「地鐵大罷工」，及我國著名的中華航空罷工案等都是工會聚集勞工的力量，以罷工為手段，來保障勞工的勞動條件及權益。以下簡單介紹工會法內容。

### 工會組織

1. 工會的設立：依工會法第 6 條規定，工會分為「企業工會」

「產業工會」與「職業工會」三種。「企業工會」為結合同一廠場、同一事業單位、依公司法所定具有控制與從屬關係的企業，或依金融控股公司法所定金融控股公司與子公司內的勞工，所組織之工會，例如：台北市中華電視股份有限公司企業工會、臺北自來水事業處企業工會等；「產業工會」為聯合同一產業內，由不同公司的勞工所組織，例如：好好吃糖果公司和其他零食公司的員工，組成休閒食品產業公會；「職業工會」為聯合同一區域內同一職業的勞工所組織，例如：台北市廚師業職業工會、高雄市理燙髮美容業職業工會。

2.工會的會員：工會法第4條規定，勞工都有組織及加入工會的權利，且依同法第7條規定，如企業中有組織企業工會者，勞工應加入工會。另外為了維護工會的純粹性，代表雇主行使管理權的各級業務行政主管人員，例如：廠長、人事課長等，除了工會章程另有規定的情形外，原則上不可以加入工會（工會法§14）。

3.保護：為保護擔任工會職務的勞工，工會法第35條第1項規定，雇主或其代理人，不可以因為勞工擔任工會職務，拒絕僱用、解僱及為其他不利的待遇。此外，雇主或其代理人對於勞工，亦不可以不任工會職務為僱用條件。

## 工會任務

工會的任務，工會法第12條列舉了17項。但工會組織最主要的目的仍在維護並提升勞工的勞動條件，並以簽訂團體協約及行使爭議權。

## 5　勞資爭議處理法——用人頭代替拳頭

　　勞資爭議分爲「權利事項」與「調整事項」兩種爭議。所謂「權利事項」，是針對勞雇雙方基於法令、團體協約或勞動契約的規定所爲權利義務的爭議。當事人基於法令或契約，而主張權利存在與否、有無受到侵害或有無履行債務的爭執。例如雇主不給付勞工退休金、資遣費。至於「調整事項」，則是針對勞動條件主張繼續維持或變更的爭議。例如，勞工要求調高薪資、增加津貼。有關勞資爭議的處理程序，可以透過圖 11-1 來簡單說明：

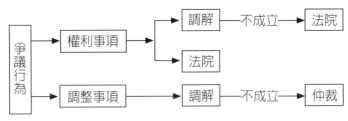

圖 11-1　勞資爭議處理程序

資料來源：筆者整理。

　　值得注意的是，依勞資爭議處理法第 53 條規定，勞資爭議非經調解不成立，不得爲爭議行爲，且關於權利事項的勞資爭議，不得罷工。爭議行爲是指工會由會員以直接、無記名投票且經全體過半數同意後，宣告罷工及設置糾察線等行爲。工會進行爭議行爲時，應秉持誠實信用原則且不得有濫用權利的行爲。此外，工會在進行爭議行爲期間，工會及雇主都應維持工作場所安全及衛生設備的正常運轉。

## 6　競業禁止條款──保密防諜，人人有責

　　競業禁止條款，是指雇主與勞工約定勞工離職後的一段時間內，不可以從事與原雇主具競爭關係工作的約定。近年來科技發展日新月異，企業間競爭也愈趨激烈，因爲唯恐離職或跳槽人員可能利用過去業務上所知悉的業務資訊，對原雇主營業造成損害，這種離職後的競業禁止條款的約定也就愈常見。

　　我國法令過去並未針對簽訂此類條款明文規範，因此法院是依民法第 247 條之 1 規定，如果契約內容的約定，有顯失公平的情形，將該部分約定認定爲無效。

　　然而，隨著雇主要求勞工簽署競業禁止條款的情形愈來愈普遍，且勞資雙方因此產生的糾紛也日益增加，勞基法於民國 104 年 12 月 16 日增訂第 9 條之 1，明文規定競業禁止條款的要件。此外，勞基法施行細則也就競業禁止條款的細節爲更進一步的具體規定。

　　如果雇主不符合下列要件，不得與勞工爲離職後競業禁止的約定：

　　1. 有應受保護的正當營業利益。

　　2. 勞工擔任的職位或職務，能接觸或使用雇主的營業秘密。

　　3. 競業禁止的期間、區域、職業活動的範圍及就業對象，必須在合理範疇之內。所謂「合理範疇」是指：

　　(1) 競業禁止的期間，不得逾越雇主希望保護的營業秘密或技術資訊的生命週期，且最長不得逾二年。

　　(2) 競業禁止的區域，應以原雇主實際營業活動的範圍爲限。

　　(3) 競業禁止的職業活動範圍，應具體明確，且與勞工原職業

活動範圍相同或類似。

(4) 競業禁止的就業對象，應具體明確，並以與原雇主的營業活動相同或類似，且有競爭關係者爲限。

4. 雇主對勞工因不從事競業行爲所受損失應有合理補償，且應約定於離職後一次預爲給付或按月給付。所謂「合理補償」應就事項爲綜合考量：

(1) 每月補償金額不低於勞工離職時一個月平均工資的 50%。

(2) 補償金額足以維持勞工離職後競業禁止期間的生活所需。

(3) 補償金額與勞工遵守競業禁止的期間、區域、職業活動範圍及就業對象的範圍所受損失相當。

(4) 其他與判斷補償基準合理性有關的事項。

目前實務上多以「勞工離職時一個月平均工資的百分之五十」作爲勞工離職後不得競業的每月的補償金額數額，可以供參考。

## 7 性別工作平等法——男女平等，不能只是口號

爲保障性別工作權的平等，貫徹憲法消除性別歧視、促進性別地位實質平等的精神，故我國制定了性別工作平等法（以下簡稱「性平法」）。此可說是我國勞動法制上的一個新里程碑，對於在職場上可能遭遇到的性別問題及相關權益，做一個基本的規範，以下簡單說明其重要的內容。

適用對象除了一般的勞雇關係，也適用於公務人員、教育人員及軍職人員（性平法 §2 II 前段）。

## 禁止性別歧視

　　要求雇主在下列情形，都不可以因為性別或性傾向而有差別待遇，以保障職場上的性別平等：

　　1.雇主對求職者或受僱者的招募、甄試、進用、分發、配置、考績或陞遷等。但工作性質僅適合特定性別者，則不在此限（性平法§7）。

　　2.雇主為受僱者舉辦或提供教育、訓練或其他類似活動（性平法§8）。

　　3.雇主為受僱者舉辦或提供各項福利措施（性平法§9）。

　　4.雇主對受僱者薪資的給付：其工作或價值相同者，應給付同等薪資。但基於年資、獎懲、績效或其他非因性別或性傾向因素的正當理由者，不在此限。雇主不可以降低其他受僱者薪資的方式，來規避此規定（性平法§10）。

　　5.雇主對受僱者的退休、資遣、離職及解僱。工作規則、勞動契約或團體協約，不可以規定或事先約定受僱者有結婚、懷孕、分娩或育兒的情事時，應行離職或留職停薪；亦不可以將其當作解僱的理由。違反此規定者，其規定或約定無效；勞動契約的終止也不生效力（性平法§11）。

## 性騷擾的防治

　　對「性騷擾」這敏感的三個字，一般大眾都相當地耳熟能詳，但究竟什麼樣的行為會構成性騷擾？性平法首度對性騷擾做了定義，可分為兩種行為（性平法§12 I）：

　　1.敵意工作環境性騷擾：受僱者於執行職務時，任何人以性要求、具有性意味或性別歧視的言詞或行為，對其造成敵意性、脅迫

性或冒犯性的工作環境，導致侵犯或干擾其人格尊嚴、人身自由或影響其工作表現。例如本章 case 中，珂妮工作的銀行裏理，常對女性職員說黃色笑話，就可能造成這種「敵意工作環境性騷擾」。

2. 交換式性騷擾：雇主對受僱者或求職者為明示或暗示的性要求、具有性意味或性別歧視的言詞或行為，作為勞動契約成立、存續、變更或分發、配置、報酬、考績、陞遷、降調、獎懲等的交換條件。

雇主應防治性騷擾行為的發生。其僱用 30 人以上者，應訂定性騷擾防治措施、申訴及懲戒辦法，並在工作場所公開揭示。雇主於知道有性騷擾行為的情形時，應採取立即有效的糾正及補救措施（性平法 §13）。

## 促進工作平等的措施

性平法中規定雇主應為的促進工作平等的措施，以表 11-1 做簡單說明。

表 11-1　雇主應為之促進工作平等措施

| 假別 | 內容 | 薪資計算 |
|---|---|---|
| 生理假 | 每月得請一日生理假（亦可不請），全年請假日數未逾三日，不併入病假計算，其餘日數併入病假計算。 | 未併入病假者，及併入病假者，如病假加計生理假，一年內未超過三十日，薪資折半發給。 |
| 產假 | 1. 分娩前後產假八週。<br>2. 懷孕三個月以上流產，產假四週。<br>3. 懷孕二個月以上未滿三個月流產，產假一週。<br>4. 未滿二個月流產，產假五日。 | 依勞基法規定勞工受僱工作在六個月以上者，停止工作時間薪資照給，未滿六個月者減半發給。 |
| 產檢假 | 受僱者妊娠期間，產檢假七日。 | 依性平法規定薪資照給。 |

表 11-1　雇主應為之促進工作平等措施（續）

| 假別 | 內容 | 薪資計算 |
| --- | --- | --- |
| 陪產檢及陪產假 | 受僱者配偶產檢及分娩時，陪產檢及陪產假七日。陪產假得於配偶分娩當日及其前後合計十五日期間內請休。 | 依性平法規定工資照給。 |
| 育嬰留職停薪假 | 受僱者任職滿六個月，每一子女滿 3 歲前，可申請育嬰留職停薪，最長二年（男女勞工皆適用）。同時撫育子女二人以上者，育嬰留職停薪期間合併計算，最長以最幼子女受撫育二年為限。 | 薪資停發，工作年資亦不計。停薪期間的津貼發放，依勞動部發布的育嬰留職停薪薪資補助要點規定。 |
| 哺乳時間 | 子女未滿 2 歲者，可有每日六十分鐘的哺（集）乳時間。每日延長工作時間達一小時以上者，雇主需再給予哺（集）乳時間三十分鐘。 | 視為工作時間。 |
| 家庭照顧假 | 受僱者家庭成員預防接種、發生嚴重疾病或其他重大事故需親自照顧時，全年七日為限（男女勞工皆適用）。 | 不給工資，請假日數併入事假計算，且全年以七日為限。 |
| 哺（集）乳室及托兒所設施 | 僱用 100 人以上的雇主，應設置哺（集）乳室、托兒設施或提供適當的托兒措施。 | 雇主得依哺集乳室與托兒設施、措施設置標準及經費補助辦法申請補助。 |
| 育嬰工時 | 僱用 30 人以上的雇主，其受僱者為撫育未滿 3 歲的子女，員工可向雇主要求每天減少工時一小時，或調整工作時間。受僱於未滿 30 人之雇主者，也得與雇主協商依前述方式辦理。 | 減少工時，不發薪資。 |
| 安胎休養請假 | 受僱者經醫師診斷需安胎休養者，得請假治療、照護或休養。 | 併入病假計算。 |

資料來源：筆者整理。

**救濟及申訴程序**

　　若求職者、或受僱者因爲雇主違反前述「禁止性別歧視」及「促進工作平等措施」，而受有損害，可以向雇主請求賠償（性平法 §26）。若求職者、或受僱者因性騷擾行爲受有損害，雇主與性騷擾行爲人要連帶賠償。除非雇主證明已經依法爲各種防治措施，且對該事情的發生已盡力防止，但是仍然不免發生，雇主才可以免除連帶賠償責任（性平法 §27 I）。而受僱者如果發現雇主違反「促進工作平等措施」，可以向地方主管機關（即直轄市、縣（市）政府）申訴（性平法 §33 I）。

## 8　勞動事件法——勞工於患難中的幫助

　　於勞動事件法施行前，雇主與勞工如就勞動契約所生的事宜發生爭議，因屬於民事爭議，因此相關訴訟程序應依照我國民事訴訟法的規定處理。然而勞資爭議事件除影響勞工個人權益外，更影響其家庭生計，且勞工在訴訟程序中通常居於弱勢，相關證據偏在於雇主，不利勞工舉證，因此爲賦予於勞動契約中處於相對弱勢的勞工更多的程序保障，我國於民國 107 年 12 月 5 日公布勞動事件法，該法並已於民國 109 年 1 月 1 日起正式施行。於勞動事件法施行後，凡屬該法所稱的勞動事件，都應優先適用該法的規定，該法無規定者，才回歸適用民事訴訟法的規定。

　　勞動事件法強調「專業的審理」、「強化當事人自主及迅速解決爭議」、「減少勞工訴訟障礙，便利勞工尋求法院救濟」、「促

進審判程序與實效」及「即時有效的權利保全」等特色，以下簡要
說明。

## 1. 勞動事件

依勞動事件法第 2 條規定，勞動事件是指下列事件：

(1) 基於勞工法令、團體協約、工作規則、勞資會議決議、勞
動契約、勞動習慣及其他勞動關係所生民事上權利義務的爭議。

(2) 建教生與建教合作機構基於高級中等學校建教合作實施及
建教生權益保障法、建教訓練契約及其他建教合作關係所生民事上
權利義務的爭議。

(3) 違反性別工作平等、就業歧視、職業災害、工會活動與爭
議行為、競業禁止及其他因勞動關係所生的侵權行為爭議。

## 2. 勞動調解程序

凡是屬於勞動事件者，除有法定的例外情形（例如：曾經勞資
爭議調解但未成立者）外，都應於起訴前先進行法院主導的勞動調
解程序，如直接提起訴訟者，將直接視為勞動調解的聲請。另勞動
調解程序是由公正第三人協助勞資雙方就爭議達成共識的程序，其
有以下特色：

(1) 勞工可以選擇勞務提供地的法院作為管轄法院。

(2) 由一名法官與二名勞動調解委員共同組成勞動調解委員會
進行調解。

(3) 當事人就其主張應提出證據，法官會適時闡明心證。

## 3. 勞動訴訟程序

如雙方當事人於勞動調解程序仍無法達成合意，且聲請人未於
收受調解不成立的通知起的十日內，向法院表示反對續行訴訟的意

思，該勞資爭議案件就會自動進入勞動訴訟程序。勞動訴訟程序的特色如下：

(1) 第一審原則上應於六個月內審結，因此勞雇雙方都宜儘早提出書狀。

(2) 部分舉證責任已轉嫁由雇主負擔，以減輕勞方的舉證責任。例如：雇主就其依法應備置的文書（如：勞工出勤紀錄及工資清冊等），負有提出的義務。

(3) 勞方得暫免部分訴訟費用或執行費用。例如：勞工因「確認僱傭關係」、「給付工資」、「退休金或資遣費」等爭議提起訴訟或上訴者，可以暫免繳納三分之二裁判費。

(4) 特定情形下勞方得聲請保全程序。例如：於確認僱傭關係存在的案件，若法院認勞工有勝訴的機會，且雇主繼續僱用勞工並未明顯有重大困難者，得依勞工的聲請，為命雇主應「繼續僱用及給付工資」的定暫時狀態處分。

## 重點說明

本章案例中，首先要確定銀行業是否適用勞基法。依據行政院勞工委員會的函令，銀行業從民國86年5月1日起，適用勞基法。其次，勞基法已經刪除有關試用期的規定，珂妮與銀行間可就試用期自行約定，但不得違反誠信原則。一般來說，珂妮與銀行間的勞動契約，從案例內容看，尚屬合法、合理。但銀行應於珂妮到職日起，為珂妮依法辦理勞、健保；如於試用期內或屆期時，銀行欲終止與珂妮間的勞動契約，也應依勞基法規定預告終止勞動契約且發給資遣費。至於珂妮與銀行約定的最低服務年限及六個月違約金是否合法有效，則需視銀行是否有提供費用對珂妮進行專業技術培

訓，或提供合理補償而定。縱使最低服務年限約定有效，若珂妮提前離職，覺得違約金規定得過高有不合理的情形，還是可以請求法院酌減違約金（六個月的薪水）的金額。

而銀行內同時期進來擔任櫃檯工作的男女工作人員，不論依勞基法或性平法都應該要同工同酬。至於銀行襄理的行為，可能構成性平法中「敵意工作環境性騷擾」，雇主應該要防止這種行為發生，否則一旦對受僱者造成損害，雇主也要負連帶賠償責任。

珂妮不用擔心自己會有同事君寧的問題。依勞基法規定，懷孕的女性員工可以請雇主改調較輕鬆的工作，性平法也禁止雇主因為女性員工結婚或懷孕就將其解僱。而且依性平法的規定，雇主也要提供給這些女性員工相關的福利措施。

至於阿傑的競業禁止約定，如果雇主實際上沒有應受保護的特定利益存在、過分限制阿傑的工作權範圍或沒有任何補償阿傑的措施時，這部分的約定可能會無效；又縱使此約定有效，而阿傑如果覺得違約金規定得過高不合理，也可以向法院請求酌減。

## 實況演練

1. 在閱讀完本章後，你了解自己在工作職場上有什麼樣的權益嗎？

2. 從民國 100 年踏出校門，建洪在台雞店食品公司工作至今已經十年了。一直以來表現良好，從小職員升到副理，也沒犯過什麼大錯。但是年初，台雞店食品公司為了降低人事成本，開始裁員，而且是年資愈久的愈先資遣。果真有一天台雞店食品公司突然發給建洪一筆微薄的資遣費，叫建洪明天不用來上班了，建洪依法可以對公司有什麼主張？

3.阿榮退伍後，在臺北的鐵牛生技公司的研發部門擔任副研究員。因為錢多又離家近，雖然時常要加班做實驗，還沒有加班費，但這份工作阿榮還算是相當滿意。做了三年，阿榮終於升等為研究員，而鐵牛生技公司也因為訂單不斷，打算在花蓮設廠增產。總經理決定要調阿榮去花蓮新廠工作，被阿榮委婉拒絕了，因為他覺得花蓮實在太遠了，而且同部門的阿吉，老家就在花蓮，調阿吉去花蓮不是更為恰當嗎？總經理說，如果阿榮不願意聽從調動，就自動辭職吧，公司需要配合度高的員工。阿榮要怎麼智慧地解決這個難題呢？

4.對於這些勞動法令所保障的權益，你覺得足夠嗎？你有何建議？

第十二章

# 公寓大廈管理條例

## Case 1

　　小薇住在一間租來的小套房公寓，沒想到從搬進去的那一天，就惡夢不斷！因為樓下的鄰居常來抱怨他的浴室天花板漏水，要小薇請人修水管。樓上的鄰居阿傑又特別喜歡玩 Switch 健身環，每天晚上一定要「砰」、「砰」、「砰」吵上三個小時，讓小薇根本沒辦法安靜休息。更慘的是，樓下超商私自掛上一個橫跨三層樓的巨幅招牌，上個月經過強烈颱風橫掃，一部分就卡在小薇的窗口前面，搖搖欲墜。最讓小薇擔心的是對面那戶「護膚中心」，整天鶯鶯燕燕出出入入，門口還有一個戴墨鏡、剃平頭的彪形大漢站崗，活像個應召站。小薇每天過著心驚膽顫，不知哪一天會出事的生活。

## Case 2

　　大雄向貴元買了一戶叮噹社區的公寓房屋，搬進去二個月後管理負責人靜香來向大雄收取規約所定管理費 2,000 元，大雄不曉得叮噹社區有管理費，打算不予繳納。另外，叮噹社區有一游泳池，但是由於無人使用已經廢棄，為避免蚊蠅叢生，大雄希望其能夠改建為籃球場，不知道該怎麼做。幾個月後，大雄每次下班回來，總是發現自己的停車位被胖虎的車子所占用，大雄要求胖虎不可以再停他的車位，胖虎仍然不聽，大雄為此深為苦惱。

## 1　公寓大廈的意義——什麼是公寓大廈？

　　由於地窄人稠以及人口集中於都市的緣故，臺灣有半數的人都「窩」在公寓大廈裡面。在公寓大廈愈蓋愈多，以及樓層向上發展的趨勢下，一棟公寓大廈動輒有數百甚至數千名住戶，所以住戶間的權利義務關係，不只影響住戶的日常生活，更影響了生活的品質，為了釐清公寓住戶間的權利義務關係，避免不必要的糾紛，傷了彼此的和氣，所以政府在民國 84 年 6 月 28 日制定公布了公寓大廈管理條例，以規範住戶之間權利義務關係，希望大家能夠和睦相處，守望相助。為了了解它的內容，請大家先了解下列幾個名詞的意義。

### 公寓大廈

　　「公寓大廈」是指構造上或使用上或在建築執照設計圖裡面，有明確區分為數部分的建築物及基地。這裡所稱的「明確區分為數部分」，簡單地說，就像我們常見的一棟大樓區分成不同的樓層，每層樓又分為幾戶，各樓層及各戶間有共用的電梯、樓梯或走廊，每層、每戶都可以獨立出售或擁有。如果是一般的「透天厝」，由於每一層樓並不具有使用或交易的獨立性，因此不屬於公寓大廈管理條例所規範的「公寓大廈」。但是如果是屬於社區型獨棟的房屋，雖然不是公寓，但是如果它尚有共同使用的部分的話，例如有共同道路、公共設施、公用大門等，還是可以適用公寓大廈管理條例的規定。

## 區分所有

　　所謂「區分所有」，是指數人區分一建築物而各有其專有部分，並就其共用部分按應有部分擁有所有權的情形。說的白話一點，區分所有就是指公寓大廈建好之後，分成好幾層或是好幾間，買到房屋的住戶，除了擁有那一層或那一間公寓之外（專有部分），對公寓大廈的共用部分，比如說外牆、柱子、走廊、樓梯、中庭、停車位、頂樓等共有部分，可以按房屋大小的比例擁有所有權（也就是所謂的應有部分）。再換句話說，當我們買進一間公寓，我們不只擁有那間公寓的所有權，還對公寓大廈所有共用的部分按比例擁有一部分的所有權。

## 專有部分

　　「專有部分」，是指公寓大廈的一部分，具有使用上的獨立性，且該部分可以成為區分所有的標的。簡單地說，就是每一戶有門窗、客廳、廚衛、陽臺，有電梯或樓梯出入，而不需要穿過別人的房子才能出入的房屋，就是專有部分，通常公寓裡每一號、每一樓就是一個專有部分。

## 共用部分

　　「共用部分」，是指公寓大廈專有部分以外的其他部分及不屬於專有部分的附屬建築物，而供所有住戶共同使用的部分，例如樓梯間、電梯、頂樓陽臺、外牆等。

## 約定專用部分／約定共用部分

　　公寓大廈共用部分經約定供特定區分所有權人使用者，稱之爲「約定專用部分」，也就是公寓大廈中原來的共用部分，經過大多數住戶的同意，由特定住戶或是第三人來使用。我們最常見，也是最重要的「約定專用部分」，就是地下室停車位。然而並非所有共用部分都可以約定爲專用部分，例如公用的走廊樓梯大門、社區內之巷道防火巷、公寓大廈之樓地板、承重牆壁、主要梁柱及其他生活利用上不可或缺之共用部分皆不可以約定成專有部分。所謂「約定共用部分」則是指將原本屬於專有部分，經住戶約定供共同使用的部分，例如將獨立之一戶規劃爲會議室、交誼廳。

## 大公與小公

　　在房地產的報導或廣告上常會見到大公與小公的名詞，公寓大廈的共用部分在交易習慣上常被稱作「公共設施」。一般所謂「大公」乃是指應由全棟大樓住戶分攤之公共設施，例如電梯機房、化糞池、一樓公共之門廳等。「大公」可以算是供全體區分所有權人使用的「全體共用部分」。「小公」是指僅由部分住戶分擔之公共設施，例如每一樓層之電梯室、樓梯間、走廊等。「小公」可說是供部分區分所有權人使用的「一部共用部分」。

## 2　住戶的意義—— We Are Family

　　住戶，雖然字面上是指住在公寓大廈裡面的人，但在公寓大廈管理條例中，則是指下列這四種人：

　　1. 區分所有權人：就是擁有每個專有部分的所有權人。

　　2. 承租人：就是和區分所有權人簽訂租約，住進區分所有權人專有部分的人。

　　3. 其他經區分所有權人同意，而為專有部分之使用之人：指的是那些借住的人或是區分所有權人、承租人的同居家屬。

　　4. 取得停車空間建築物所有權之人：指的是因買賣或贈與等原因，取得停車空間建築物所有權之人。

　　住戶對於專有部分的使用，可以在法律限制的範圍內，自由使用（自己住）、收益（例如出租給別人）、出賣（區分所有權人才有權利出賣房子），並且排除別人的干涉（例如「謝絕推銷」）。但是，專有部分的出租或是出賣，必須連同共用部分，不能夠專就專有部分或是共用部分的使用權，單獨出租、出賣給他人，例如小菲想要將公寓賣給小謝，但卻保留地下室或電梯的共有權，是行不通的。

　　公寓大廈住戶雖可以分以上四種，但是區分所有權人的權利並不當然適用於住戶，在公寓大廈管理條例裡面有條文對此做明白的區分，例如有關區分所有權人會議可以決議的事項，不具備區分所有權人身分的住戶就不能夠參與會議的討論或決議。例如小明向小華租公寓，如果大家決定把公寓外面牆壁的顏色改變，這時要經「區分所有權人」會議決議通過，小明這時便無法參加這種會議。

　　其他如共用部分或相關設施的拆除、重大修繕或改良費用，也應該只由公共基金或區分所有權人負擔。至於無區分所有權的住戶可否被推舉為管理委員或管理負責人，除非區分所有權人會議或規約另外有規定，否則原則上可以被推舉為管理委員或管理負責人。

　　由於所有住戶都是住在同一間公寓大廈裡面，不管是在使用專有部分或是共用部分的時候，一定會彼此相互影響，因此就需要公寓大廈管理條例，來規範彼此的權利義務，讓鄰居關係能夠「長治久安」。

### 3　住戶管理組織──誰是公寓大廈的管家婆？

　　公寓大廈的管理組織有兩個：即區分所有權人會議與管理委員會或管理負責人。區分所有權人會議相當於公司的股東大會，負責決定公寓大廈的重要事項；管理委員會則是負責公寓日常事務的管理，以及執行區分所有權人會議的決議事項。

### 區分所有權人會議

　　1.區分所有權人會議的意義：區分所有權人會議乃是指區分所有權人為共同事務及涉及權利義務有關事項，召集全體區分所有權人所舉行的會議。簡單地說，可以把它叫作社區大會或屋主大會。區分所有權人對於他的專有部分，雖然可以自由地使用、收益，但是不可以妨害建築物的正常使用及違反其他區分所有權人的共同利益，因此關於共同利益的事項便需要一個會議來做決定。這意味

著，雖然房子是我的，但是並不是說我愛怎樣就可以怎樣，如果會影響到其他鄰居的時候，這時便要大家一起開會來決定能不能這樣做。區分所有權人會議每年至少召開定期會議一次，如果發生重大事故，必要時可以依法召開臨時會議。

2. 區分所有權人會議的權利：區分所有權人會議並非經常舉行，因此如果公寓內大小事務皆須由此會議決定，顯然是不可能的，因此這個會議只在決定重要事項，其他事務則交由管理委員會執行。這就像公司裡面一樣，重要的事情交給股東大會來做決定，平常的事情則給董事會來做。下列幾種情形是公寓大廈裡面的重要事項，如果牽涉到這些事情，便須注意要經「社區大會」開會來決定：

(1) 公寓大廈周圍上下、外牆面、樓頂平臺及不屬專有的防空避難設備，除應依照法令規定辦理外，並應遵守經報備在案的公寓大廈規約或區分所有權人會議的決議，才可以變更構造、顏色、為設置廣告物等行為。例如在叮噹社區裡，大雄想要把在公寓外面牆壁畫上哆啦 A 夢的圖案，這時便要大家開會通過才可以。另外，共用部分及其相關設施之拆除、重大修繕或改良，應該依照區分所有權人會議的決議來執行。例如說游泳池的拆除、更換新的電梯設備、以及外牆瓷磚的全面更新都需要由區分所有權人會議來做決定。

(2) 如果公寓大廈需要整個重建，必須經過「全部」的區分所有權人及基地所有權人、地上權人或典權人的同意後，才可以重建。比如說公寓已經好幾十年，變得很老舊了，如果想要拆掉重新建一棟公寓的話，這個時候要全部的屋主都同意才可以，而不是開會多數表決就可以的。但是有幾種情形只要經區分所有權人決議即可，例如說配合都市更新計畫而實施重建，或因為嚴重毀損、傾

額或朽壞，以及因為地震、水災、風災、火災或其他重大事變而有危害公共安全的可能時，只要經過區分所有權人會議的決議即可重建。這就像九二一地震過後，房子傾斜了，這時便只要區分所有權人會議開會投票通過就可以了。

(3) 公寓大廈內應該設置一筆公共基金，用來作為共用部分，約定共用部分之修理、管理、維護以及相關共用設施的拆除及改良。而公共基金除了由建商由工程造價中以一定比例提列外，還需要由區分所有權人來繳納，以維持與充實公共基金。這個就是平常常見的管理費，這裡頭可能用來做公寓的清潔、電梯保養等工作。而關於公共基金應該如何繳納，以及基金要運用到何種事情上，都需要由區分所有權人會議來做成決定。比如說現在管理費要從 500 元升高至 5,000 元，這個時候就必須開社區大會大家來決定，不是管理委員會或管理負責人說調高就可以調高。

(4) 公寓大廈的區分所有權人為了增進共同利益，確保良好生活環境，經區分所有權人會議決議後，訂定大家所共同遵守的事項，便是所謂的「規約」。規約原則上是公寓大廈中的最高規範，就如同股份有限公司的章程一樣。此項規約是由區分所有權人會議決議所做成，管理委員會、區分所有權人及住戶都不可以有牴觸規約的行為。

3. 召開區分所有權人會議的方式：區分所有權人會議就如同公司的股東會，決定公寓大廈內重要的事務，因此召開的程序便非常重要，必須符合法律規定。也就是說，屋主大會並不是隨便幾個人就可以召開的，必須要有合法的人來叫大家來開會，要不然即使開會了，在法律上也會有瑕疵，依其情況，可能被請求撤銷，甚至被認定為無效，所以不可不慎。

區分所有權人會議，是由全體區分所有權人組成的。簡單地

說，就是屋主們來開會，在時間上，每年最少應該要開一次會議。但是如果發生重大事情而應該要趕快處理的時候，例如颱風來襲造成地下室淹水了，這時經過管理負責人或管理委員會的要求，則可以召開臨時會議。

另外一種情形，如果經過區分所有權人五分之一以上及其區分所有權比例合計五分之一以上，用書面寫明召集的目的及理由請求召集也可以召開臨時會。比如說現在有 20 戶，現在有五戶用書面寫上召開會議要做什麼，然後通知大家，便可以開臨時大會。區分所有權人會議由具區分所有權人身分的管理負責人、管理委員會主任委員或管理委員擔任召集人，沒有前述人等的時候，由區分所有權人互推一人為召集人。所謂召集人就是專門用來叫大家來開會的人；召集人的任期為一至二年，連選得連任一次。召集人假如沒有辦法互相推選產生的時候，區分所有權人可以申請直轄市、縣（市）主管機關指定臨時召集人，或者依照規約相互用輪流的方式擔任，其任期至新召集人選出來為止。

而區分所有權人會議的召開則應該由召集人在開會前十天以書面載明開會的內容，通知各區分所有權人，如果情況急迫，要開臨時會的話，則最少要在兩天前以公告方式為之。如果沒有通知的話，即使開會也沒有效力。開會時要做紀錄，開完會要在十五天內把會議紀錄通知各區分所有權人並且公告。與公寓大廈有利害關係的人，在必要的時候，也可以請求閱覽規約及會議紀錄，這時管理負責人或管理委員會不得拒絕。

4.區分所有權人會議決議的方式及效力：區分所有權人會議通常需要用表決來決定一件事情，那麼表決要經過多少人的同意才算通過呢？什麼樣的事情要經過多少人的同意？法律對此就要有所規定。

　　簡單地說，表決要多少人同意就是決議方式，決議方式除規約另有規定外，應有區分所有權人三分之二以上及區分所有權比例合計三分之二以上的區分所有權人出席，以出席人數四分之三以上及區分所有權比例占出席人數區分所有權四分之三以上的同意。舉個例來說，現在公寓內有 24 戶，要通過決議，最少要有 16 戶參加會議，如果現在有 20 戶出席，那麼要達成決議便要經過 15 戶的同意。

　　此外，由於現在公寓大廈戶數頗多，大家想去開會的意願也低，若要達法定出席人數恐將困難，因此便需要有替代的方式，使得較少的人出席也可開會。因此若開會的出席人數不足的時候，只需就同樣一件案子由召集人下次再召開一次會議，如果達到區分所有權人三人並五分之一以上及其區分所有權比例合計五分之一以上出席，以出席人數過半數及其區分所有權比例占出席人數區分所有權合計過半數的同意做成決議，而此決議的會議紀錄送達給各區分所有權人後，如果各區分所有權人沒有在七天以內以書面表示反對意見，或書面反對意見未超過全體區分所有權人及其區分所有權比例合計半數時的話，這個決議就會成立。

　　值得注意的是，受委託人代理的「他人」，只限於區分所有權人的配偶、有行為能力的直系血親（也就是與區分所有權人己身出於同源的人，例如父母、祖父母、子女等。「行為能力」請參閱本書第四章第 4 節）、承租人或其他的區分所有權人。而同樣地，為防止影響其他人的利益，受委託的他人在受託部分的區分所有權，也受到超過全部五分之一便沒有表決權的限制。

　　而表決權要怎麼來計算呢？簡單說，一個專有部分的區分所有權有一表決權，如果一個人擁有數個專有部分，為防止影響其他人的利益，其超過全部區分所有權的五分之一時，則超過的部分便沒

有表決權。此外，如果區分所有權人因故無法出席的話，可以以書面委託他人代理出席。

　　如果區分所有權人會議召集程序或決議方法違反法令或違反規約時，區分所有權人得於決議後三個月內請求法院撤銷其決議，但出席者，對召集程序或決議方法，沒有當場表示異議，則不可向法院請求。如果決議的內容違反法令或規約的話，則應該是無效。舉個例來說，如果社區有 50 戶，只有 10 戶出席開會的話，那麼這個會議所做的決定不符合決議方法的規定，其他所有權人可以向法院請求撤銷決議。

## 管理委員會及管理負責人

### 1. 管理委員會及管理負責人的意義

　　為執行區分所有權人會議決議事項，以及處理公寓大廈日常管理維護工作，就各住戶間，相互選舉管理委員若干人所設立的組織，稱之為「管理委員會」。而如果未成立管理委員會，則可由區分所有權人選住戶一人為管理負責人，負責管理公寓大廈內之事務。管理委員會乃是由區分所有權人選任若干住戶為管理委員所設立之組織（住戶並非一定是區分所有權人），至於管理委員會的組織與選任則由規約來決定。

　　管理委員會以一人為主任委員，委員與主任委員的任期，依區分所有權人會議或規約的規定，任期為一至二年，可以連選連任一次，沒有規定時，任期為一年，可以連選連任一次。而如果未組成管理委員會，也未有管理負責人時，則應該以區分所有權人會議的召集人為管理負責人，或者由區分所有權人申請直轄市、縣（市）主管機關指定。

## 2. 管理委員會的職務

住戶管理委員會的職務很多，簡單介紹如下：

公寓大廈共有及共用部分的清潔、維護、修繕及一般的改良。例如電梯的保養，花園的修剪等。住戶使用專有部分、約定專有部分而有妨害到其他住戶的安寧、安全或衛生時，則應該由住戶管理委員會負責協調雙方的衝突。如果住戶對於共同事務有所建議的話，管理委員則應該聽取其意見。

此外，有人做出原本應該經區分所有權人會議決定而尚未決定的事情，例如擅自變更公寓外牆的顏色的時候，管理委員會應予制止，並報請主管機關。當然，公寓大廈及周圍安全以及環境維護，收取公共基金及其他收支和運用基金，這些也是管理委員會的職責。如果區分所有權人會議決定要做某些事項，則管理委員會要遵照決定去做事情。

對於公寓大廈內經營餐飲、瓦斯店和其他危險營業或存放有爆炸性或易燃性物品的住戶，未投保公共意外責任險時，管理委員會應該催促他投保，如果沒有於七日內辦理，管理委員會應該代為投保，保險費則由該住戶負擔。住戶或區分所有權人如果有惡劣情形時，管理委員會應該促請其改善，如不改善則可能經區分所有權人會議決議強制遷離。

在住戶或區分所有權人欠了應該繳納的公共基金或應分攤的費用兩期以上或相當的金額時，經管理委員會定相當的期間催告其繳納而仍不繳納，管理委員會可以訴請法院命其繳納應繳之金額及利息。

當然，管理委員會如果不盡責的話，例如說違反投保義務，無正當理由未訴請改善或強制遷離，或無正當理由未執行區分所有權

人會議決議之事項，顯然影響住戶權益，主管機關可以向管理負責人、主任委員或管理委員處以罰鍰。

## 4 住戶的權利義務——大家都是「好厝邊」！

身為公寓大廈的住戶，有哪些應遵守的義務呢？以下一一說明：

### 尊重其他住戶的權利

住戶在維護、修繕專有部分、約定專用部分或行使其權利時，不得妨害其他住戶的安寧、安全及衛生。例如在裝潢時，便不可以因噪音過大而擾亂其他住戶的安寧。

### 協助其他住戶和管理委員會的義務

當其他住戶要維護、修繕專有部分、約定專用部分或設置管線，必須進入其專有部分或約定專用部分時，住戶不可以拒絕。管理負責人或管理委員會因維護、修繕共用部分或設置管線，必須進入或使用其專有部分或約定專用部分時，不得拒絕。例如其他住戶牆壁中的水管破裂，必須進入我方房屋內才可修理時，便不可以拒絕其進入。

## 未經同意不得隨意使用共用部分

公寓大廈周圍上下、外牆面、樓頂平臺及不屬專有部分之防空避難設備，非依法令規定並經區分所有權人會議的決議，不可隨意變更構造、顏色、使用目的、懸掛廣告物或其他類似之行為。例如在未經同意而在樓頂平臺搭棚販賣物品，或懸掛廣告物品於外牆之外。

## 繳納、分攤共用部分維護、修繕的義務

共用部分的修繕、管理、維護，雖由管理負責人或管理委員會處理，但維護、修繕的費用應由各住戶所繳納的公共基金支付，或由區分所有權人按各共有之應有部分比例分攤。

## 投保責任保險的義務

如果住戶經營可能產生公共危險的行業，例如 KTV 業、舞廳業等，住戶有義務投保責任保險，在發生意外時，可以賠償其他受害的住戶。

## 維護公共安全、公共衛生與公共安寧之義務

住戶不得任意棄置垃圾、排放各種污染物、惡臭物質或發生喧囂、振動及其他與此相類之行為。住戶不得於防火間隔、防火巷弄、樓梯間、共同走廊、防空避難設備等處所堆置雜物、設置柵欄、門扇或營業使用，或違規設置廣告物或私設路障及停車位侵占巷道妨礙出入。住戶飼養動物，不得妨礙公共衛生、公共安寧及公

共安全。但法令或規約另有禁止飼養之規定時，從其規定。

### 遵守法令與規約的義務

　　法令及規約的規定對於住戶有直接拘束的效果，因此住戶在使用收益專有部分、約定專用部分或共用部分，應該遵守法令及規約的規定。若違反情節重大，則有可能遭到強制驅離。

　　住戶規約的法律效力：規約是公寓大廈內的最高自治規範，一般而言，住戶規約很少由住戶集體共同在文件上簽名，多半是由建商在預售時即將住戶規約作為買賣契約的附件，視為契約的一部。而由建商草擬的「住戶規約草約」於第一次區分所有權人會議召開前，視為規約。而規約乃是各區分所有權人為共同關係所制定，因此其拘束力應及於每個所有權人。

　　住戶規約應經由區分所有權人會議決議通過，如果由管理委員會所定，則無拘束全體住戶的效力。住戶規約不但拘束全體住戶，連新住戶也有適用的餘地。即區分所有權人之繼受人應繼受原區分所有權人依照規約所定的一切權利義務。而新的住戶向舊的住戶購買房屋時，則可以藉由向管理委員會請求閱覽規約，來達到事先知悉以保護其權益。

　　由於公寓大廈內公共事務可以說相當複雜，哪些事項必須規定在規約，使住戶得以查閱，便變得非常重要。法令特別規定以下幾種事項必須規定在規約中，否則不生效力。這些事項有：

　　1.約定專用部分、約定共用部分之範圍及使用主體。

　　2.各區分所有權人對建築物共用部分及其基地之使用收益權及住戶對共同部分使用之特別約定。

　　3.禁止住戶飼養動物之特別約定。

4.違反義務之處理方式。

5.財務運作之監督規定。

6.區分所有權人會議決議有出席及同意之區分所有權人人數及其區分所有權比例之特別約定。

7.糾紛之協調程序。

## 5 相關的罰則——惡鄰的惡報

### 刑事處罰

住戶如供營業使用而有違法使用、變更共用部分，或在逃生通道堆積垃圾、雜物，產生公共危險，或未申請主管機關核准，修繕、裝修時破壞或變更建築地之主要構造的行為，因此致人於死的，例如違法懸掛招牌在外牆，颱風一來，倒塌壓死住戶或路人時，可以處一年以上七年以下的有期徒刑。如果使人重傷（如壓斷一條腿）則可以處六個月以上五年以下的有期徒刑。而且，還可以處罰幾百萬元的罰金，可以說相當嚴重。

### 行政罰鍰

而下列住戶這些行為則會被主管機關科處罰鍰，住戶要特別注意：

1.住戶任意棄置垃圾、排放污染物、惡臭或喧囂等或飼養寵物而妨害公共衛生時。

2.住戶使用專有部分干擾到其他住戶使用專有部分或共用部分或違反住戶的全體利益，經管理委員會制止後，依然故我。例如在房屋內建置魚池，而漏水影響到下層的住戶。

3.住戶違反規定使用共用部分，經過管理委員會制止後，依然故我。在處罰後，住戶還要自行回復共用部分原來使用的狀態，例如將違法懸掛的廣告招牌拆掉。

4.住戶擅自變更約定的專用部分或違反規約規定專有使用的規定。例如在住宅內經規約規定開設便利超商，現擅自將其改為麵攤。

5.住戶經營可能產生公共危險的行業而未依法投保責任保險。

6.住戶在逃生通道堆積垃圾、雜物或是妨礙其他住戶使用，經過管理委員會制止後，依然故我。

7.住戶沒有按時繳納公寓大廈管理費，經管理委員會催繳，仍依然故我。

## 強制出讓與遷離

在社會公益的考量下，在公寓大廈內關於所有權的使用收益與處分，可以說有著相當大的限制，而對於一些違反公寓大廈內權益的一些「惡鄰」，法律特別規定強制出讓與強制遷離兩種制度來對付「惡鄰」。

構成強制出讓的原因有兩種：一是公寓大廈嚴重毀損、傾斜，或因災變而有公共危險時，經區分所有權人會議決議重建時，不同意重建又不出讓其所有權，或同意後不依決議履行時，即可向法院強制區分所有權人出讓其區分所有權；二是積欠公共基金及相關費用，經相當時間催告而仍不繳納，則可以向法院請求命其繳納。

如果住戶一直欠繳，積欠金額達其區分所有權總價的 1% 時，對於這種不合作之鄰居，得經區分所有權人的決議，請法院命令其出讓其區分所有權。必要時，甚至可以拍賣其房屋。此外，如果有其他重大違反住戶應遵守之義務，而仍不予改善者，也可令其強制出讓。

至於強制遷離，則是針對無區分所有權的住戶而設（因為並無法強制其出讓），而強制遷離的原因與強制出讓大致相同。

## 重點說明

### Case 1

小薇雖然住的只是一間小公寓套房，但小公寓套房仍然有使用上的獨立性，可以作為區分所有權的對象，所以小薇住在裡面，也算是公寓大廈管理條例所稱的住戶。小薇的浴室地板（也就是樓下住戶的天花板）屬於公寓大廈的共用部分，發生漏水狀況需要修繕的時候，除非漏水的原因來自於小薇使用不當，否則修繕費用應該由樓上及樓下住戶（所有人）共同負擔。樓上的鄰居阿傑雖然是在自己的家裡面玩健身環，但是經常對小薇造成生活上的干擾，小薇有權利向管理委員會請求處理。樓下便利超商如果要掛招牌的話，由於外牆屬於公寓大廈的共用部分，必須經過多數區分所有權人同意才可以，而且不可以妨害到其他住戶的生命、財產安全，所以小薇有權利自己或透過管理委員會，請求樓下的便利超商將搖搖欲墜的招牌拆除。最後，如果對面的住戶真的以「護膚中心」為名，實際上從事色情交易的話，顯然是違法使用的行為，小薇不只可以向警察機關檢舉，並且管理委員會還有權利強制該名住戶遷離。

## Case 2

　　大雄雖然事先並不曉得叮噹社區需要收管理費，但是因為公寓大廈內區分所有權的繼受人須承受原所有人貴元規約上的一切權利義務，因此大雄即使事先不知，也必須繳納管理費用 2,000 元。大雄事先如向管理負責人靜香請求閱覽叮噹社區的規約，即可知道管理費的事情。大雄如果一直不予繳納，經靜香催告仍不繳，管理負責人靜香可向法院請求命大雄給付管理費及利息。如果大雄仍不繳，積欠金額達到其房屋總價 1%，則有可能會遭到叮噹社區請法院命他強制出讓房屋的命運。大雄如要拆除游泳池，由於游泳池是屬於共用部分，所以必須經過叮噹社區區分所有權人會議（住戶大會）的決議通過才可。所以大雄必須在住戶大會提案，經三分之二以上住戶出席（假設此社區每間房屋皆一樣大）及出席所有權人四分之三以上的同意才可以。而拆除游泳池的費用，可能會由叮噹社區的「公共基金」來負擔。對於胖虎的占用停車位，由於大雄的停車格，乃是將共有部分透過分管協議由特定住戶使用，屬於「約定專用」，應該依照使用執照所載的用途及規約來使用，不可擅自變更。胖虎此種行為，大雄可報請管理負責人靜香予以制止，並報請主管機關處以罰鍰。如果胖虎仍不聽，則可動用「惡鄰條款」，經叮噹社區住戶大會決議後，訴請法院強制胖虎遷離叮噹社區。

### 實況演練

　　1. 小黃住在臺北市的一棟公寓，在與妻子離婚後，將父親接來同住以便照顧，並買下該公寓一樓的店面，租給小黃的表哥阿明。請問這些人當中有誰不是這棟公寓的住戶？

2. 小千是華府大廈的二樓住戶，因為覺得臺灣的治安不太好，在陽臺加蓋棚子和安裝鐵窗，又因為住二樓，便拒繳電梯的維修費用。請問小千的行為是否符合公寓大廈管理條例的規定呢？

3. 小張在「柯林頓鄉村大樓」的十樓開設公司，某日有一客戶欲向小張租用大廈十樓的外牆張貼廣告，請問誰對於這個客戶的請求有決定權？

4.「凱達格蘭皇宮大樓」現在正召開一年一度的區分所有權人會議。由於住戶阿修已多年未繳管理費用，因此這次區分所有權人會議的重點，即是針對是否要強制阿修遷離這棟大樓做出決議。請問做出這項決議，應該經過怎樣的表決程序？

# 第十三章

# 如何進行訴訟

Case

　　小光和小彩趁著期中考結束，決定騎車上陽明山泡溫泉，到竹子湖採海芋、吃野菜。兩人邊騎車邊聊天，緩緩沿著山路向目的地行進時，遇到一個轉彎，突然與逆向行駛而來的轎車擦撞，兩人抱著在地上滾了好幾圈才停住。轎車的駕駛人康仔啪一聲打開車門，向他們吼叫：「拜託喔！怎麼騎車的？你們找死啊？」並且向小光和小彩獅子大開口，要求2萬元作為鈑金的修理費。小光和小彩覺得明明是康仔在雙黃線的道路違規超車，才會撞到他們的，這樣要求真是欺人太甚，但是康仔仍是鴨霸地咆哮要他們賠。兩邊僵持不下，小光遂向警察局報案。

　　警察到達車禍的地點後，先量地上的煞車痕、照相，再對小光、小彩和康仔問一些問題，做了簡單的筆錄。因為小彩腳上的傷口血流不止，所以小光先陪小彩到醫院掛急診處理傷口。過幾天，小光接到警察局打來的電話，查詢小彩的傷勢醫治情況，並問小光要不要到警察局和康仔和解，小光和小彩就到警察局和康仔簽和解書，和解書中寫明：康仔願意負擔小彩一切的醫藥費用。不料，康仔僅付了小彩急診的醫療費後，就不肯再付後續的醫療費用。小光和小彩只好去法院告狀，打官司了！

## 1 前言──別讓你的權利睡著了！

　　提到法院，大部分人的第一個印象就是「準沒好事！」，所

以一般民眾若發生紛爭，第一個想法就是儘量私下解決，能不進法院解決，就不進法院。其實，當遇到紛爭，如果不利用國家設置的法院來處理，而去找親友幫忙解決或是自力救濟，會花費更多的時間、精神，「私了」的結果，有時不但不能解決問題，反而可能引起更複雜的問題。

我國的法律制度，對於私人間的紛爭，禁止未經司法程序的處理，而由自己直接以不合法或暴力的方式解決。例如：小芳向小英借 50 萬元買股票，兩個人說好一年後要還錢。但是很不幸，小芳買到「水餃股」，所有投資買股票的錢都被套牢了，沒辦法按照約定還錢給小英。這時候小英只能先和小芳協商還錢的時間與方式（例如：用分期的方式還錢，或是延緩還錢的時間）。如果小芳仍然不還，小英可以依循法律途徑解決，向法院提起訴訟，請求小芳還錢，原則上不可以自己直接進去小芳家把值錢的東西搬走，拿去抵債。這種向法院提起訴訟，請求法院協助解決紛爭的救濟制度，就是一般俗稱的「打官司」。

## 2　為何需要訴訟制度──訟凶？訟累？

為什麼國家要設置法院處理人民的紛爭？在於現代的民主法治國家，制定法律使社會生活運作有一定的規範可循。當有人違反法律時，原則上不許人民以「自力救濟」的方式解決問題，除非情勢急迫，來不及向法院或其他有關機關請求協助，或是不馬上對他人的自由、財產施以拘束、收押或毀損，他的請求權就不能實行或有

實行的困難時，才例外允許權利人自力救濟。但是當有權利的人對他人爲自力救濟後，也必須即刻向法院聲請處理。如果有權利的人行爲後，向法院聲請被駁回或是向法院聲請的時間遲延，就要負損害賠償責任。而由法院處理私人間紛爭，比起「私了」有下列的優點：

### 公正性

　　法院是立於公正、超然的第三人立場來裁判、解決私人間的紛爭。私人間由於有利害關係，而且可能地位不平等，處於弱勢的一方會相當不利，且在處理紛爭時難免情緒化，使問題更趨複雜化。

### 實益性

　　紛爭經由法院裁判、調解或是和解成立，當事人雙方都須遵守；如果有一方不遵守，有權利的一方可以請求法院強制執行，以實現他的權利。

　　所以，訴訟的目的是爲了主張自己在法律上應有的權利，也就是別人侵害到自己受法律保護的權利時，利用國家的司法制度，提起訴訟，請求法院主持公道，實現自己的權利。如果自己的權利受侵害，不願向法院主張權利（刑事訴訟的公訴案件例外，因爲公訴案件多涉及國家安全、社會公共秩序，並非單純保護個人的利益），國家也不會主動介入私人間的糾紛。所以當自己權利受侵害時，千萬不要「認衰」而讓自己的權利睡著，應該要勇敢地主張、維護自己應有的權利。

## 3　訴訟的法律關係——法院、原告、被告的三角關係

在第一章緒論中，我們曾經說明法律有分「實體法」和「程序法」，凡是規定權利義務的具體內容的法律就是實體法；程序法則規定關於權利義務的具體內容要如何透過「正當程序」加以實現。

因為若僅有實體法的規定，給予人民各式各樣的權利，但如果在這些權利被侵害或者不能實現時，沒有可以用來保護或請求實現的規定，則這些權利也將形同虛設。所以國家在民法、刑法等本書前面介紹的各種實體法之外，制定民事訴訟法規定保護私權的程序，以及刑事訴訟法來作為確定國家刑罰權有無及其範圍的程序。

所以說，訴訟是一個實現或保護權利的程序。從起訴開始，到判決確定時為止，在整個程序中，國家的司法機關（即法院）與當事人間，以及一方當事人與他方當事人間，都要遵守法律規定的程序而為一定的行為，其相互之間因訴訟而發生權利義務關係，被稱作「訴訟的法律關係」，或簡稱「訴訟關係」。在訴訟程序中，透過當事人陳述事實、相互對質、舉出證據，使中立、客觀的法院可以認定事實與適用法律，做成裁判。

圖 13-1　訴訟關係（三角關係）

資料來源：筆者繪製。

**4　訴訟的種類——訴訟有兩種，要選哪一種？**

　　依照我國法律的規定，訴訟的種類可以區分為「民事訴訟」與「刑事訴訟」兩大類。什麼樣的問題該以民事訴訟解決？什麼樣的紛爭必須以刑事訴訟處理呢？只要是私人間因私法上的權利義務關係和別人發生爭執，例如：買賣、租賃、票據等，就應該利用民事訴訟程序請求救濟；如果人民所做的行為違犯刑法或其他刑事法規的規定時，受侵害的人得請求國家依刑事訴訟程序予以制裁。以下分別說明民事訴訟與刑事訴訟的程序。

### 民事訴訟

　　民事訴訟是國家提供人民解決私法上紛爭的救濟制度。原則上是採「三級三審制」的通常訴訟程序，由原告向有管轄權的法院起

訴請求裁判。紛爭類型可大致分爲「財產關係」及「人事關係」。但由於民事紛爭訴訟類型多樣化及訴訟案件數量遽增，以法院有限的訴訟資源，要處理這麼多的民事事件，就必須在兼顧人民訴訟權益保障下，設計更有效率的解決紛爭制度。因爲不是每一案件都需要「三級三審」，才能足夠使法院認定事實適用法律，且當事人有時也希望迅速解決紛爭以保障自身權益，所以民事訴訟除了上述的通常訴訟程序之外，又有調解程序、簡易訴訟程序以及小額訴訟程序，來解決紛爭。以下分別就民事訴訟法（以下簡稱「民訴」）中規定的訴訟程序類型，做簡單介紹。

1. 通常訴訟程序

　　(1) 起訴：原告起訴，應該要向有管轄權的法院提出起訴狀。撰寫起訴狀，可以使用法院服務處販賣的司法狀紙。一般情形是向「被告住所地」的法院遞狀起訴，這叫「以原就被」原則（民訴§1）。特殊情形下，則依據事件的類型向不動產所在地、侵權行爲發生地或票據付款地等法院遞起訴狀。

　　起訴狀中應表明下列各款事項，且向第一審法院繳納訴訟費用（民訴§244Ⅰ）：

　　①雙方當事人及法定代理人。

　　②訴訟標的及其原因事實。

　　③聲明應該受到判決的事項。

　　起訴狀內容如果有欠缺或不清楚，法院會要求補正，其中有的事項法院會特別表明如果不補正，就會駁回訴訟，此時要是不補正，訴訟就會被駁回。如果沒有委任律師，又不會寫起訴狀怎麼辦呢？現在各法院都設有服務處，提供民眾一般訴訟、法律的諮詢服務，法院的網站上也有各種訴狀範本供參考。

(2) 舉證：民事訴訟程序，是在解決當事人間的私法上權利義務的紛爭，由中立、客觀的法院來認定事實適用法律，進而做成裁判、解決紛爭。所以對於紛爭事實的真相究竟是什麼，就要由當事人拿出證據，證明自己說的是真實的，這也就是「舉證」。法院根據當事人的「舉證」，來判斷紛爭事實的真相，決定當事人之中誰說的是真的。通常，主張自己有一定權利的人，須「舉證」證明自己的主張是真實有依據的，如果法院無法從所舉出的證據及其他資料中，判斷認定主張確實真實有依據，此人便可能因此敗訴，他方並無義務證明對方「沒有權利」。所以我們常說「舉證之所在，敗訴之所在」，就是因為「舉證」的重要性，可能決定訴訟的成敗。例如：阿泥向凱子借了 10 萬元買新車，凱子堅持一定要寫借據，以茲證明。如果將來發生糾紛進入民事訴訟程序，這借據就可以當作證明阿泥有向凱子借了 10 萬元的證據之一。如果沒有借據，那凱子就必須找其他的方法證明，像是人證或物證。若無法證明阿泥確實借過錢，凱子就可能會敗訴，要不回這筆錢。

我國的民事通常訴訟程序，原則上是採「三級三審制」。目前司法改革的方向，在於致力使其「金字塔化」（如圖 13-2），所以推行民事事件「審理集中化」。目的在強化第一審的「事實審」功能，促使當事人在訴訟的前階段提出所有的訴訟事證資料，使第一審能夠成為事實審的審判中心。所以，在言詞辯論程序前的準備程序中，為了使法院盡可能地闡明訴訟關係、整理並且簡化爭點，當事人就應該充分主張相關事證（民訴 §276）。

圖 13-2　金字塔化審級

資料來源：筆者繪製。

(3) 上訴

①第二審：當事人如果不服第一審終局判決，可以在判決送達後二十日內，向原第一審法院提出上訴狀，上訴第二審。另外，為了強化第一審事實審的功能，現行法已採行「嚴格續審制」，除法律列舉的情形外，第二審當事人不能提出新的攻擊或防禦方法，換句話說，當事人不能再主張能於第一審主張而未主張的事項（民訴§447）。

②第三審：當事人如果不服第二審終局判決，可以在判決送達後二十日內，向原第二審法院提出上訴狀，上訴第三審。但有下列情形，則不可以上訴第三審：

A. 對於第一審判決，未向第二審法院上訴，當然不得上訴第三審（民訴§465）。

B. 對於財產權訴訟的第二審判決，如因上訴所得的利益，不超過新臺幣150萬元者，不得上訴第三審（民訴§466）。

C. 限定必須以第二審判決違背法令為理由（民訴§467）。

為維護第三審「法律審」的功能及保護當事人權益，所以在第三審採行「律師強制代理制度」，上訴第三審時，上訴人必須委任律師為訴訟代理人（民訴§466-1）。

(4) 訴訟上和解：不論訴訟進行到何種程度，法院如果認有成立和解之望，都可以於言詞辯論時，試行和解（民訴 §377）。試行和解而成立後，應做成和解筆錄（民訴 §379 Ⅰ）。和解成立，就與確定判決有相同的效力，即可以聲請強制執行。如果和解有無效、得撤銷的原因或者和解不成立，還是繼續原先的審判程序，不會影響到訴訟上的權利唷！

## 2. 調解程序

人民在私權上有了糾紛，有些並不是非得要進入民事訴訟程序才可以解決。所以民訴強制規定某些類型的民事事件，必須先經過調解程序，調解不成立才可以起訴，稱作「強制調解事件」。另外尊重當事人對訴訟程序的自主選擇權，當事人也可以在起訴前向法院聲請調解。法院會選任調解委員，來進行調解程序。調解經當事人合意而成立；調解成立，就與確定判決有相同的效力，可以聲請強制執行（民訴 §416）。調解不成立，則視為自聲請調解時，已經起訴，即進入訴訟程序（民訴 §419 Ⅲ 前段）。

像是因為增減不動產的租金發生爭執、道路交通事故、醫療糾紛、僱傭契約發生爭執、親屬相互間因財產權發生爭執、價額在新臺幣 50 萬元以下財產權爭執等紛爭，都是要在起訴前先行調解的「強制調解事件」（民訴 §403）。

## 3. 簡易訴訟程序與小額訴訟程序

簡易訴訟程序，是將第一審程序當中，比較輕微、簡單或應該要速結的事件，另外規定比較便捷的程序。何種事件適用簡易訴訟程序呢？可大致分為三類（民訴 §427）：

(1) 關於財產權的訴訟，其標的金額或價額在新臺幣 50 萬元以

下。

(2) 依事件類型區分，不問其標的金額或價額多少，一律適用簡易訴訟程序，例如：建築物定期租賃、僱傭期間在一年以下的僱傭契約、票據、合會、請求租金、部分保證關係等紛爭。

(3) 不是第 (1)、(2) 項規定的紛爭類型，當事人仍可以合意適用簡易訴訟程序，但其合意應以文書證明。

簡易訴訟程序究竟便捷在哪裡呢？

(1) 可以用言詞起訴、聲明或陳述（民訴 §428 II）。

(2) 一般民事事件，通常是由當事人一方向法院遞狀後，等候法院通知開庭。但簡易事件如果當事人雙方同意，可以在法院各個簡易庭通常的開庭時間一起自行到庭，直接就可以聲請法官開庭審判。只要資料及證據準備充分，法官會立即開庭，原則上一次期日就辯論終結（民訴 §432、§433-1）。

(3) 縱使當事人一方不到庭，法院也可以僅由當事人一造辯論，而為判決（民訴 §433-3）。

對於簡易訴訟程序第一審的裁判不服，可以上訴或抗告；對於簡易訴訟程序第二審的裁判不服，只要訴訟標的價額超過新臺幣150 萬元，以適用法律顯有錯誤為理由，經過原裁判法院許可，仍可以直接向最高法院上訴或抗告（民訴 §436-2、436-3）。上訴都是在判決送達後二十日內必須提起。

小額訴訟程序，指原告向被告請求給付的內容，是金錢、其他代替物或有價證券，而且請求給付的金額或價額，在新臺幣 10 萬元以下的訴訟事件（民訴 §436-8）。因為此類事件，用簡易訴訟程序還是稍嫌繁複，所以又設有小額訴訟程序，更為迅速、經濟、簡便的解決紛爭。小額訴訟事件，也是民訴第 403 條所規定的強制調解事件，所以起訴前要先經調解，調解不成立，才進入小額訴訟

程序。

　　爲了便利小額訴訟的債權人起訴，還有專用的「表格化訴狀」，只要填表、打勾就可以起訴了！另外，考慮到一般民眾白天可能要上班工作，原告還可以在起訴狀上聲請在夜間或假日開庭，由法官斟酌情形指定適當的時間開庭，但如果被告不同意在夜間或假日開庭，法院就會訂期在通常開庭時間（也就是白天上班時間）開庭。且對一造辯論判決採更寬的規定，當事人一方受合法通知又無正當理由，未於調解時到場，法院就可以依聲請或職權爲一造辯論判決。

　　而比較特別的是，小額訴訟程序例外採「二級二審制」，不服第一審的裁判，在判決送達後二十日內可以上訴或抗告；但是對於第二審判決裁判不服，則不得再上訴或抗告。

　　簡易訴訟程序與小額訴訟程序間，還可以依事件的性質轉換適用程序：

　　(1) 小額事件改用簡易訴訟程序：法院認爲事件性質繁雜或因其他情事，認爲適用小額程序不適當，可以改用較爲愼重進行的簡易訴訟程序，並由原法官繼續審理，以免因更換法官致使先前進行程序浪費的後果。

　　(2) 簡易事件改用小額訴訟程序：請求給付內容的金額或價額在新臺幣 50 萬元以下的，當事人雙方爲求簡速審理，可以經過書面合意，要求法官改用小額訴訟程序審理，並且也是由原法官繼續審理。

## 4. 再審程序

　　那萬一民事判決確定後，發現一些錯誤、不合法的地方，要怎麼辦呢？沒關係，還有一個特別救濟程序，只要符合民訴規定的情

形，例如：適用法規顯有錯誤、判決基礎的證物是變造偽造等事由（民訴 §496～498），可以在判決確定後或知道有再審事由起三十日內提起再審。但是顧及法律關係的安定性，除非有法律規定之特別情形，否則再審事由發生五年後，就不可以再提起再審（民訴 §500）。

## 5. 督促程序——支付命令

債權人對債務人的請求，如果是請求給付一定數量的金錢（例如：新臺幣 10 萬元）、可代替物（例如：黑金剛蓮霧 50 公斤）或有價證券（例如：台雞店公司的股票 1,000 股），可請求法院對債務人依督促程序發「支付命令」，督促債務人在收到支付命令後二十日內，向債權人清償並賠償程序費用（民訴 §508、514）。此種請求方法較通常訴訟程序簡便、迅速、省費且其效果與確定判決相同，可以聲請強制執行。

債務人接到支付命令後，可在二十日內向發支付命令的法院，不附理由提出異議。此時，法院即依起訴或聲請調解來處理（民訴 §516、519）。債務人如不於前述二十日內提出異議，該支付命令即得為執行名義，可以聲請強制執行（民訴 §521）。

## 6. 保全程序——假扣押、假處分

前面所介紹的許多訴訟程序，目的都在實現當事人實體法上的權利，而保全程序，就是為了防止債務人在訴訟前或訴訟中脫產，導致債權人即使將來勝訴，卻發生無財產可執行或無權利可實現的窘境。保全程序有二種，一為「假扣押」，另一為「假處分」。

假扣押是就金錢的請求或可以易為金錢的請求，對債務人的一般財產，為查封的保全程序，禁止其處分（民訴 §522）；而假

處分則是就金錢以外的請求（例如：請求移轉房屋所有權、請求交付子女），為保全將來的強制執行，聲請法院為必要的處分或就爭執的法律關係定暫時狀態（民訴§532）。保全程序在起訴前、訴訟中都可以聲請，只是若在起訴前聲請，法院會命在一定期間要起訴，否則就會撤銷假扣押或假處分裁定（民訴§529、537-4）。

### 7. 家事事件

我國於民國100年12月12日立法院三讀通過「家事事件法」，該法將原列於民事訴訟法中的人事訴訟程序、家事非訟程序及家事調解程序合併立法，以期能更妥適解決家事紛爭及其他相關家事事件。此外，為貫徹家事事件處理的精神，家事事件法規定，家事事件由少年及家事法院處理，未設少年及家事法院的地區，由地方法院家事法庭處理。所以家事事件法的通過可說是我國家事司法制度改革的重大里程碑。

家事事件法最大的特徵在於，該法將家事事件分為甲類、乙類、丙類、丁類及戊類家事事件，本書簡單介紹如下：

甲類事件：(1) 確認婚姻無效、婚姻關係存在或不存在事件；(2) 確定母再婚後所生子女生父事件；(3) 確認親子關係存在或不存在事件；(4) 確認收養關係存在或不存在事件。

乙類事件：(1) 撤銷婚姻事件；(2) 離婚事件；(3) 否認子女、認領子女事件；(4) 撤銷收養、撤銷終止收養事件。

丙類事件：(1) 因婚約無效、解除、撤銷、違反婚約之損害賠償、返還婚約贈與物事件；(2) 因婚姻無效、撤銷婚姻、離婚、婚姻消滅之損害賠償事件；(3) 夫妻財產之補償、分配、分割、取回、返還及其他因夫妻財產關係所生請求事件；(4) 因判決終止收養關係給與相當金額事件；(5) 因監護所生損害賠償事件；(6) 因繼

承回復、遺產分割、特留分、遺贈、確認遺囑眞僞或其他繼承關係所生請求事件。

丁類事件：(1) 宣告死亡事件；(2) 撤銷死亡宣告事件；(3) 失蹤人財產管理事件；(4) 監護或輔助宣告事件；(5) 撤銷監護或輔助宣告事件；(6) 定監護人、選任特別代理人事件；(7) 認可收養或終止收養、許可終止收養事件；(8) 親屬會議事件；(9) 拋棄繼承、無人承認繼承及其他繼承事件；(10) 指定遺囑執行人事件；(11) 兒童、少年或身心障礙者保護安置事件；(12) 停止緊急安置或強制住院事件；(13) 民事保護令事件。

戊類事件：(1) 因婚姻無效、撤銷或離婚之給與贍養費事件；(2) 夫妻同居事件；(3) 指定夫妻住所事件；(4) 報告夫妻財產狀況事件；(5) 給付家庭生活費用事件；(6) 宣告改用分別財產制事件；(7) 變更子女姓氏事件；(8) 定對於未成年子女權利義務之行使負擔事件；(9) 交付子女事件；(10) 宣告停止親權或監護權及撤銷其宣告事件；(11) 監護人報告財產狀況及監護人報酬事件；(12) 扶養事件；(13) 宣告終止收養關係事件。

法院在審理家事事件與一般財產權訴訟事件時，有不同的態度。適用家事事件程序的案件，大多和公益及善良風俗有關，所以當事人訴訟上的權利行使會有所限制，與一般財產權訴訟程序中完全由當事人決定訴訟程序開始或結束、程序進行等有相當的不同。法院爲了了解事情眞相，也可以主動調查當事人沒有提出的事實和證據，與一般財產權訴訟事件中，法院僅立於「聽訟」裁判的地位，有相當大的不同。

## 刑事訴訟

　　刑事訴訟法（以下簡稱「刑訴」）是在確定國家對於被告，是否有刑罰權以及刑罰權範圍大小的法律制度。例如：小豪打傷大洲，小豪對大洲是不是要負傷害的責任，必須由大洲（被害人）自己向法院起訴或是向檢察官告訴後，經由雙方當事人陳述事實、舉出證據、相互對質，然後認定事實。若仍無法確定事實，法院才斟酌個案情形主動依職權介入調查，確認小豪是否真的打傷大洲，再判斷是否負傷害的刑責以及負責的程度（例如：要判多少年有期徒刑、可不可以易科罰金等）。

　　在前面所舉的例子中，如果大洲選擇自己向法院起訴，就是「自訴案件」；反之，如果向檢察官告訴後經檢察官向法院起訴，就是「公訴案件」。自訴案件和公訴案件最大的區別就是由被害人選擇自己或是由檢察官向法院起訴，請求法院確認加害人是否有罪和他應受的刑罰。自訴案件和公訴案件是不能並存的，被害人只能選擇其中一個途徑向法院請求裁判，因為加害人對被害人只有一個侵害行為，不能受兩次的刑罰追訴處罰。否則就違反了法治國家「一行為不二罰」的原則。

### 1. 刑事訴訟程序的進行

　　刑事訴訟程序，簡單來說就是偵查、起訴、審判、執行，原則上採「三級三審制」，例外有「二級二審制」（例如：刑訴 §376 規定的輕微案件及以高等法院為第一審法院的內亂罪、外患罪、妨害國交罪的案件）及「一級二審」（例如：簡易程序）。

　　在本章第 3 節已經說過訴訟的法律關係，是法院與當事人間的三角關係。在刑事訴訟程序中，當事人就是訴追者（在公訴案件

為檢察官,在自訴案件為原告)與被訴追者(被告)。為了讓法院秉持客觀、中立、超然的立場來認定事實、適用法律,避免偵查及審判分際的混淆,法院不宜接續檢察官主動蒐集犯罪證據的工作。否則就會回復到過去「包青天」時代,一個人既要偵查犯罪又要負責審判,難免有「球員兼裁判」之嫌。而應該基於當事人互為陳述事實、舉出證據、相互對質的訴訟架構下,法院依據實質正當法律程序的原則進行審判,僅於當事人主導的證據調查後,仍無法發現真實時,始斟酌個案情形依職權介入調查證據。所以刑訴的司法改革,也一直朝這個方向努力,司法院將其稱作「改良式當事人進行主義」。故加重檢察官舉證責任與減輕法院調查證據職權(刑訴§161、163)。

除了「不起訴制度」外,其相關的配套措施還有增設「緩起訴制度」。即被告所犯為輕罪,檢察官可以參酌刑法第 57 條所列事項(例如:犯罪動機或目的、犯人品行或智識程度等)及公共利益的維護,認為適合緩起訴,可以定一年以上三年以下的緩起訴期間,為「緩起訴處分」(就是暫緩起訴的處分)。(刑訴§253-1)

檢察官可以命被告,於一定期間內向被害人道歉、悔過、填補損害、支付金額、提供義務勞務、完成適當處遇措施、保護被害人安全及預防再犯等。若在緩起訴期間內,被告故意又犯有期徒刑以上刑之罪經檢察官提起公訴;或未遵守檢察官所命應遵守的事項,此時認為被告顯然並無反省警惕或根本欠缺反省警惕的能力,檢察官得依職權或依告訴人的聲請,撤銷被告的緩起訴處分。(刑訴§253-2、253-3)

這些配套制度的目的是在使刑事訴訟的審理集中化,在第一審能夠集中調查證據及辯論,使法院能在鮮明的心證情況下,為妥當迅速的裁判。另外一方面,以嚴謹的證據法則及落實、強化當

事人間交互對質的要求，使其能兼顧「發現事實」與「保障被告人權」，法院才更能正確地認定事實、適用法律。

2. 起訴

所有的刑事案件，要告侵害自己權利的人（即行為人），和民事案件的原則相同，必須以該行為人的住、居所地或是犯罪行為發生地的法院，為第一審法院（刑訴§5）。例如：小豪（住桃園）在中正機場毆打大洲（住臺北），大洲要告小豪必須向桃園地方法院起訴，而不是臺北地方法院。

在刑事訴訟程序中，也有簡易程序。就是在第一審程序中，針對宣告緩刑、得易科罰金或得易服社會勞動的有期徒刑及拘役或罰金等比較輕微的案件，若被告的自白及其他證據，已經可以明確認定犯罪事實，經檢察官聲請後，法院可以簡易判決來確定刑罰。而簡易判決除了不可以上訴者外，須在判決送達後二十日內提起上訴。

向法院起訴一定要請律師嗎？除了「強制辯護案件」（所犯為最輕本刑三年以上有期徒刑案件、高等法院管轄第一審的案件或被告因為精神障礙或其他心智缺陷無法為完全之陳述者、被告具原住民身分，經依通常程序起訴或審判者、被告為低收入戶或中低收入戶而聲請指定者、其他審判案件，審判長認有必要者，法律明白規定一定要有律師或由公設辯護人辯護）外，刑事訴訟的訴訟進行程序，原則上是不需要請律師的。那撰寫起訴狀呢？如果選擇請檢察官向法院提起公訴，只要向檢察官說明案件的事實經過，公訴案件的起訴狀是檢察官寫的。如果選擇自訴，各法院的服務處，有各種自訴狀範本可供參考。

## 3. 上訴

　　刑事訴訟的上訴，在送達判決後二十日內必須上訴（刑訴
§349），如果超過時間，就會失去上訴的機會。此外，並非所有
案件都可以上訴到第三審，如果是「輕微案件」（例如：竊盜、贓
物罪等刑訴§376規定的各罪）就不可以上訴到第三審。沒有刑訴
第378條、第379條判決違背法令的情形，也不可以上訴第三審
（刑訴§377）。

　　我們以表13-1，說明一下刑事訴訟程序的流程：

表 13-1　刑事訴訟程序流程

| | | | | |
|---|---|---|---|---|
| **偵查** | 開始 | 被害人告訴、第三人的告發、犯罪人自首、檢察官因其他情事知有犯罪嫌疑 | | |
| | 終結 | 檢察官為不起訴處分 | 告訴人可於十天內聲請再議 | 有理由：撤銷原處分，繼續偵查或起訴 |
| | | | | 無理由：駁回再議，告訴人若不服，可以聲請法院交付審判 |
| | | 檢察官為緩起訴處分 | 告訴人可於十天內聲請再議 | 同上 |
| | | 檢察官為起訴處分 | 起訴被告，進入以下的刑事訴訟程序 | |
| **起訴** | 公訴、自訴 | | | |
| **審判** | 第一審 | | | |
| | 上訴審 | 第二審第三審 | | |
| | 特別救濟程序 | 再審 | 有罪判決確定後，發現法院「認定事實」有錯誤 | |
| | | 非常上訴 | 有罪判決確定後，發現法院「適用法律」有錯誤 | |
| **執行** | 執行判決 | | | |

資料來源：筆者整理。

## 4. 強制處分

在報章雜誌上，我們常常可以看到檢警單位搜索某公司，或是法院拘提、通緝、羈押某嫌犯的新聞。這些為了偵查犯罪、保全證據或執行刑罰，而由法律賦予的權力稱為「強制處分權」。

強制處分可以分為「對人強制處分」和「對物強制處分」兩種。因為強制處分會剝奪人民受憲法保障的一些權利，例如自由權、財產權，所以原則上當檢、警或法院要行使這種權力時，須做成書面（例如：拘票、搜索票）並出示證件表明身分。我國刑事訴訟程序中的強制處分，以表 13-2 做說明：

表 13-2　刑事訴訟程序中的強制處分

| 強制處分 | 種類 | 對象 | 書面格式 |
|---|---|---|---|
| 對人強制處分 | 傳喚 | 被告、證人、鑑定人、自訴人 | 傳票 |
| | 拘提 | 被告、證人、自訴人 | 拘票 |
| | 通緝 | 逃亡或藏匿的被告 | 通緝書 |
| | 逮捕 | 解送現行犯或通緝犯至一定處所 | 無 |
| | 羈押 | 一般性：被告可能會逃亡或湮滅證據 | 押票 |
| | | 預防性：被告可能會再犯同一犯罪 | |
| 對物強制處分 | 提出命令 | 命「被告、第三人、政府機關、郵務機關」提出可為證據的物品或可宣告沒收的物品（例如：毒品、凶器） | 不以書面為必要，也可以用言詞 |
| | 搜索 | 被告、第三人身體、物件、住宅、其他處所 | 搜索票 |
| | 扣押 | 可為證據的物品、可宣告沒收的物品 | 筆錄 |

資料來源：筆者整理。

## 5. 附帶民事訴訟

在刑訴中特別規定，因為犯罪受到損害，於刑事訴訟程序可以附帶提起民事訴訟，對於被告請求回復或賠償其損害（刑訴§487）。不過，附帶民事訴訟必須在第二審辯論終結前提起（刑訴§488）。在刑事訴訟程序中附帶提起民事訴訟有什麼好處呢？因為可以利用刑事訴訟的調查程序及證據，又不用另外繳納民事訴訟裁判費，可說是一舉兩得。

## 6. 國民法官制度

「國民法官制度」是即將在民國112年開始施行的新制度，由來自各行各業的民眾（國民法官）與職業法官一起組成國民法官法庭，共同進行審判。

若想要被選任為國民法官，依照國民法官法規定，必須為年滿23歲、在地方法院管轄區域內繼續居住四個月以上（例如，臺北地方法院的管轄區域是臺北市中山、大安、中正、萬華、信義、松山、文山等七區，及新北市新店、烏來、石碇、深坑、坪林等五區，若要在臺北地方法院擔任國民法官，就必須居住在這些區域四個月以上），並且具有中華民國國籍的國民。但是不能有下列情況：

(1) 目前涉及刑案未滿一定期間，或是被褫奪公權（國民法官法§13）。

(2) 因心智狀態不能或較難與他人溝通，而受到監護或輔助宣告（國民法官法§13⑩）。

(3) 未完成國民教育（國民法官法§14⑫）。

(4) 與本案或本案被告、被害人有一定關係，例如，是被告或被害人之配偶、八親等內之血親等（國民法官法§15）。

(5) 有事證難以公平審判的人（國民法官法 §15 ⑨）。

(6) 具有法政軍警等特殊職業背景的人（國民法官法 §14）。

當然，在特定情形下，例如：年滿 70 歲以上、身分是老師或學生等，也可以向法院說明因為年齡、工作、家庭事務等理由而難以參與審判，表明拒絕擔任國民法官（國民法官法 §16）。

關於國民法官會參與審判的案件，包括「最輕本刑為十年以上有期徒刑之罪」與「故意犯罪因而發生死亡結果之罪」，但不包含少年刑事案件及犯毒品危害防制條例案件。而國民法官在這些案件中的職責，就是與法官共同進行審判程序，不僅可以補充訊問或詢問被告、被害人、證人與鑑定人，也可以和法官共同決定是否有罪、成立何罪及刑度輕重。

## 重點說明

小光和小彩出遊，小彩遭康仔撞傷，而康仔違反和解的約定不付小彩的醫藥費，小彩不妨依法律途徑解決，向法院起訴。就醫藥費部分，依民事訴訟程序，向康仔請求履行他們在警察局簽訂的和解書支付小彩醫藥費；另外，康仔撞傷小彩的行為對小彩構成侵權行為，小彩可以依照侵權行為的規定，向康仔請求損害賠償。同時，也構成刑法上的傷害罪，小彩可以依刑事訴訟程序請求法官確定康仔的罪責。或者在刑事訴訟中附帶提起民事訴訟，一次解決紛爭。

## 實況演練

1. 胖虎因為想買新車，所以就和大雄、靜香和小夫幾個朋友起了一個合會，由胖虎做會首。沒想到胖虎居然倒會，捲款「落跑」了。大雄很生氣，覺得胖虎根本是一開始就沒安好心眼，存心欺騙他們，所以要告胖虎詐欺罪，逼使胖虎還錢。大雄因為胖虎倒會提起刑事訴訟有道理嗎？

2. 小華向洪太太租的公寓，因為年久失修，浴室總是排水不良，只要下雨天花板就會滴水，小華反應多次，洪太太都置之不理，說是租金便宜，要小華別要求太多。小華可以直接去法院告洪太太嗎？

3. 虎克為了要開一間咖啡店，跟彼得借了 20 萬元。虎克還寫了一張借據給彼得，保證一年後一定會還錢，並且加上優厚的利息。本來咖啡店還經營的有聲有色，但是虎克竟迷上賭博，咖啡店也不開了。彼得聽說虎克積欠很多廠商貨款，還欠下一堆賭債，彼得實在擔心這 20 萬元變成「肉包子打狗，有去無回」。彼得要怎麼做才可以趕快要回他的錢呢？

4. 阿榮退伍後找不到工作，整天遊手好閒。鄰居阿牛的妹妹莉莉，長得天使面孔、魔鬼身材，阿榮見了「口水直流」，頻頻向莉莉示好，還想約她出去玩、請她吃大餐。阿牛知道阿榮的素行不良，就極力阻止莉莉與阿榮交往。阿榮知道後，火冒三丈，藉機狠狠揍了阿牛一頓。阿牛實在不甘心被痛毆，還花了醫藥費 5,000 元。阿牛要怎樣主張自己的權利呢？

# 第十四章

# 行政救濟制度

Case

　　大學生俞彥趁著期末考試剛剛結束，興高采烈地找女友小兔同騎一輛機車到北海岸夜遊。有著一頭秀髮的小兔不習慣戴安全帽，喜歡「秀髮飄逸，任憑春風吹拂」的感覺。只是兩人萬萬沒有想到，才剛開始夜遊沒多久，就在一處路口碰到正在舉行「春安演習」的警察臨檢，要求俞彥出示駕駛執照。俞彥辯稱自己並沒有任何違反交通規則的行為，警察卻硬生生地說俞彥超速，而且小兔也沒有戴安全帽，當場就開了兩張罰單。小兔氣急敗壞地說：「沒戴安全帽關警察鳥事？這樣的法律不公平！」警察一聽，心中十分「不爽」，也撂下一句話：「我們只是依法辦事而已，算你們倒楣。如果不服氣的話，有本事你們就去申訴啊！」然後就揚長而去。兩人在無可奈何之下，也只好悻悻然地騎車離去。在回家的路上，俞彥心裡愈想愈氣，沒有注意迴避馬路上的坑洞，機車一打滑，兩人就這樣同時摔了出去，不但受傷，而且機車就這麼「壽終正寢」了。受傷的俞彥這時候回神一看，才發現這一段路正在整修，但是在路上看不到任何警告標誌。

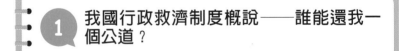

1　我國行政救濟制度概說——誰能還我一個公道？

前　言

　　憲法第 16 條規定人民有「請願」、「訴願」以及「訴訟」的

權利，同法第 24 條也規定，凡公務員違法侵害人民之自由或權利者，被害人民就其所受損害，得依法律向國家請求賠償。憲法訂定這些權利規定的目的是什麼呢？綜合來說，就是要讓人民的權利在受到國家或是其他人侵害的時候，可以請求法院或其他國家機關透過公權力來加以保護，而這類的規定也就是我國行政救濟制度的基礎。其實，現代國家在法治國的基本思想要求下，「有權利必有救濟」的觀念早已深入人心，而前述憲法規定就是這個理念的具體展現，至於它的具體實現就必須靠個別行政法規的制定與實施了。

## 行政救濟的意義、範圍與方式

所謂行政救濟，是指人民因為行政機關（包括受行政機關委託，行使公權力行為的個人及團體）違法或不當的行為，導致權利或利益受到損害的時候，有權向國家提出申訴的制度，是屬於行政制度的一環。所以，行政救濟法的意義也就是指在行政法中有關行政救濟制度的法律。

一般而言，由於行政救濟主要是以 1.行政爭訟法（包括訴願法與行政訴訟法）；2.國家賠償法；與 3.損失補償制度，作為討論範圍，故行政救濟的方式是以下述五種方式為主。

1. 請願：是民主政治中擴大人民政治參與機會的方式，是指人民對於國家政策、公共利益或是自己權益的維護，向主管事務的民意代表機關或行政機關，表達自己意願的行為（請願法 §2）。

2. 訴願：是指行政處分（請參考本章第 3 節訴願法之說明）損害到人民權利或利益的時候，人民（訴願法上稱為「訴願人」）有權向原處分機關或上級機關請求救濟（「還我一個公道」）的方法（訴願法 §1、2 I）。

3.行政訴訟：是指當人民對於行政機關的決定表示不服時而請求救濟的一種訴訟程序（行政訴訟法§3～10）。我國現行的制度是由行政法院專門處理行政訴訟案件，並且以行政訴訟法規定行政訴訟的程序。而民事、刑事訴訟，則是屬於普通法院的權責。

4.國家賠償制度：我國關於國家賠償制度定有國家賠償法，就公務員的國家賠償責任與公共設施所產生的國家賠償責任有所規定（國家賠償法§2、3）。

5.損失補償制度：是指國家為了必要的公共利益而依據法律行使公權力，以致造成特定人的權益受到特別犧牲，而對受到特別犧牲的特定人所受損失加以補償的制度。

基於以上所述，本章就按照以上五種行政救濟方式逐一說明各種行政救濟法規如下。

2　請願法──我有話要說！

### 請願的意義

前面曾經提到，依據請願法第 2 條規定，請願就是指人民對國家政策、公共利益或是自己權益的維護，向主管事務的民意代表機關或行政機關，表達自己意願的行為。舉例來說，如果你家附近因為道路狹隘、交通擁擠，希望能夠拓寬道路，你可以向公路或是都市計畫主管機關請願，請求主管機關收購道路兩旁的土地，以便拓寬道路，解決交通擁擠的問題。不過，要注意的是，人民請願也有某些限制，並不是所有的事情都可以請願。例如，請願的事項不可

以牴觸憲法、或者是特意到法院請願，意圖干預法官獨立審判；還有，法律規定應該提起訴願或訴訟的事項，也是不可以請願的，避免浪費社會資源（請願法 §3、4）。

## 請願的程序

人民請願的時候，不能只是空手拿著白布條，去受理請願單位「大聲疾呼」，再丟幾顆雞蛋就算了事。最重要的是必須準備請願書，由請願的人民或者是請願團體的負責人簽名蓋章。請願書裡面必須填寫請願人的身分資料，並且詳細敘述請願的事實、理由以及願望，向有權受理請願的主管機關提起（請願法 §5）。

人民到行政機關門口請願的時候，除了遞交請願書之外，依據請願法第 6 條規定，還可以推派 10 個人以內的代表，進入受理請願機關陳述自己的意見。行政機關受理人民請願的時候，也可以通知請願人前來，以便答覆、詢問有關的問題。如果請願的事項有結果的話，受理請願機關有義務將處理結果通知請願人。縱使請願的事項不屬於行政機關的主管事項，行政機關也有義務告知請願人應轉請其他行政機關處理，不能夠一腳把請願人踢開，擺出一副「好官我自為之」的姿態（請願法 §7、8）。

還有，人民請願的時候，縱使是自己有遭到什麼冤屈的地方，也一定要注意請願過程的秩序，不可以隨意發洩自己的情緒，做出聚眾、脅迫、妨害秩序或公務的違法行為。否則，行政機關有權利拒絕受理請願，並且請警察處理或移送法辦。對於請願人來說，那就划不來了（請願法 §11）。

### 請願的效果

由於請願制度設計的目的只是在於提供人民有一個表達自己意見的機會與場合而已，行政機關依據請願法的規定，只有義務受理請願（接下請願案件），並沒有義務一定要按照請願的內容，實現請願人想要達到的目的。例如仁表家附近剛好沒有捷運站，仁表跑去捷運局請願，表示希望蓋一條捷運線到他家，捷運局只有義務受理仁表的請願，但沒有義務真的去蓋一條捷運線到仁表家！這點大家在請願時，一定要注意。

從以上的說明，大家就可以了解，和其他的行政救濟制度比較起來，請願算是一種比較消極的行政救濟制度。

### 3 訴願法──大人，冤枉啊！

### 前言：訴願法重要原則簡介

訴願法在我國可以說是一部歷史相當悠久的法律，因為從民國19年3月24日訴願法首次公布施行以來，到今天已經超過九十年了。在民國87年10月28日訴願法大幅修正過後，訴願法的樣貌大致上已經相當完整。直到現在，雖然又經歷過幾次修正，但都只是針對部分條文做有限度的變動而已。相較於民國87年10月28日以前的訴願法（以下簡稱「舊訴願法」），現在我們所運作的訴願法在救濟程序上更加詳盡，更強化訴願審議功能，也更能確保人民權益。以下針對現行訴願法的重要原則簡單加以說明：

1. 強化行政機關自我反省功能：訴願法要求第一次的訴願書應由原處分機關轉呈上級機關，這一項規定不但便利民眾提起訴願，而且原處分機關也可以先行審查原處分的合法性與正當性。如果原處分機關認為訴願是有道理的（法律上稱之為「有理由」），可以直接改變原處分的內容來加以救濟，如此便可以省掉訴願與行政訴訟的程序，節約國家資源，原處分機關也可以藉著這個機會自我省察一下，看看是不是真的「冤枉好人」了（訴願法 §58）。

2. 擴大可以提起訴願者的救濟範圍：在舊訴願法時代，有權提起訴願的人（法律上稱之為「訴願主體」）就只有區區「人民」而已，修法後的訴願法進一步擴大可以提起訴願者的救濟範圍，明文規定除了自然人以外，法人、非法人團體（例如合夥），或其他受行政處分的相對人及利害關係人都可以提起訴願，因而提供了更多行政救濟的機會（訴願法 §1、2、18）。

3. 加強訴願程序中訴願人的參與權利，使訴願人與行政機關可以在平等的基礎上共同處理訴願問題：訴願法賦予訴願人可以請求調查證據、閱覽卷宗資料，以及到指定處所陳述意見，進行言詞辯論，來補足書面審理的不足（訴願法 §49、63、65）。如此一來，訴願人與行政機關在處理訴願問題的時候就可以站在「武器平等」（大家來說說看誰比較有道理）的基礎上，不再發生行政機關獨大的不公平現象。

4. 再審救濟制度：訴願法參考民事訴訟法有關規定之設計，在訴願決定確定後，如果發現錯誤，訴願人有權向原訴願決定機關申請再次審查訴願決定，以求補救（訴願法 §97）。

5. 訴願審議委員會的組成：訴願法要求訴願審議委員會的組成人員以具有法制專長者為原則，同時規定委員二分之一以上必須由社會公正人士、學者與專家擔任，並增訂主任委員與委員的利益迴

避條款，以增加訴願審議的公平性（訴願法§52、55）。

6. 情況決定制度的設計：依訴願法第 83 條與第 84 條規定，受理訴願機關如果發現撤銷或變更違法或不當行政處分，會對公共利益造成重大損害，在斟酌訴願人受損害、賠償程度、防止方法與其他一切情事後，可以駁回訴願，但是必須在訴願決定理由中說明由原行政處分機關與訴願人進行協議，而該協議與國家賠償法的協議有同一效力。

7. 刪除再訴願規定：訴願法已刪除再訴願程序，於訴願審級上採取單軌二審制，人民如果對於訴願決定不服，可以直接向行政法院提起救濟（訴願法§90）。

8. 送達相關規定：訴願法詳細規定提起訴願的送達方式，使人民在收到行政處分時得以適時提起救濟（訴願法§43～47）。

接下來，本書就以現行訴願法為基礎，為大家說明訴願制度的內涵。

## 訴願的意義

依據訴願法第 1 條規定，人民對於中央或地方機關之行政處分，認為違法或不當，致損害其權利或利益者，得依本法（訴願法）提起訴願。但法律另有規定者，從其規定。各級地方自治團體（例如縣、市政府）或其他公法人對上級監督機關的行政處分，認為違法或不當，致損害其權利或利益者，亦同。又依同法第 2 條第 1 項規定，人民因中央或地方機關對其依法申請之案件，於法定期間內應作為而不作為，認為損害其權利或利益者，亦得提起訴願。根據這兩條規定，我們可以分析訴願的意義如下：

1. 訴願的對象是違法或不當的行政處分：訴願，簡單地說，就

是人民對於有瑕疵的行政處分，向受理訴願機關請求救濟（「還我一個公道」），並且請求行政機關變更這個有瑕疵的行政處分，使原先有瑕疵的行政處分變成合法或適當行政處分的程序。至於什麼叫作「有瑕疵」的「行政處分」呢？讓我們先了解什麼是「行政處分」，再看看於什麼情況之下，一個行政處分是「有瑕疵」的。

首先，行政處分是指中央或地方機關行使公權力，由機關單方面做成影響人民權利義務，並且對外發生公法效果的任何決定或行為（訴願法 §3），包括了積極作為與消極不作為的行政處分，例如警察開罰單、稅捐機關發稅單給納稅人，或者像是我們通過駕駛執照考試，監理所核發駕駛執照等都是典型的積極作為行政處分。至於消極不作為的行政處分，典型的例子是：當我們通過駕駛執照考試，但監理所卻故意不核發或超過正常作業時間後才核發駕駛執照的情形。

接下來，在什麼情況之下，行政處分會「有瑕疵」呢？其實很簡單，就是當行政處分發生「違法」或是「不當」情形的時候。所謂違法的行政處分，就是指一個行政處分違反法律的規定，例如，根據道路交通管理處罰條例第 7 條規定，有權執行稽查與記錄違規道路交通管理案件的人員，僅限於交通勤務警察、依法令執行交通稽查任務的人員與交通助理人員，如果不是由前述執行人員開立的交通違規案件罰單，就是屬於違法的行政處分；至於行政處分「不當」則是指一個行政處分雖然沒有到達違法的程度，但是處分的內容，依照具體的事證來看，卻發生十分不合理，而且違反立法目的的情形，例如，法律規定亂丟垃圾要處罰 1,500 元到 4,500 元，而小蔡只是丟了一小片紙屑，環保機關就馬上處以最高額 4,500 元的罰款，就是不當行政處分的例子。

2.訴願必須是違法或不當的行政處分損害了訴願人的權利或

利益時，才可以提起：這裡所說的權利，是指人民在國家法律秩序中被憲法或法律所保護的地位，例如人民服公職或參與政治的權利（憲法 §17、18）；至於利益則是指雖然還沒有成為權利，但是在法律上卻值得保護的利益（例如已完成之發明，還沒有取得專利權的情形，請參考憲法 §22），但不包括法律以外，如宗教、文化、經濟的利益或所謂的「反射利益」在內。

不過，值得注意的是，在我國司法實務上，某些事件，如有關國家考試評分事件、學生退學或類似退學的訴願事件，以及對學術著作評量的涉訟事件，除非有明顯的違法、不當判斷或裁量的情形，否則，受理訴願機關在審理訴願案件時，會受到限制，也就是受理訴願機關應該避免涉入審查，以尊重處分做成人的專業判斷。另外，訴願法第 79 條第 3 項對於訴願事件涉及地方自治團體的地方自治事務者，也設有受理訴願的上級機關僅能針對原行政處分之合法性加以審查的限制。所以，在提起訴願之前，最好先想清楚是否屬於這類的事件，以免徒勞無功。

3. 訴願的當事人：訴願可不是一個人就能夠玩得起來的遊戲，它必須要有三方當事人。首先當然就是主張行政處分有違法或不當的訴願人（自然人、法人、非法人團體，或其他受行政處分之相對人及利害關係人），再來是做成行政處分的「原處分機關」，以及審理訴願的「管轄機關」（通常是原處分機關的直接上級機關）。為了方便讀者了解，本書以表 14-1 說明原處分機關與訴願審議機關的關係，供大家提起訴願的時候參考。

根據表 14-1，舉例來說，如果臺北市政府建築管理工程處發函認定人民頂樓加蓋屬於違建，應該拆除，人民不服，就應該找它的上司，也就是臺北市政府提起訴願，才算是找對機關了。不過，如果訴願人找錯了機關，也別擔心，因為訴願法第 61 條第 1 項規

表 14-1　訴願管轄關係

| 原處分機關 | 訴願審議機關 |
|---|---|
| 鄉／鎮／市公所 | 縣／市政府 |
| 縣／市政府所屬各級機關 | 縣／市政府 |
| 縣／市政府 | 主管部、會、行、處、局、署 |
| 直轄市政府所屬各級機關 | 直轄市政府 |
| 直轄市政府 | 中央主管部、會、行、處、局、署 |
| 中央各部、會、行、處、局、署所屬各級機關 | 中央主管部、會、行、處、局、署 |
| 中央各部、會、行、處、局、署 | 主管院 |
| 中央各院 | 原院 |

資料來源：筆者整理。

定，訴願人發生這種情形時，在他向訴願管轄機關或原行政處分機關以外之機關做出不服行政處分的表示時，就已經發生訴願的效果。

4. 訴願程序：我們要「告官」的時候，務必要注意以下所列的一些很小，但卻十分重要的地方，就是有關訴願的程序要件。不然，如果因為不注意而被審理訴願機關依法駁回的話，不好意思，恐怕大家也只能夠回家抱著棉被哭！

(1) 訴願提起的時間：依訴願法第 14 條第 1 項規定，當我們接到行政處分，或是行政機關用公告的方式（例如徵收土地），向社會大眾公布行政處分的內容，如果要表示不服，必須從行政處分到達或公告期滿第二天起算，三十天之內，向管轄機關提起訴願，才可以發生提起訴願的效果。如果沒有遵守這一項程序性規定，訴願將遭到被駁回的命運。不過，行政處分的利害關係人，如果在上述時間經過之後，才知道有這樣的行政處分影響到他的權益的話，則應該從他知道的時候開始計算三十天的期間。但是，當行政處分到

達或公告期滿超過三年的話，這個行政處分的效力就算「確定」，再也不能訴願了（訴願法 §2）！

　　另外，爲了防止行政機關跟人民玩「拖延戰術」，把人民依法申請的案件，丟進冰庫裡冷處理，訴願法還特別規定，就算這個時候形式上沒有做成任何一個行政處分，只要行政機關經過法定期間或超過二個月（當法令沒有規定處理時間）的時候，人民認爲自己的權益受損，就可以直接向上級機關提起訴願（訴願法 §2 II）。

　　(2) 審議程序：訴願人提起訴願，必須要準備一份訴願書，說明訴願的理由，向原處分機關提起，讓它有機會「自我反省、檢討」一下行政處分是否眞的有違法或不當的地方。如果原處分機關發現行政處分眞的有問題，它可以自己把處分撤銷掉，再陳報訴願審理機關即可。如果原處分機關想了又想、看了又看，還是覺得自己沒錯，那它就必須寫一份答辯書，把訴願書及相關文件資料轉送訴願審理機關進一步處理（訴願法 §58）。有關整個提起訴願程序的流程，請參考圖 14-1。

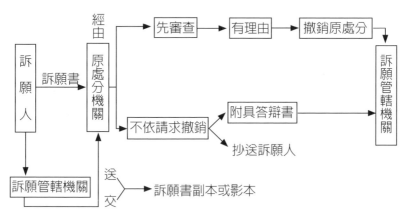

圖 14-1　提起訴願程序流程圖

資料來源：臺北市法務局網站https://www.legalaffairs.gov.taipei/cp.aspx?n=D36E2BE61F685421及筆者整理。

　　訴願審理機關審理訴願原則上是用「書面審理」的方式進行，就是只針對訴願人的訴願書和原處分機關的答辯書，審理看看誰說的比較有道理。不過，爲了防止黑箱作業，保障人民的程序和實體的權利，訴願人如果有正當理由的話，還是可以請求訴願審理機關，讓他有機會陳述意見，或是和原處分機關面對面進行言詞辯論（訴願法§63Ⅰ、66）。

　　(3) 訴願決定：訴願的決定，必須由受理訴願的機關，從收到訴願書的次日開始，在三個月之內做成；必要時，可以允許延長，但延長以一次爲限，而且最長不得超過二個月（訴願法§85Ⅰ）。此外，訴願決定必須做出訴願是否在法律上站得住腳，即是否有理由的決定與說明，再做出駁回或變更決定等適當的處理（訴願法§79、81）。訴願決定，在性質上也是屬於行政處分，並且會具有以下三種效力：

　　①確定力：如果訴願人沒有在法律規定的期間內提起行政訴訟；或是雖然有提起行政訴訟，但是行政法院也已經判決確定，則訴願就也確定了。訴願一經確定，對於同一事件就不得再提起訴願或行政訴訟（法律上稱之爲「一事不再理原則」）。

　　②拘束力：也就是就訴願決定的事件，可以拘束各關係機關或受委託行使公權力的團體或個人（訴願法§95）。

　　③執行力：原行政處分的執行，除法律另有規定外，不因提起訴願而停止。

## ④ 行政訴訟法——我要告官！

### 行政訴訟的意義

　　簡單地說，行政訴訟就是「民告官」，由人民寫狀紙把行政機關當作被告，告到行政法院去。具體來說，行政訴訟就是指人民針對違法行政處分或公法上的爭議，導致損害到他的權利或法律上利益，可以依法向行政法院請求救濟的程序與行為。憲法針對行政案件規定人民除了可以依法提起訴願之外，還可以提起行政訴訟，最主要的理由在於：訴願是由原處分機關的上級機關處理，有可能「官官相護」，所以有必要由更公正的第三人——也就是行政法院來審理。不過，行政訴訟只能夠針對「違法」的行政處分提起，不像訴願可以針對「不當」的行政處分提起，這點我們要注意一下。

### 行政訴訟法修正重要原則簡介

　　和訴願法一樣，行政訴訟法在我國也是一部歷史相當悠久的法律；在民國 100 年 11 月 1 日大幅修正公布之前，原行政訴訟法（以下簡稱「舊行政訴訟法」）是採二級二審制，負責第一審的法院只有臺北、臺中及高雄三所高等行政法院，對於民眾提訴和就審非常不方便。因此，基於便民的理由，現在的行政訴訟法改採「三級二審制」，並將道路交通裁決事件移由行政法院審理。以下就現行行政訴訟法的重要原則簡單加以說明：

　　1.三級二審制：現行行政訴訟法增設地方法院行政訴訟庭，並規定適用簡易訴訟程序的案件（例如訴訟標的金額或價額在新臺幣

40 萬元以下）以地方法院行政訴訟庭爲第一審法院。如果對第一審法院的裁判不服，還可以向高等行政法院上訴或抗告。至於適用通常程序的案件還是以高等行政法院爲第一審，最高行政法院爲第二審（行政訴訟法 §3-1、229 Ⅰ、235 Ⅰ）。

2. 簡易訴訟程序應經過言詞辯論：在舊行政訴訟法時代，簡易訴訟程序的裁判原本可以不經過言詞辯論。但在現行法下，增設了地方法院行政訴訟庭，人民應訴不方便的因素已經獲得改善，爲了保障民眾在法庭上捍衛自己的權利，現行法將得不經言詞辯論的規定刪除，因此簡易訴訟程序事件原則上都應該進行言詞辯論（行政訴訟法 §233）。

3. 增訂統一裁判見解的機制：因爲行政訴訟法修正施行後，適用簡易程序案件的第二審法院分別爲臺北、臺中、高雄三所高等行政法院。爲了避免法院間彼此見解不同產生衝突，如果高等行政法院覺得有必要統一見解的時候，應該移送到最高行政法院，交由最高行政法院的法官來決定（行政訴訟法 §235-1 Ⅰ）。

4. 誤用訴訟程序審理而爲判決的處理方式：現行行政訴訟法對於本來應該用通常程序審理的案件，不小心誤用成簡易訴訟程序審理並下判決的情形，有明確規定應該如何處理（行政訴訟法 §236-2 Ⅰ、Ⅱ）。

5. 上訴或抗告的方式、理由及應記載事項：現行行政訴訟法放寬對簡易訴訟程序的裁判提出不服的標準，只要民眾對於地方法院行政訴訟庭所做的裁判不服，認爲「原裁判違背法令」，就可以在訴狀上面寫清楚理由，向原地方法院行政訴訟庭提出上訴或抗告（行政訴訟法 §235 Ⅱ、236-1）。

6. 交通裁決事件的審判權回歸行政法院：行政訴訟法修正施行後，在各地方法院都已經有行政訴訟庭，大大解決了過去行政法

院不足的窘境。由於交通裁決事件性質上是行政處分，例如警察開交通罰單、民眾不繳罰鍰或不繳送汽車牌照、駕駛執照等事件，因此在新的行政訴訟法制度中，就讓交通裁決的爭議案件回歸行政法院，由地方法院行政訴訟庭為第一審管轄法院（行政訴訟法§237-2）。

## 不得提起行政訴訟的公法爭議案件

　　除了上述現行行政訴訟法重點之外，另外值得注意的是，行政訴訟法第 2 條規定明白指出，可以提起行政訴訟的公法上爭議事件，除了法律另外有規定以外，必須屬於現行行政訴訟法所規定的各種訴訟類型，這裡所說的「除了法律另外有規定以外」，是指某些在性質上雖然可以歸類為公法爭議事件，但是基於法律的特別規定，仍然是由其他法院（而不是行政法院）審判的案件。依照我國現行行政訴訟法律制度，屬於這類除外情形的案件列舉如下：

　　1.憲法爭議事件：人民或機關就憲法上爭議事件，依憲法訴訟法第三章等相關規定，得向憲法法庭聲請為憲法解釋與統一解釋判決。

　　2.選舉罷免訴訟：依公職人員選舉罷免法第 128 條規定，選舉或罷免無效、當選無效、罷免案通過無效及罷免案否決無效的訴訟，必須向民事法院起訴，但其他有關爭議事件，則仍然屬於行政法院審判權的範圍（行政訴訟法 §10）。

　　3.違反社會秩序維護法事件：這類的行政罰事件，分別由警察機關與地方法院簡易庭裁定處罰，不服者仍然只能向普通法院請求救濟（社會秩序維護法 §58）。

　　4.律師懲戒事件：關於律師懲戒事件，律師法設有律師懲戒委員會與覆審委員會，分別附屬在高等法院與最高法院院內，依照大法官釋字第 378 號解釋意旨，律師覆審委員會的決定相當於終審判決，已經沒有救濟途徑，不得再向行政法院起訴。

　　5.刑事補償事件：請求刑事補償的管轄機關包括原處分或判決無罪等刑事補償法第 9 條所規定的機關（例如所屬地方法院）。如果不服管轄機關的決定，可以聲請司法院刑事補償法庭覆審，而不屬於行政爭訟事件。

　　6.國家賠償事件：請參考本章第 5 節。

　　7.公務員懲戒事件：目前是由公務員懲戒委員會處理（請參考公務員懲戒法第五章規定）。

　　所以，在提起行政訴訟之前，最好想清楚是否屬於這類的事件，以免徒勞無功。

### 行政訴訟的種類

　　綜合以上的說明，行政訴訟的類型，依據現行行政訴訟法的有關規定，包括撤銷訴訟（§4）、確認訴訟（§6）、給付訴訟（§8）、維護公益訴訟（§9）以及應做成行政處分訴訟（法律上稱為「課予義務訴訟」）（§5）等。表 14-2 大略介紹這五種訴訟類型，並配合幾個簡單的例子加以說明。

表 14-2　行政訴訟類型

| 行政訴訟的類型 | 提起的原因 | 舉例 |
|---|---|---|
| 撤銷訴訟 | 人民因行政機關違法的行政處分，認為損害到他的權利或法律上利益，經過提起訴願遭到駁回後而不服駁回決定，或是行政機關於人民提起訴願之後，超過三個月還不決定，或是延長訴願決定期間超過兩個月，仍然不做成決定。 | 維中家被建管機關列報為違章建築，維中向縣政府提起訴願被駁回後，可以向行政法院提起撤銷訴訟，請求撤銷列報他家是違章建築的行政處分。 |

表 14-2　行政訴訟類型（續）

| 行政訴訟的類型 | 提起的原因 | 舉例 |
|---|---|---|
| 應做成行政處分訴訟（課予義務訴訟） | 人民因行政機關對其依法申請的案件，於法定期間內，應做成行政處分而未做成，或人民因行政機關對於他依法申請的案件，予以駁回，認為他的權利或法律上利益受違法損害，經過訴願程序而不服訴願決定。 | 靖雯買了一塊土地，向地政事務所申請過戶登記。地政事務所接到申請之後，過了兩個月還沒有下文。靖雯依法提起訴願之後，可以向行政法院提起應做成行政處分的訴訟，要求地政事務所做成一個「准許靖雯過戶土地」的行政處分。 |
| 確認訴訟 | 人民請求確認行政處分違法、無效，或公法上關係成立或不成立；但前提必須是人民有確認無效、成立、不成立的利害關係。如果是請求確認行政處分無效，人民須先向原處分機關請求確認。 | 小琪開車闖紅燈，被「消防隊員」攔了下來，開了一張紅單。小琪認為只有警察才有開紅單的權力，所以向消防局請求確認那張紅單無效。消防局根本不甩小琪的請求，小琪一狀告進行政法院，請求確認紅單無效。 |
| 一般給付訴訟 | 人民與行政機關間因公法上原因發生財務上的給付或做成行政處分以外的非財產給付或公法契約的給付。 | 政府興建高鐵，韋如家的土地被高鐵局徵收，高鐵局以財政困難為由，遲遲不發放徵收款給韋如，韋如可以提起給付訴訟，一狀告進行政法院，要高鐵局把徵收補償款交出來。 |
| 維護公益訴訟（又叫作民眾訴訟） | 人民為維護公益，就無關自己權利及法律上利益的事項，對於行政機關違法的行為，於法律有特別規定時，提起此一訴訟。 | 阿儀住家附近有一家地下工廠，常常排放噁心的廢氣，令人難受。由於空氣污染防制法有特別規定民眾訴訟，所以阿儀向主管機關檢舉之後，於主管機關疏於取締時，阿儀便以書面告知主管機關。若主管機關未於書面通知到達後六十日內執行者，阿儀就可以以主管機關為被告，提起此一訴訟。 |

資料來源：筆者整理。

## 行政訴訟的程序

行政訴訟要遵守的程序以及其他注意的事項眞的很多，也很複雜。所以，本書簡單舉三點告官時應該特別注意的事項。如果眞的不太了解告官的程序，最好能夠去請問懂法律的人，例如律師等，以保障自己的權利。

1. 不要跑錯法院：受理行政訴訟的法院，如果是屬於簡易訴訟程序案件，或交通裁決事件，是「地方法院行政訴訟庭」；如果是通常程序的案件，則是「高等行政法院」，臺北、臺中、高雄都有高等行政法院。

2. 告官時要寫一份起訴狀：起訴狀裡面要寫明當事人、被告機關、請求判決的法律關係，希望行政法院爲你如何判決，並且說明事實，附上證據等。

3. 特別注意不要超過得提起行政訴訟的期間，以免遭到案件被駁回的命運。

---

### 5　國家賠償法──國家做錯事也得負起責任！

## 國家賠償的意義

國家賠償就是國家所做的違法行為，侵害到人民的權利或自由，造成人民的損害，必須對人民負起損害賠償的責任。依據國家賠償法第 2 條第 2 項與第 3 條第 1 項規定，如果公務員在執行職務行使公權力的時候行爲違法，以至於侵害人民的權利或自由，或是

公共設施的設置或管理有欠缺，造成人民的生命、身體、人身自由或財產因此受到損害，國家必須負起賠償的責任。另外，公務員依法應該執行職務，卻不執行職務，以至於侵害人民權利或自由的情形，國家也必須負起賠償的責任。下面說明這兩種國家賠償的類型。

## 國家賠償責任的發生

1. 公務員的積極作為與消極不作為而產生的國家賠償責任：有關公務員的積極作為而產生的國家賠償責任部分，依據國家賠償法第 2 條第 2 項前段規定，公務員在執行職務，行使公權力的時候，因故意或過失不法侵害人民的自由或權利，國家有義務對公務員所造成人民的損害，負擔損害賠償責任。例如：衛生主管單位深夜維修下水道，沒有在周圍設置注意警告標誌，害機車騎士就這樣子直接「騎」進下水道，若因此受了重傷，國家必須對這位機車騎士負擔損害賠償責任。

依據上述的說明，我們可以了解，因為公務員的積極作為而產生的國家賠償責任，除了行為人必須有故意或過失、人民的自由或權利受到損害，以及公務員的行為與損害的發生之間有因果關係之外，還必須具備以下的要件：

(1) 行為人必須是公務員：國家賠償法就公務員的意義，是採取最廣義的定義，也就是只要「依法令從事於公務之人員」，就是公務員，並不以行政機關的人員為限。另外，受委託行使公權力的團體，其執行權力的人，或是受委託行使公權力的個人，在行使公權力的時候（例如海峽交流基金會人員受政府的委託處理兩岸事務），在法律上也具備與公務員相同的地位。

(2) 必須是公務員執行職務行使公權力的行為：所謂執行職務，是指在客觀上，公務員行為的目的是為了行使他在職務上的權力或是履行他的職務上義務。至於行使公權力的行為，則是指公務員站在國家機關的地位，而行使統治權的行為。所以，如果警察去找房客收租金，跟房客一言不和打了起來，以至於房客掛彩受傷，由於與警察職務無關，國家就不必負擔損害賠償責任。

(3) 行為必須不法：也就是說，公務員的行為要不是欠缺法律或命令的依據（例如交通事件不是由道路交通管理處罰條例第 7 條規定的有權人員執行開立違規罰單的情形），要不就是公務員的行為發生違背職務（例如超過權限或濫用權力的情形）。

至於因為公務員的消極不作為而產生的國家賠償責任部分，也就是公務員怠於行使職務，使人民的自由或權利因此遭受到損害，也會讓國家負起賠償的責任部分（國家賠償法 §2 II 後段）。國家賠償法所規定的要件比較嚴格，除了前述的要件之外，還必須要公務員所執行的職務，目的是在保障特定人民的權利，而且依據法令或是當場情形，公務員已經沒有任何袖手旁觀的餘地，一定要採取特定的行為，但是公務員就是「死鴨子嘴硬」，不採取任何行動，才會構成法律規定的「應作為而未作為」的要件。例如：年久失修的橋梁，橋墩已經被掏空，路面有些許下陷的情況，主管橋梁的公務員這時候應該馬上封閉橋梁，加以檢修或是拆除，但是他卻沒有採取任何行動，導致有人開車經過跌落橋面，連人帶車倒栽蔥插在河床上，國家對於因此而產生的損害，就必須對人民負擔損害賠償責任。

2. 公共設施設置或管理不當而產生的國家賠償責任：依據國家賠償法第 3 條第 1 項規定，如果因為公共設施的設置或管理有欠缺，以致造成人民的生命、身體、人身自由或財產因此受到損害，

國家必須負起損害賠償的責任。例如馬路上的交通號誌無緣無故突然發生故障，紅燈和綠燈一起閃，導致數十輛車子撞得「黏」成一團，經過調查的結果，是由於主管機關長期疏忽維修工作所造成的，國家就必須對受害車輛與人員負擔損害賠償責任。

依據上述的說明，我們可以了解，因為公共設施設置或管理不當而產生的國家賠償責任，除了人民的生命、身體、人身自由或財產受到損害，以及公共設施設置或管理不當與損害的發生之間有因果關係之外，還必須具備以下的要件：

(1) 必須是公共設施：這裡所說的公共設施，通常指的是屬於國家、地方自治團體或其他公法人所有，用來作為公共目的使用的有體物或其他設備，例如道路、公園等。值得說明的是，公共設施不一定必須是政府所有，只要是政府有管理的權限就可以了。最常見的例子就是私人有所有權的公設道路，國家對於公設的私有道路，有管理、維護的權限和義務。所以說如果公路主管機關怠於維護路面，讓某條路一天到晚坑人、坑車，主管機關就等著賠錢了！另外，公共設施必須開放使用後，人民在使用時受到傷害，才會構成國家賠償。所以說，如果有飆車族到還沒開放使用的道路去飆車，發生意外的話，國家是不必負擔損害賠償責任的！

(2) 設置或管理有欠缺：公共設施在開始設計、設置的時候，或是在日後的管理有瑕疵，使公共設施不具備應有的功能，以至於人民遭受損害。

(3) 無過失責任：公共設施因為有瑕疵，以至於人民遭受損害，國家就必須負擔損害賠償責任，也就是說，無論公共設施設置或管理人員是否有故意或過失，國家都必須「花錢才能消災」。

## 請求國家賠償的程序

受害的人民要向國家請求賠償的時候，記得一定要在知道損害發生後二年內提起請求，如果在知道損害發生後超過二年才提起，或是案發後經過五年還沒提起請求（國家賠償法 §8 I），那就又只能抱著棉被哭了！提起請求的時候，要先準備書面資料，連同證據，向賠償義務機關提起（國家賠償法 §10 I，國家賠償法施行細則 §17 I）。至於賠償義務機關就是那個侵害人民權利公務員所屬的機關或掌管公共設施的機關（國家賠償法 §9）。

賠償義務機關在接到人民的請求之後，必須要在三十日內與人民協議，如果開始協議後六十日，雙方還沒辦法達成協議的話，受害人民就可以準備好告官（向法院提起訴訟）了（國家賠償法 §10 II、11 I，國家賠償法施行細則 §15～28）！

國家賠償訴訟的途徑有兩種：第一種途徑是適用普通的民事訴訟程序，由一審地方法院打到三審最高法院；第二種途徑則為國家賠償義務是來自於一個違法的行政處分，那就必須要經過訴願程序後，提起行政訴訟，附帶請求國家賠償了（國家賠償法 §11 I，國家賠償法施行細則 §35～41-2）！

## 國家損害賠償的範圍與方法

國家損害賠償的方法和民法的規定有所不同，是以金錢賠償為原則，回復原狀為例外；至於範圍則是與民法的規定相同，包括所受損害與所失利益（國家賠償法 §5、7 I，民法 §216～218）。

## 6　損失補償制度──天下沒有白吃的午餐

### 意義與目的

　　本章第 1 節已說明損失補償制度的意義是指「國家為了必要的公共利益而依據法律行使公權力，以致造成特定人的權益受到特別犧牲，而對受到特別犧牲的特定人所受損失加以補償的制度」。我們時常聽到的針對公共徵收（例如為了建設高鐵而向民眾徵收沿線土地）所做的補償就是典型的損失補償方式。

　　損失補償制度是針對符合法律規定的行政作用而設計的制度。在性質上，「損失補償」是對於特定人因為合法的行政作用而產生的經濟上特別犧牲所提供的補償。為什麼要對合法的行政作用所產生的經濟上特別犧牲提供補償呢？理由在於：在私有財產制度之下，私人的財產權雖然必須加以尊重，但是有時候基於必要的公共利益（例如興建大眾捷運系統所產生的交通運輸便利）的考量，必須對私有財產加以徵收或徵用。雖然是屬於因為私人利益而妨礙公共利益的不合理情形，但是因為公共利益而迫使人民遭受特別犧牲，於情於理也說不過去。所以，為了謀求私人利益與公共利益的調和，並且綜合法理情的考量，法律才設計出損失補償制度，以實現公平正義的理想。

### 行政上損失補償的要件

　　受到特別犧牲的特定人必須在哪一種情形下，才有資格請求所受損失的補償呢？這一個問題牽涉到行政上損失補償的要件，說明

如下：

1. 必須是行政機關的合法行為：這是指構成損失的原因，不僅必須是行政機關的行政行為，而不是公務員的私人行為，而且必須是合法的行為，也就是行政機關依據法律而行使職權的行為。否則，行政機關要擔負的是損害賠償責任，而不是損失補償責任了。

2. 損失的發生必須是無義務人的特別犧牲：也就是說，不是因為人民履行一般法定義務（例如依法律納稅、服兵役的義務）所受到的損失，而是由於國家的行政行為，使得原先並沒有義務的特定人遭受到特別犧牲。如果是為了履行一般法定義務而承受的損失，就沒有請求損失補償的餘地。

3. 必須損失的發生與行政機關的合法行為間具有因果關係：損失的發生（受損失人所受的特別犧牲）是基於行政機關的合法行為所造成的結果，但也有少數是由於第三人的行為或事實所造成的損失，而由國家予以補償的情形。

4. 必須是為了公共利益的目的：就是指行政機關的合法行為是為了必要的公共利益而依據法律行使公權力，以致造成特定人的權益受到特別犧牲的行為。

## 損失補償的範圍

關於損失補償的範圍究竟在哪裡，法律學者之間的見解並不一致，但總不脫離損失補償的兩個核心概念——特別犧牲、補償。表14-3大略介紹損失補償的範圍，並配合幾個簡單的例子加以說明。

表 14-3　損失補償範圍

| 補償種類 | 補償範圍 | 說明 | 舉例 |
|---|---|---|---|
| 特別犧牲的補償（財產權） | 公用徵收的補償 | 1. 專指基於公共利益的需要，由國家以強制手段取得人民的財產權，並給予財產權人相當的補償。在性質上屬於權利剝奪等的過程。<br>2. 從公權力的角度觀察，是屬於權利的強制取得；反之，從人民的立場來看，則是屬於權利的喪失。<br>3. 在方式上，屬於行政機關根據法律規定，做成徵收的行政處分，取得私人的權利。<br>4. 參考法條：土地法有關徵收的規定、大眾捷運法第 19 條規定。 | 李珂的住家正好被政府規劃為臺灣高鐵的必經路線，經徵收土地與建築物的行政處分後，由國家給予補償費與遷移費。 |
| | 因為財產限制而產生的特別犧牲補償 | 1. 對於財產權能所做的界定與限制，包括對使用、處分與收益的限制等，如果沒有侵犯到財產權的本質與內涵，是屬於對財產權的合法限制，為財產權人的社會義務，原則上，財產權人必須容忍。<br>2. 但在個別的情況，如果財產權所受到的限制與損害的程度超過人民可以容忍的界限，而形成特別犧牲的話，國家仍然應該給予適當補償。<br>3. 請參考大法官釋字第 336 號、第 400 號與第 440 號解釋。 | 李珂的住家位於臺北市政府都市計畫道路用地範圍內，在依法徵收前，臺北市政府就已經在李珂住家附近埋設地下設施物，以至於妨礙到土地與建築物所有權人李珂的使用權利而產生損失，形成李珂個人的特別犧牲，臺北市政府有義務提供李珂適當補償。 |

表 14-3 損失補償範圍（續）

| 補償種類 | 補償範圍 | 說明 | 舉例 |
|---|---|---|---|
| | 因為公權力行為附隨效果而產生的特別犧牲性補償 | 1. 因為國家行為造成人民財產權受到侵害的情形，還不只有限制性的行為而已，因為國家行為所造成的事實上的「附隨效果」所產生的損失，也包括在內。如果因此而造成特別犧牲，國家也應該予以適當補償。<br><br>2. 德國稱這種情形為「具有徵收效果的侵害」。 | 因為修築道路而對於鄰近商家的營業造成損失，構成特別犧牲的情形。 |
| 特別犧牲性的補償（財產權以外的權利） | 因為違法但沒有責任的公權力行為所產生的損失補償 | 1. 國家違法行為所產生的損害，原本應該以國家賠償制度加以解決，但是由於國家賠償請求權的發生必須以公務員為故意或過失為前提，以至於人民因為公務員的違法，但沒有責任（公務員並不是因為故意或過失而做出違法行為）的公權力行為所產生的損失無法得到適當的補償，必須在立法政策上予以衡量。<br><br>2. 對於國家違法行為的干預所造成的財產權以外權利的損害，例如健康權、生命權等，如果到達特別犧牲的程度，國家應該予以適當補償，才符合憲法保障人民基本權利的意旨。<br><br>3. 參考法條：憲法第 15 條。 | 李珂的住家位於臺北市、新北市地標交界處，原先屬於臺北市管轄，先前經過臺北市政府來函確認不屬於違章建築，但是由於臺北市、新北市土地重新劃界的緣故，使得李珂的住家被列入新北市的地界中，而依新北市的建築法規，李珂的住家屬於違章建築，依法必須拆除，使得李珂面臨無家可歸的窘境。 |

表 14-3　損失補償範圍（續）

| 補償種類 | 補償範圍 | 說明 | 舉例 |
|---|---|---|---|
| 衡平補償（社會補償） | 1. 因為防止危險所產生的損失補償。<br>2. 政治或戰爭受難者的損失補償。<br>3. 犯罪被害人的損失補償。<br>4. 公務員照顧制度的損失補償。 | 1. 人民所受到的損失如果不屬於特別犧牲，固然沒有請求損失補償的權利，但基於「衡平性」（符合公平、正義原則）或者是「合目的性」（符合相關法規的立法政策與精神）的考量，仍然可以主動針對於人民所受到的損失予以適當補償。<br>2. 參考法規：家畜傳染病防治條例、二二八事件處理及賠償條例、犯罪被害人保護法等。 | 李珂的父母在臺中市某百貨公司門口被不明歹徒開槍射殺，李珂依據犯罪被害人保護法有關規定申請犯罪被害者補償金。 |

資料來源：筆者整理。

## 行政上損害賠償與損失補償在概念上的區別

在行政救濟制度下，損害賠償與損失補償事實上是兩個幾乎完全不同，但卻容易被誤用的概念。其實，這兩個概念在性質、產生原因、管轄機關、責任條件與適用範圍上，都有所不同，請參考表14-4，就可以一目了然。

表 14-4　行政上損害賠償與損失補償的概念區別

|  | 行政上損害賠償 | 行政上損失補償 |
|---|---|---|
| 性質 | 屬於司法性質。 | 通常以協議方式完成。協議不能成功的時候，再由有關機關以行政裁量方式，或按照爭訟程序處理，所以是屬於行政性質。 |
| 產生原因 | 由於人民因為行政機關的違法行為，以至於權利或利益遭受損害。 | 由於人民因為行政機關的合法行為，以至於權利或利益遭受損失。 |
| 管轄機關 | 除了在行政訴訟中附帶請求賠償時應該由行政法院判決外，依國家賠償法的規定，人民應該先向賠償義務機關提出賠償請求，如果雙方協議不成，才能提起民事訴訟，由普通法院管轄。 | 全屬於行政範圍，原則上都是由行政機關管轄。 |
| 責任條件 | 以公務員有故意或過失的情形為條件。 | 不以公務員有故意或過失的情形為條件。 |
| 適用範圍 | 除非法令或契約另有特別規定，應該以填補受害人所受損失與所失利益為範圍，適用範圍比較大。 | 僅限於填補人民現實直接所受到的損失，所以適用範圍比較小。 |

資料來源：筆者整理。

## 重點說明

　　本章案例中小兔如果認為騎機車必須戴安全帽的規定並不合理，可以依請願法規定向立法院和交通主管機關請願，請求修改這條法令，但是，小兔必須了解，由於請願制度設計的目的只是在於提供人民有一個表達自己意見的機會與場合而已，行政機關依據規定，只有義務受理請願（接下請願案件），並沒有義務一定要按照請願的內容，實現小兔想要達到的目的。至於小兔與俞彥接到的兩張罰單，因為是行政機關就小兔與俞彥交通違規的具體案件，行使公權力，由它的執行單位（警察）單方面所做成影響人民權利義務，並且對外發生公法法律效果的行政決定（小兔與俞彥的財產可能因為必須繳納罰鍰而減少），屬於一種行政處分，小兔與俞彥有權表示不服。不過由於是交通裁罰事件，屬於特殊的行政救濟途徑，依照道路交通管理處罰條例的規定，小兔與俞彥應該要等交通裁決結果出爐，如有不服，再向管轄地方法院的行政訴訟庭提起訴訟。

　　此外，小兔與俞彥因為對道路有維護義務的政府機關，並沒有在整修的道路上設置任何警告標誌，因而未注意路上的坑洞而摔倒受傷，兩人可以依法請求國家負擔損害賠償責任，向政府討個公道。

## 實況演練

　　1.訴願和請願除了第一個字不一樣以外，還有什麼不同的地方？

　　2.隔壁的阿富晚上不睡覺，播放黑人抬棺影片並且把音量調到

最大聲，開始學習影片中的舞步，請問他的鄰居小歪可以提起訴願嗎？

3. 小灰闖入已經封閉的橋梁，表演飛越橋梁的特技，不幸失敗，被橋下滾滾河水沖到「傷心太平洋」，請問小灰有權請求國家賠償嗎？

4. 阿金被學校記三大過退學，心中十分不以為然，認為學校的退學處分有瑕疵，請問阿金應該如何為自己討回公道？

國家圖書館出版品預行編目資料

法律的第一堂課／黃蓮瑛著.--七版--.
--臺北市：書泉出版社,2022.06
面；　公分
ISBN 978-986-451-260-7（平裝）

1.CST：中華民國法律

582.18　　　　　　　　　111002686

3AE0　EZ Learn　易讀系列001

# 法律的第一堂課

作　　　者 ― 黃蓮瑛（306.2）

發 行 人 ― 楊榮川

總 經 理 ― 楊士清

總 編 輯 ― 楊秀麗

副總編輯 ― 劉靜芬

責任編輯 ― 黃郁婷

封面設計 ― 王麗娟

出 版 者 ― 書泉出版社

地　　　址：106台北市大安區和平東路二段339號4樓

電　　　話：(02)2705-5066　　傳　　真：(02)2706-6100

網　　　址：https://www.wunan.com.tw

電子郵件：shuchuan@shuchuan.com.tw

劃撥帳號：01303853

戶　　　名：書泉出版社

總 經 銷：貿騰發賣股份有限公司

電　　　話：(02)8227-5988　　傳　　真：(02)8227-5989

網　　　址：www.namode.com

法律顧問　林勝安律師事務所　林勝安律師

出版日期　2002年11月初版一刷
　　　　　2005年 2 月二版一刷
　　　　　2005年10月三版一刷
　　　　　2009年 8 月四版一刷
　　　　　2011年 9 月五版一刷
　　　　　2014年 9 月六版一刷
　　　　　2022年 6 月七版一刷

定　　　價　新臺幣460元